철학하는 인공지능

철학하는 인공지능

발행일	2021년 2월 25일
지은이	변상섭
펴낸이	변윤경
펴낸곳	현람출판사
출판등록	2020. 5. 20(제651-2020-000025호)
주소	제주특별자치도 제주시 관덕로9길 19 902호
전화번호	064-721-6662
이메일	hyeonrampublish@gmail.com

편집/디자인	(주)북랩
제작처	(주)북랩 www.book.co.kr

ISBN	979-11-971713-2-1 03120 (종이책)

철학하는 인공지능

--- 딥러닝의 한계와 범용인공지능의 필요조건 ---

인공지능,

인간의 선천적인 인지능력에 대해
바르게 이해하지 못하고 있다는 점을 증명한다.

아직 인간을 뛰어넘지 못한 그 한계는 무엇인가?

현람출판사

인공지능 GPT-3는 인간처럼 자연스럽게 언어를 사용할 수 있고, 소설이나 에세이를 쓸 수 있으며, 외국어 번역도 척척 해낸다고 한다. 뿐만 아니라 방대한 빅데이터를 활용한 그 지적능력은 거의 상상을 뛰어넘는다.

반면에 2020년 11월 3일 아주 우스꽝스러운 소식이 들려왔다. 스코틀랜드에서 축구경기를 중계하던 AI 카메라가 축구공과 심판의 빡빡 깎은 머리를 구분하지 못하고, 자주 심판의 머리를 쫓아다니며 중계했다는 웃지 못할 뉴스를 접했다.

아직 글을 배우지 못한 어린아이도 축구공과 사람의 대머리를 혼동하지는 않는다.

왜 인공지능은 문자언어와 관련된 앎(지식)에 있어서는 뛰어난 지적능력을 보여주면서 축구공과 사람의 대머리조차도 구분하지 못하는 것일까?

많은 전문가들이 "2020년을 AI 하강이 시작하는 해"라는 진단을 내리고 있다고 한다. 이러한 판단은 너무도 당연한 것인지도 모른다. 이제야 AI 연구자들이 딥러닝Deep Learning과 강화학습법으로는 다양한 자연현상과 사물의 변화를 학습할 수 없다는 점을 깨달은 듯하다. 기존의 데이터 생성과정이나 수리통계적 확률과정을 통해서는 끊임없이 변화하는 자연현상을 제대로 학습할 수 없다는 점을 인식하게 된 것이다.

그러나 안타깝게도 그 해결책을 전혀 찾지 못하고 있는 것 같다. 이러한 문제점과 한계를 극복하고 범용인공지능^{AGI}을 개발하기 위해서는 인간에게 두 가지 언어능력이 갖추어져 있다는 점을 이해하는 것이 절대적으로 요구된다. 지금까지 관념론 철학의 영향으로 인해 오로지 의식만을 인간의 절대 이성으로 간주하기 때문에 이러한 한계에 부딪히게 된 것이다.

이미 뇌과학의 분리뇌^{Split-Brain} 연구는 대뇌의 양쪽에 전혀 다른 작용특성을 가진 두 가지 언어능력이 존재한다는 점을 밝혀주고 있다. 그러나 우리는 이 놀랍고도 낯선 실험 결과들에 대해 그저 놀라워할 뿐, 이 두 가지 언어능력의 작용특성과 두 가지 언어의 의미론적 특성을 전혀 이해하지 못하고 있다.

다행스럽게도 옛 성현들(붓다와 노자 그리고 플라톤)은 인간에게 두 가지 언어능력이 갖추어져 있다는 점을 매우 자세히 설명하고 있다. 즉 의식[육식(六識): 가명(可名): genesis]은 문자언어에 내포된 언어적(개념적) 의미를 이해하고 사유하는 개념적 언어작용이며, 이와는 별개로 감각기관을 통해 사물의 본질적 존재의미를 직관하는 직관적 언어능력[팔식(八識의 사(思): 상명(常名): logos]을 가지고 있다는 점을 깨우쳐 주고 있다.

이로써 책을 읽고 그 내용을 이해할 수 있으며, 동시에 감각기관을 통해 외계의 물질적 사물들에 대한 본질적 존재의미를 직관적으로 알 수 있다. 놀랍게도 이러한 모든 설명이 분리뇌 연구의 여러 가지 실험결과와 정확하게 일치한다는 점을 확인할 수 있다.

바로 이 두 가지 언어능력에 대해 전혀 이해하지 못하기 때문에 뇌과학과 인공지능 연구에 있어서 커다란 장애요인이 되고 있다.

이러한 두 가지 언어의 차이점은 이미 인공지능 알파고[Alphago]의 성공과 대화형 인공지능 테이[Tay]와 AI 챗봇 '이루다'의 실패에서도 실증적으로 입증되었다. 알파고는 '수(數)'라고 하는 본질적 언어를 통해 학습하기 때문에 놀라운 성공을 거둘 수 있었고, 테이는 네티즌들이 주관에 의해 굴절되고 왜곡된 개념적 언어를 주입함으로써 16시간 만에 작동을 멈춰야 했다.

뿐만 아니라 인공지능 카메라는 축구공과 사람의 머리라는 본질

철학하는 인공지능

적 존재의미를 이해하지 못하고, 다만 '둥글다'라는 개념적 의미만을 식별하고 있다. 이와 같이 사물의 본질적 존재의미를 이해하는 것과 개념적 언어를 통해 문자언어에 담긴 개념적 의미를 이해하는 것을 구분하지 못하고 있는 실정이다.

이러한 점에서 인공지능 연구에 있어서도 두 가지 언어의 존재가 입증되었다고 할 것이다. 따라서 두 가지 언어능력의 작용특성과 두 가지 언어가 가진 의미론적 특성을 바르게 이해하지 않고서는 범용인공지능AGI의 개발은 요원할 수밖에 없다.

뇌과학 연구에 있어서도 마찬가지다.

'선택맹Choice Blindness'이나 '변화맹Change Blindness'이 뇌의 착각이며, 감각능력의 한계일까? 또한 에릭 캔델은 바다달팽이인 곰소를 대상으로 기억의 메커니즘을 해명해 주고 있다. 마치 인간의 두뇌도 이와 유사한 기억 메커니즘을 갖는 것처럼 호들갑이다. 과연 인간도 곰소처럼 외계로부터의 자극(감각표상)을 직접적으로 감사뉴런에 저장하고 간직할까?

뇌과학자 로돌포 R. 이나스는 기저핵Basal Ganglia을 중심으로 신경계에서 작동하는 언어가 존재한다는 점을 밝혀주고 있다. 이 언어능력을 통해 새들이 노래할 수 있으며, 동물들이 유전적 지식을 가지고 태어난다는 점을 입증하고 있다. 이 언어는 대뇌 좌반구의 언어영역(브로카 영역과 베르니케 영역)에서 작동하는 문자언어와 어떤 차이점을 가지고 있을까?

분리뇌 연구의 fMRI 자료 사진에서는 청각장애인에게 수화ASL로 책을 읽어줄 때, 이 청각장애인은 눈을 통해 수화자의 손짓과 몸짓을 보고 있는데, 대뇌의 청각영역(상측두이랑Superior Temporal Gyrus)이 활성화되고 있다는 점을 확인할 수 있다. 분명 눈으로 수화자의 손짓과 몸짓을 보고 있는데, 어떻게 대뇌의 청각영역이 활성화되는 것일까? 눈과 귀는 전혀 다른 감각작용인데, 어떻게 이처럼 서로 동시에 유기적으로 작동할 수 있을까?

이와 같이 뇌과학의 연구에 있어서도 두 가지 언어능력에 대한 몰이해로 인해서 명확하게 해명되지 않거나 오류를 야기하고 있다. 이상에서 살펴본 바와 같이 인간의 두 가지 언어능력의 작용 특성과 두 가지 언어의 의미론적 특성을 바르게 이해하지 않고서는, 뇌과학뿐만 아니라 인공지능의 연구에 있어서도 커다란 진전을 이루기힘들다는 점을 알 수 있다.

사실 범용인공지능AGI이나 초인공지능ASI의 개발은 단순하게 알고리즘에 대한 연구만으로는 가능하지 않다. 반드시 다섯 가지 감각기관을 통한 공(共)감각을 동시다발적으로 저장하고 종합할 수 있는 뉴로모픽neuromophic 칩의 개발이 선행되어야 한다. 또한 이 뉴로모픽 칩이 엄청난 양의 감각정보를 효과적으로 저장하기 위해서는 본질적 언어로 종합하고 통일하는 기술이 함께 연구되어야 한다. 이점이 뉴로모픽 칩과 인공지능 연구에 있어서 그 성공의 절대적인 필요조건이라고 해도 과언은 아니다.

이러한 점에서 옛 성현들의 가르침을 자세히 살펴보면서 두 가지 언어능력의 작용특성과 두 가지 언어의 의미론적 특성을 이해해 보기로 하자. 그런 연후에 뇌과학이나 인공지능의 연구 방향이 정확하게 정립될 수 있을 것이다. 그래야만 뇌과학이나 인공지능 연구를 통해 4차 산업혁명을 성공적으로 발전시켜 나갈 수 있으리라 확신하는 바이다.

2021년 2월
변상섭

Ⅲ 이제 관념론 철학을 폐기해야 한다

Ⓘ️ⓥ 종자설과 뇌과학

일/러/두/기

[::] ▶ [불교 용어: 노자의 표현: 플라톤의 표현]
[:] ▶ [불교 용어: 노자나 플라톤가운데 한 사람의 표현]
[;] ▶ [; 이 용어에 대한 부가 설명]
[,] ▶ 같은 의미로 사용되는 용어
{( )} ▶ 한자로 표기한 것

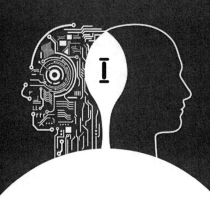

인공지능과 뇌과학
연구에 있어서의 문제점

인공지능과
뇌과학 연구에 있어서의 문제점

인공지능^AI이란 인간의 지적능력을 컴퓨터를 통해 구현하는 기술이라고 정의한다. 그렇다면 인공지능 연구는 인간의 지적능력 즉 선천적인 인지능력에 대한 바른 이해로부터 출발해야 할 것이다. 그런데, 지금 우리는 인간의 선천적인 인지능력에 대해 바르게 이해하고 있는 것일까?

필자는 이에 대해 단호하게 '아니오'라고 답할 수밖에 없다.

이미 우리는 '인문학의 위기'를 겪고 있다. 인간의 사상과 문화를 논의하는 인문학이 위기에 빠졌다는 것은 곧 인간에 대해 바르게 이해하는 데 실패했다는 점을 의미한다. 아마도 이제 자기 성찰을 위해 철학책을 찾는 사람은 거의 없는 것 같다. 그 이유는 근본적으로 관념론 철학이 인간의 선천적인 인지능력을 철저하게 왜곡하고 있기 때문이다. 관념론자들은 오로지 개념의 객관적 실재성을 입증하기 위해 의식에서 직관과 종합적 통일이 가능하다고 주장하고 있다. 쉽게 설명하자면 개념이란 문자언어에 내포된 의미 규정이라는 점을 인정하지 않고, 개념을 통해 '직관적 앎'이 가능하다는 주장이다.

그러나 이러한 주장은 결코 성립될 수 없는 궤변들이다. 그들은 의식이 오로지 문자언어에 담긴 개념적 의미를 사유하고 이해하는 개념적 언어작용이라는 점을 애써 도외시하고 있다. 그러고는 의식을 통해 외계에 실재하는 사물의 존재의미를 직관할 수 있다는 결론을 이끌어 내고 있다.

결국 관념론 철학에 입각해서 개발된 인공지능은 이러한 주장들이 성립될 수 없다는 점을 명백하게 입증하고 있다.

사실 관념론 철학이 인간의 선천적인 인지능력을 철저하게 왜곡하고 있기 때문에 어느 것부터 바로잡아 설명해야 쉽게 설득할 수 있을 것인가 하는 점조차도 판단하기 힘든 상황이다. 일단 여기에서는 왜 인공지능이 자연현상을 정확하게 해석하지 못하는가 하는 점만을 간략하게 정리해 보기로 하자.

첫째는 감각기관의 감각작용에 대해 바르게 이해하지 못하고 있다는 점이다. 즉 감각이란 관념론자들이 주장하듯이 외계로부터 질료 Hyle나 감각소여를 받아들이는 작용이 아니다. 감각작용이란 감각기관을 통해 현상하는 모든 감각표상을 그려내는(표상하는) 능동적인 표상작용이다. 즉 우리의 눈앞에 펼쳐진 모든 존재사물[1]은 우리의 영혼(두뇌) 속에서 표상된 본질적 표상이 드러나 나타난 것이다.

---

1) 모든 철학용어들이 실재론적 관점에서 사용하고 있기 때문에 그러한 표현들과 구분하기 위한 것이다. 앞으로 외계에 실재한다고 간주하는(인식하는) 사물을 '물질적 사물' 또는 '외계의 사물'이라고 표현하고, 감각기관에 본질적 표상으로 현상하고 있는 사물을 지시할 때는 '존재사물'이라고 표현하기로 하자. '존재한다(있다)'고 하는 것은 본래 감각기관에 사물의 표상이 현상하는 것을 지시하는 의미이기 때문이다. 플라톤은 '있다'고 말하여지는 것들은 본질적 존재의미[이데아, 하나]와 본질적 표상[형상, 여럿]이 함께 이루어졌다고 설명하고 있다.

그런데도 칸트는 외계의 물질적 사물이 자신의 고유한(독자적인) 표상을 가지고 존재한다고 전제하고 있다. 그러나 이러한 주장은 결코 성립될 수 없는 궤변이다. 우리의 눈은 다만 외계의 물질적 사물이 반사하는 빛만을 받아들일 뿐이다. 그리고 눈에 보이는 그 사물의 표상은 대뇌의 뉴런이 그 빛을 해석해서 그려낸 것이다.

이와 같이 관념론 철학에서는 감각기관의 감각작용을 철저하게 왜곡하고 있다. 그 결과 감각[아타나식(阿陀那識), 팔식(八識)]과 감각적 지각[오식(五識)]을 구분하지 못하고 있다.[2] 이로써 인공지능이 끊임없이 변화하는 자연현상을 해석하지 못하는 근본적인 원인이 되고 있다. 즉 **감각이란 선천적 표상능력[팔식(八識)의 상(想): 용(容): nous]을 통해 표상해낸(그려낸) 사물의 표상이 감각기관에 현상하는 것을 말한다. 반면에 감각적 지각은 의식이 지향하는 대상을 개념적 의미(개념적 언어)로 해석해주는 지각작용**이다. 이러한 차이점을 구분하지 못하고 컴퓨터 시각을 연구하기 때문에 인공지능은 끊임없이 변화하는 자연현상을 해석하지 못한다.

이와 같이 감각과 감각적 지각을 구분하지 못하게 된 근본적인 원인은 칸트가 주장하는 초월론적 감성론 때문이라는 점을 이해하는

---

[2] '아타나식'을 '감각'으로 번역하고, '오식(五識)'을 '감각적 지각'으로 번역해야 하는 이유를 정확하게 이해하는 것이 중요하다. 아타나식은 지각되지 않으면서 모든 외계의 사물들을 드러내(표상하여) 나타낸다(현상한다)고 설명하고 있다. "不可覺知 堅住器識生 謂阿陀那識(지각할 수는 없지만, 외계 사물에 대한 앎이 생하여 견고하게 머물기 때문에 아타나식이라고 한다)."[大正藏 16권, 702쪽 c.] 즉, 감각은 지각되지 않는 상태이고, 감각적 지각은 지각된 상태이다. 이 점을 구분하는 것이 중요하다. 뒤에 구체적인 사례를 들면서 이해하는 기회를 갖기로 하자.

철학하는 인공지능

것이 중요할 것 같다. 칸트는 외계의 사물들이 독자적인(고유한) 표상을 가지고 존재한다고 전제하고 있다. 그리고 이것이 의식에 직접적으로 현상한다고 주장한다. 그 결과, 우리는 객관적 세계(외계)가 실재한다고 간주하고 있다. 그리고 의식을 통해 이 표상에 대한 개념적 의미(개념)를 인식한다고 주장하고 있다. 이러한 초월론적 감성론 때문에 일반적으로 감각기관을 통한 감각작용을 바르게 이해하지 못하고 있다.

그러나 이미 뇌과학에서는 우리의 눈앞에 펼쳐진 모든 사물의 표상이 대뇌의 피질에서 그려낸(표상한) 것이라는 점을 밝혀주고 있다. 즉 대뇌 피질의 뉴런이 그려낸 사물의 표상이 눈에 현상한다고 밝혀주고 있다. 그리고 동시에 개념적 의미도 함께 현상한다고 설명하고 있다.

이름하여 감각질Qualia 이론과 뉴런집단선택설Theory of neuronal group selection 이다. 결단코 외계의 사물들이 자신의 고유한 표상을 가지고 존재하는 것이 아니다. 그리고 이 사물의 표상이 의식에 현상하는(주어지는) 것이 아니다.

이 이론을 간략하게 요약하자면 우리의 감각기관에 현상한 감각질은 뉴런이 시냅스 연결을 선택적으로 강화하고 약화함으로써 그려낸(표상한) 것이라고 밝혀주고 있다. 정확하게 옛 성현들의 가르침과 일치하고 있다. 분명 우리의 눈앞에 펼쳐진 외계란 선천적 표상능력[팔식(八識)의 상(想): 용(咨): nous]에 의해 표상되어 현상한 것이다.

그런데도 우리는 여전히 외계의 물질적 사물들이 객관적으로 실재한다고 확고하게 믿고 있다. 이제라도 우리는 명확하게 이해해야 한다. 외계(우주)란 우리의 본원적 직관능력[심(心), 팔식(八識): 혼(魂): psyché(영혼)][3]에 의해 표상되어 '나타나 존재하는(顯存)' 현상적 존재일 뿐이다. 따라서 우리의 감각기관을 통해서 모든 사물들의 표상을 표상해 내는 선천적 표상능력이 작동하고 있다는 점을 이해해야만 한다.

이렇듯 선천적 표상능력에 의해 사물의 표상을 그려냄으로써 모든 존재사물이 우리의 눈앞에 현전하게 된다. 이것을 우리는 외계(자연)라고 말한다. 이렇게 외계란 우리의 선천적 표상능력에 의해 드러나(표상되어) 나타난(현상한) 것이다. 더욱이 여기에서 중요한 점은 이렇게 사물의 표상을 그려낼 때 본질적 언어에 근거하여(밑그림 삼아) 그려낸다는 사실이다.

이 본질적 언어에 그 사물과 관련된 모든 감각정보가 내장되어 있기 때문에 이 본질적 언어로 인해서 그 사물의 다양한 상태와 변화 등이 '있는 그대로' 현상할 수 있다. 이로써 하늘은 하늘이라는 본질적 존재의미를 드러내며 우리의 눈앞에 펼쳐진다. 마찬가지로 산은 산이라는 의미로, 나무는 나무라는 본질적 존재의미로 눈앞에 현전한다. 감각작용이란 이렇듯 사물의 표상을 그려내는 작용이다. 반

---

3) 불교에서는 인간의 본원적 주체성을 마음[심(心)] 또는 팔식(八識)이라고 표현하고, 노자는 혼(魂)이라고 표현하며, 플라톤은 psyché(영혼)이라고 표현한다. 이 본원적 주체성이 가진 직관능력을 본원적 직관능력이라고 표현한 것이다. 본원적(本源的)이라고 표현한 것은 눈앞에 펼쳐진 모든 존재사물들이 표상할 수 있는 존재근거[법계(法界): 중보(衆甫): ousia]가 종자의 형태로 마음(영혼) 속에 내장되어 갖추어져 있다는 점을 표현하기 위한 것이다

철학하는 인공지능

면에 감각적 지각은 의식이 감각에 현상하고 있는 그 사물의 표상을 인식하려고 지향할 때, 그 사물의 표상에 대한 개념적 의미를 해석해주는 지각작용이다. 이로써 의식은 사물의 개념적 의미를 이해할 수 있다. 이러한 차이점을 구분하지 못하기 때문에 근본적으로 컴퓨터 시각 연구가 바른 방향으로 나아가지 못하고 있다.

둘째는 의식의 개념적 언어작용[육식(六識)의 사(思)]과 감각기관을 통해 작동하는 직관적 언어작용[팔식(八識)의 사(思)]을 구분하지 못한다는 점이다. 의미를 이해하고 사유하는 것은 언어적 사유작용을 통해서 가능하다. 그 이유는 언어가 곧 의미결정체이기 때문이다. 즉 사유한다는 것은 곧 언어에 내포된 의미 내용을 이해하는 것을 의미한다.

지금까지 우리는 관념론 철학의 영향으로 이 점을 명확하게 인식하지 못하고 있다. 그 이유는 관념론자들이 의식에서 직관이 가능하다는 점을 주장하기 위해서 의식이 문자언어에 담긴 개념적 의미를 이해하는 언어적 사유작용이라는 점을 인정하지 않기 때문이다. 그 결과 지금까지 모든 철학적 담론에서 언어의 문제를 깊이 논구하지 못했던 것이다.

이쯤에서 인도의 세친(世親, Vasubandhū)이 언어와 사유작용에 대해 설명한 것을 읽어보기로 하자.

먼저 음성으로써 모든 현상을 가리켜 말하는(曰) 것은 언어가 된다. 뒤에 언어를 발설하지 않고, 곧바로 마음으로써 그 앞선 음성을

지향함으로써 사유로서의 '명'이 된다. 이 언어적 사유작용[名]은 차별적 의미를 식별하는 것[分別]을 본래의 본질적 성품[自性]으로 삼는다.(先以音聲目一切法爲言 後不發言直以心緣先音聲爲名 此名以分別爲性)[4]

이와 같이 **사유한다는 것은 곧 언어를 통해서만 가능하다.** 우리가 지금까지 앎(지식)에 대해 논의하면서 바로 이 점을 간과하고 있었다. 그리고 이 언어를 통해서 차별적 의미를 식별[분별(分別)]한다는 점에서 **언어가 곧 의미결정체**라는 점을 알 수 있다. 이미 이 언어에는 감각기관과 의식에 현상하고 있는 모든 현상에 대한 의미가 내포되어 있다. 이러한 점에서 모든 사유작용은 언어를 통해서 가능하다는 점을 이해할 수 있다.

그리고 또 주목해야 할 점은 이러한 의미 내용을 '언어음Speech Sound'으로 발설한다는 점이다. 이러한 점에서 언어는 본래 음성언어였다. 뒤에 문자언어가 발달함으로써 이것들을 모두 기호문자로 표기하게 된 것이다. 이로써 문자언어란 언어음과 기호문자로 구성되어 있다는 점을 알 수 있다.

이러한 점에서 **의식의 사유작용을 가능하게 하는 개념적 언어가** 존재하며, 또한 **감각기관과 신경계를 통해 작동하는 본질적 언어가** 존재한다는 점을 엄밀하게 구분해야 한다. 그 이유는 의식을 통해서 사유하는 의미 내용과 감각기관을 통해 직관되는 의미 내용이 전혀 다르기 때문이다.

의식을 통해 사유하는 의미 내용은 문자언어에 담긴 개념적 의미

---

4) 世親(Vasubandhū), 진제(眞諦) 역, 『섭대승론석(攝大乘論釋)』(大正藏 31권), 180쪽, b.

이다. 이 개념적 의미를 우리는 개념이라고 표현한다. 이 문자언어에 내포된 개념을 통해서 우리는 학문을 할 수 있으며, 동시에 시를 쓰고, 다양한 언어적 표현으로 우리의 감정과 생각(사유)을 표현할 수 있다.

반면에 외계의 물질적 사물은 그 자신만의 고유한 물질적 특성으로 구성되어 있다. 따라서 인간이 그 물질적 사물을 이해한다는 것은 곧 그 물질적 특성으로 인한 본질적 존재의미를 이해하는 것이다. 이러한 점에서 인간에게 감각기관을 통해서 물질적 사물에 대한 본질적 존재의미를 직관할 수 있는 직관적 언어능력이 갖추어져 있다는 점을 알 수 있다. 우리는 이 직관적 언어능력을 통해서만 외계의 자연현상들을 이해할 수 있다.

뇌과학의 분리뇌Split-Brain 연구는 바로 이러한 차이점을 과학적 실험을 통해 실증적으로 입증하고 있다. 분리뇌 연구의 여러 가지 실험 결과는 모두 공통적으로 의식이란 오로지 문자언어에 담긴 개념적 의미만을 사유하는 언어작용이라는 점을 명확하게 입증하고 있다. 우리는 이 과학적 실험 결과에 담긴 철학적 의미를 읽어내지 못하기 때문에 이러한 사실을 파악하지 못하고 있는 실정이다. 뿐만 아니라, 일본 교토대학의 영장류 연구소에서 실행한 침팬지의 인지능력 실험을 동해서도 이 점을 확인할 수 있다.

비단 이러한 과학적 실험이 아니더라도, 우리가 책을 읽고 글을 쓸 수 있는 것은 의식을 통해서 가능하다는 점을 쉽게 확인할 수 있다. 인간만이 문자언어를 가지고 있으며, 그래서 인간만이 의식이라는 사유능력을 가지고 있다는 점을 어느 누구도 부정할 수는 없을 것이다.

그렇다면 당연히 감각기관을 통해 현상한 존재사물에 대해 그것의 본질적 존재의미를 직관하는 직관적 언어능력이 갖추어져 있어야 한다. 왜냐하면 **감각기관에 현상한 사물의 본질적 표상은 외계의 물질적 사물이 가지고 있는 고유한 물질적 특성을 조합하여 구성한 본질[archē]을 소재로 표상한 것**이기 때문이다. 그래서 그 외계의 물질적 사물이 '있는 그대로' 우리의 감각기관에 현상할 수 있다. 그런데 그 사물의 고유한 물질적 특성은 결코 문자언어로 표현하거나 대체할 수 없다. 그렇지만 인간은 그 물질적 특성으로 인한 본질적 존재의미를 직관적으로 알 수 있다. 이러한 점에서 사물의 본질적 존재의미를 이해하는 언어능력을 갖추고 있다는 점이 저절로 명백해진다.

사실 우리가 철학적 관점에서 분명하게 구분하여 이해하지 못하고 있을 뿐, 뇌과학에서는 이미 오래전부터 이 두 가지 언어능력에 대해 명확하게 밝혀주고 있었다. 노벨상 수상자인 신경과학자 제럴드 에델만은 『신경과학과 마음의 세계BRIGHT AIR, BRILLIANT FIRE』라는 책에서 대뇌의 좌반구에 자리 잡고 있는 언어중추인 브로카Broca 영역과 베르니케Wernicke 영역은 음성언어의 발달에 따라 후천적으로 진화된 언어능력이라는 점을 자세히 설명해 주고 있다. 그는 이 좌반구 언어중추를 '고차원적 의식'이라고 표현하고 있으며, 이 '고차원적 의식'이 생겨나기 전에 의미를 사유하는 '1차적 의식'이 존재했다고 주

철학하는 인공지능

장하고 있다.[5]

이 '1차적 의식'은 결과적으로 문자언어를 만들어 냈으며, 지금 우리는 이 문자언어에 담긴 개념적 의미를 사유하는 언어능력을 '의식'이라고 일컫고 있다. 의식을 통해 이 문자언어를 읽을 수 있으며, 말할 수 있고, 들을 수 있다. 그리고 이러한 의식의 사유능력을 통해서 모든 학문이 가능하다. 분명 모든 학문들은 기호와 문자를 통해서 논리적 이론체계를 정립할 수 있지 않은가?

이제 이렇듯 의식을 통해 사유하는 언어를 개념적 언어[장명(障名): 가명(可名)]라고 일컫기로 하자.[6]

뿐만 아니라, 뇌과학자 로돌포 R. 이나스는 『꿈꾸는 기계의 진화 I of the Vortex from Neorons to Self』라는 책에서 이 '1차적 의식'이라고 하는 언어능력이 곧 기저핵을 중심으로 신경계에서 작동하는 언어능력이라는 점을 입증하고 있다.[7] 그는 투렛증후군과 동물들이 유전적 지식을 가지고 태어난다는 점 등을 그 증거로 제시하고 있다. 또한 그는

---

5) 제럴드 에델만, 황희숙 옮김, 『신경과학과 마음의 세계』(서울: 범양사출판부, 1998). 제12장 언어와 고차원적 의식 참조. 이 책을 읽으면서 주의할 점은 개념이라는 단어를 '표상'이라는 의미로 사용하고 있다는 점이다. 서양철학에서 표상과 개념을 엄밀하게 구분하지 않고 있기 때문에 용어 선택에 문제가 발생하고 있다. 개념이란 단어에 내포된 의미규정이다. 비록 서양의 관념론자들은 결코 이러한 의미가 아니라고 부정하지만, 그들은 의식이 문자언어를 매개로 그 언어에 담긴 의미 내용을 사유하는 언어적 사유작용이라는 점을 인정하지 않기 때문이다. 반면에 표상은 그림 또는 영상과 같은 것이다. 즉 선천적 표상작용에 의해 그려낸(표상한) 것이라는 점을 명확하게 구분해야 한다.

6) 世親(Vasubandhū), 앞의 책, 206쪽, a. "果名攝 謂無上菩提 障名攝 謂三煩惱". 과명은 최상의 지혜(본질적 존재의미)를 내포하는 언어라는 점에서 본질적 언어를 의미하며, 장명은 의식에 의해 규정된 비본질적이고 비실재적인 의미 내용[번뇌]을 담지하고 있다고 설명하고 있다. 따라서 의식에 의해 사유되는 언어를 개념적 언어라고 일컫기로 하자.

7) 로돌포R. 이나스. 김미선 옮김, 『꿈꾸는 기계의 진화』(서울: 북센스, 2007). 그는 "언어는 그 자체로 FAP(Fixed Action Pattern; 고정행위패턴)이다"고 단언한다. 그는 이 책에서 기저핵을 통해 생성되는 FAP와 언어의 관계를 매우 자세하게 밝히고 있다.

이렇듯 신경계에서 작동하는 언어능력으로 인해서 새들이 노래를 할 수 있다는 점도 자세히 설명하고 있다.

이로써 대뇌의 우반구 언어영역은 기저핵과 연계해서 감각기관(또는 신경계)을 통해 작동한다고 추정할 수 있다.

물론 이러한 추론은 분리뇌 연구의 실험 결과를 통해서도 입증되고 있다. 209페이지에 분리뇌 연구의 기능성자기공명영상fMRI 자료 사진을 통해 확인되고 있다.

이 영상 자료를 살펴보면 **좌반구 언어영역**(브로카 영역과 베르니케 영역)**은 문자언어를 매개로 사유하는 의식**이며, **우반구 언어영역은 감각기관을 통해 작동하는 직관적 언어능력**이라는 점을 확인할 수 있다. 맨 윗줄의 사진에서는 의식이 문자언어에 내포된 의미 내용을 이해하는 언어능력이라는 점을 확인할 수 있다. 정상적인 일반인에게 책을 읽어주었을 때, 그 사람은 그 소리(언어음)를 듣고 그 책의 내용을 이해할 수 있다. 그런데 이때, 오로지 좌반구 언어영역만이 활성화되고 있다. 분명 귀로 그 언어음Speech Sound을 듣고 있는데, 청각영역은 활성화되지 않고 있다는 점에 주목해야 한다. 이는 감각기관을 통해 그 언어음을 해석하지 않는다는 점을 알 수 있다. 바로 이러한 영상 자료는 의식이 그 문자언어(언어음)를 듣고 직접적으로 이해한다는 것을 의미한다. 이로써 의식은 문자언어를 매개로 그 언어에 내포된 의미 내용을 이해(사유)하는 언어능력이라는 점을 확인할 수 있다.

철학하는 인공지능

이러한 이해가 정당하다는 것은 세 번째 영상 자료와 비교하면 쉽게 확인된다. 청각장애인에게 수화ᴬˢᴸ로 같은 책을 읽어줄 때, 이 청각장애인의 뇌에서는 좌반구 언어영역이 활성화되면서 동시에 대뇌 피질의 청각영역(상측두이랑superior temporal gyrus)과 우반구 언어영역도 함께 활성화되는 것을 확인할 수 있다. 물론 시각장애인의 경우는 대뇌 피질의 시각영역(후두극occipital pole)이 함께 활성화된다고 한다.

이러한 현상은 의식이 그 손짓과 몸짓을 직접적으로 이해하지 못하기 때문에 우반구 언어영역과 청각영역을 통해서 그 수화문장(손짓과 몸짓)을 문자언어(언어음)로 해석하고 있다고 보여진다. 다시 설명하자면 **감각기관을 통해서 작동하는 직관적 언어능력을 통해서 그 손짓과 몸짓으로 전달된 수화문장을 문자언어(언어음)로 전환하고 있다**는 것을 알 수 있다. 마찬가지로 시각장애인의 경우는 손끝으로 느껴지는 점자(點字)를 문자언어(기호문자)로 변환하고 있다는 것을 의미한다. 바로 이러한 정신현상이 곧 감각적 지각이다.

바로 여기에서 주목해야 할 점은 그 몸짓과 손짓은 문자언어가 아니라는 사실이다. 이러한 점에서 의식은 문자언어만을 직접적으로 이해하고 인식할 수 있다는 것을 재차 확인할 수 있다. 따라서 외계의 물질적 사물들을 인식하기 위해서는 감각적 지각을 통해 그것들에 대해 문자언어로 해석해 주어야만 그것들을 인식할 수 있다는 점을 알 수 있다. 그리고 우반구 언어영역이 감각영역과 함께 작동하면서 이 감각적 지각의 임무를 수행하고 있다는 점을 이해할 수 있다.

이러한 점에서 우반구 언어영역은 감각영역과 함께 작동함으로써 외계의 물질적 사물들과 직접적으로 관계를 맺을 수 있으며, 동시에 그것들에 대한 본질적 존재의미를 이해할 수 있는 직관적 언어능력이라는 점을 추정할 수 있다.

인간뿐만 아니라 모든 동물들은 외계(자연생태계)에 적응하여 생존하기 위해 나름대로 외계를 이해하는 이러한 직관적 언어능력을 갖추고 있다는 점을 이해해야 한다. 이와 같이 모든 생명체들이 외계를 이해할 수 있는 것은 곧 직관적 언어능력에 의해 구성된 본질적 언어[과명(果名): 상명(常名): logos]가 존재하기 때문에 가능하다. 이 본질적 언어에는 외계의 물질적 사물에 대한 본질적 존재의미가 내포되어 있기 때문이다.

즉 **돌고래의 초음파 노래는 돌고래의 본질적 언어이다.** 이 초음파 노래에는 돌고래의 역사와 문화가 간직되어 있을 것이다. 이로써 그들은 나름대로 자신들의 문화를 형성하며 살아가고 있다. 마찬가지로 **꿀벌의 엉덩이춤은 꿀벌의 본질적 언어이다. 그들은 이 본질적 언어로 서로 먹잇감이 있는 곳을 알려준다**는 점도 이미 널리 알려져 있다.

그런데도 우리는 관념론 철학의 영향으로 이러한 두 가지 언어능력을 엄밀하게 구분하지 못하고 있다. 오로지 의식만이 인간의 절대 이성이라고 간주하고 있다. 바로 이 점으로 인해서 딥러닝 알고리즘으로 학습하는 인공지능이 외계의 자연현상을 바르게 해석하거나 학습할 수 없었던 것이다.

근본적으로 의식의 산물인 개념적 언어의 의미론적 특성과 직관적 언어능력에 의해 구성되는 본질적 언어의 의미론적 특성을 명확하게 구분하여 이해하지 못하기 때문이다. 이로써 왜 딥러닝Deep Learning은 끊임없이 변화하는 자연현상을 이해할 수 없는지 그 원인조차 파악하지 못하고 있는 실정이다.

간략하게 지적하자면 딥러닝 알고리즘에 사용되고 있는 통계학적 기법들 즉 데이터의 생성과정이나 수리통계적 확률과정은 모두 개념적 언어로 이루어진다. 모집단의 특징 또는 특성Feature이라고 하는 것은 곧 인간의 가치판단에 따라 구분한 개념적 의미이다. 이 개념적 의미란 주관적 가치판단에 따라 비교하여 구분한 상대적 차별성이다. 그리고 개념적 언어란 이러한 상대적 차별성을 언어적 표현으로 규정한 것이다. 의식을 통해 사유되는 모든 의미 내용은 이러한 상대적 차별성을 규정한 것이다. 이것을 우리는 개념이라고 한다.

딥러닝은 이러한 개념적 언어로 학습하고 있다는 점에서 의식의 사유작용을 모방한 것이다.

이상에서 살펴본 바와 같이 인간의 선천적인 인지능력에 대해 바르게 이해하지 못함으로써 인공지능 연구에 있어서 심각한 문제점과 한계에 부딪히게 된 것이다. 지금과 같은 딥러닝 알고리즘은 사물의 본질보편성[8]을 학습할 수 없다. 그 이유는 첫째, 데이터 생성

---

8) 사물의 본질로 인해서 구성되는 그 사물에 대한 이해의 보편성을 의미한다. 이 본질보편성으로 인해서 인간에게 공통의 생활세계가 가능하다.

과정에서부터 다양한 감각정보(감각표상)가 입력되지 못하고 있기 때문이다. 둘째는 학습 과정 또한 감각표상을 종합하고 통일하여 본질적 언어를 구성하는 작업이 아니고, 특정한 개념적 의미로 구분하고 분류하는 작업이다. 바로 이러한 학습능력은 곧 의식의 작용을 모방한 것이다. 의식의 개념적 언어작용이란 인식대상을 다른 대상과 비교하면서 그 차이점(상대적 차별성)을 구분하여 문자언어로 규정함으로써 그 대상을 이해하는 언어적 사유능력이다.

이러한 이유로 딥러닝 알고리즘은 문자언어를 학습하고 개념을 분류하는 작업에는 탁월한 능력을 발휘할 수 있다. 그러나 외계의 자연현상을 학습하는 것은 결단코 불가능하다.

이러한 점에서 우선적으로 관념론 철학으로 인해서 인공지능 연구에 있어서 어떠한 과오와 문제점이 발생하는지 자세히 살펴보기로 하자. 그래야만 마땅한 해결책도 강구할 수 있을 것이다.

01. 모라벡의 역설: 인간에 대한 몰이해

모라벡의 역설Moravec' Paradox.

컴퓨터와 인간의 지적능력의 차이를 인공지능 연구자들은 이렇게 표현하고 있다. 바로 이러한 표현에서 우리가 인간의 선천적인 인지능력을 바르게 이해하지 못하고 있다는 점을 확인할 수 있다.

인간은 매우 쉽게(직관적으로) 개와 고양이를 구분할 수 있는데, 컴

퓨터는 이것을 구분하는 것이 매우 어렵다고 한다. 반면에 컴퓨터
는 인간이 풀기 어려운 수학의 미적분 문제를 너무나 쉽고 빠르게
풀어낸다. 이와 같이 인간에게 쉬운 것이 컴퓨터에게는 어렵고, 컴
퓨터에게 쉬운 것이 인간에게는 어렵다고 하는 역설적인 현상이 일
어난다고 지적하고 있다.

이러한 관점에서 어느 인공지능 연구자는 아예 '쉽다', '어렵다'는
개념부터 새롭게 정립해야 한다고 주장한다.

**"뇌과학을 기반으로 인공지능을 연구 중이라는 사실을 아는 지
인들은 가끔 나에게 이런 질문을 한다. '인공지능이 만들어지면 어
떤 일들을 할 수 있을까요?'**

**'지구평화' 또는 '인류 식량문제해결' 같은 거창한 답을 은근히 기
대한다는 사실을 잘 알기에, 나의 답은 항상 같다. 이게 무슨 말인
가? 유치원생도 쉽게 할 수 있는 개와 고양이 구별이 연구의 목표라
니? 그렇다. 인공지능의 가장 어려운 점 중 하나는 뇌가 가진 '쉽다'
와 '어렵다'의 상식적 개념을 새로 정리해야 한다는 것이다."[9]**

이 과학자의 솔직한(?) 진술에서 인공지능의 지적능력과 인간의
선천적인 인지능력을 엄밀하게 구분하여 이해하지 못하고 있다는
점을 알 수 있다. 이러한 차이점은 결코 인간과 인공지능이 가지고
있는 지적능력의 어떤 한계를 드러내는 것이 아니다. 근본적으로 인
공지능의 지적능력과 인간의 선천적인 인지능력의 사유 방식이 다

---

9)　김대식, 『내 머릿속에선 무슨 일이 벌어지고 있을까』(경기 문학동네 2015) 120쪽~122쪽

를 뿐이다.

인공지능의 지적능력은 의식[육식(六識): 가명(可名): genesis]의 사유작용을 그대로 모방한 것이다. 즉 문자언어나 기호를 매개로 사유한다는 점에서 인공지능과 의식의 작용은 유사한 점을 가지고 있다. 그런데 이 사유 능력에는 엄청난 차이점이 존재할 수밖에 없다. 즉 인간의 의식은 초당 40여 건의 정보밖에 처리할 수 없지만,[10] 인공지능은 거의 무한대에 가까운 정보처리능력을 갖추고 있다는 점이다. 그 결과 인공지능 GPT-3처럼 인간의 논리적 사유 능력보다 훨씬 뛰어난 기능을 발휘할 수 있다는 것은 너무도 당연하다.

반면에 의식은 외계와 직접적으로 관계를 맺을 수 없다는 점에 주목해야 한다. 지금 우리는 관념론 철학으로 인해서 의식에서 직관이 가능하고, 종합적 통일이 가능하다고 간주하고 있다. 바로 이러한 오해와 착각으로 인해서 '모라벡의 역설'이라는 표현이 출현하게 된 것이다.

의식은 오로지 문자언어에 담긴 언어적(개념적) 의미만을 사유하는 언어적 사유작용이다. 우리는 바로 이 점을 도외시하고 있다. 의식은 이렇듯 반드시 문자언어를 통해서 모든 대상에 대한 의미를 사유할 수 있는 점에서 당연히 의식은 외계와 '직접적으로 관계를 맺을(직관할)' 수 없다. 왜냐하면 외계는 결코 문자언어로 이루어져

---

10) 의식이 작동할 때 발생하는 40Hz의 뇌파는 의식이 초당 40회 생성과 소멸을 반복한다는 의미이다. 이 점은 곧 의식이 초당 40회 대상을 바꾸어가며 사유할 수 있다는 것을 의미한다. 왜 이렇게 이해해야 하는가 하는 점은 차츰 의식의 작용특성을 이해하면서 확인하기로 하자.

철학하는 인공지능

있지 않기 때문이다.

실제로 마이클 S. 가자니가가 뇌량^{corpus callosum}을 절제한 환자들을 상대로 실험한 결과를 살펴보면 좌뇌의 언어영역에서 작동하는 의식은 외계를 직접적으로 인식하지 못한다는 점을 확인할 수 있다. 오른쪽 눈에 단순한 사각형의 사진을 보여주고 무엇이 보이느냐는 질문에 이 환자는 "상자"라고 답변했다. 다시 물으면 "테이프 조각"이라고 답변하고 있다. 뇌량이 절단되어 있기 때문에 오른쪽 뇌에서 일어나는 감각적 지각의 도움을 받을 수 없었던 것이다. 그 결과 이 환자는 단순한 사각형 사진을 보면서 '상자'라고 답변했다가 다시 물으면 '테이프 조각'이라고 답변한 것이다.

그러나 이 환자들에게 똑같은 방식으로 원형의 사진을 보여주고 동일한 사진을 손으로 지시하도록 실험하면, 이번에는 모두 동일한 원형의 표상을 손으로 지시하고 있다. 이와 같이 분명 좌뇌에서 감각작용이 동일하게 작동하고 있는데, 왜 의식은 그것을 인식하지 못하고 엉뚱한 대답을 반복하는 것일까?

이러한 실험결과는 의식은 직접적으로 외계를 인식할 수 없으며, 우반구 언어영역에서 작동하는 직관적 언어능력을 통해 사물의 표상을 문자언어로(개념적 의미로) 해석해 주지 않으면 아무것도 인식할 수 없다는 점을 입증하고 있다.

그러나 분명 외계에는 물질적 사물들이 존재하고 있으며, 그 물질적 사물들은 저마다 고유한 물질적 특성으로 구성되어 있다. 그리고 이러한 물질적 특성으로 이루어진 사물의 본질적 표상[정상(淨

相): 용(容): eidos(형상)]이 우리의 감각기관에 드러나(표상되어) 나타난다(현상하다).

우리는 지금 이 순간에도 우리의 감각기관을 통해 외계의 물질적 사물들이 가진 고유한 물질적 특성을 체험하고 있다. 물로 몸을 씻으면서 물만이 가진 고유한 물질적 특성을 느낄 수 있다. 또한 물을 마시면서 갈증이 해소된다는 점도 알 수 있다.

좀 더 구체적으로 우리가 불(火)이라고 하는 사물을 직관하는 경우를 살펴보기로 하자.

눈앞에 타오르는 이글거리는 불꽃을 볼 수 있는 것은 그 불이 발산하는 빛 가운데 가시광선을 눈을 통해 받아들임으로써 가능하다. 그리고 그 열기(熱氣)는 적외선을 통해서 피부로 전달되어 열감(熱感)으로 체험된다. 이로써 우리는 외계에 실재하는 불을 '있는 그대로(본질적으로)' 직관할 수 있다. 이렇게 눈과 피부를 통해서 그 불꽃을 보면서 동시에 그 열기가 모든 것을 태울 수 있다는 점을 함께 알 수 있다. 또한 그 불꽃만 보아도 그 불의 뜨거운 열기가 어느 정도인지 우리는 직관적으로 알 수 있다.

이와 같이 외계의 사물을 식별하고 그 본질적 존재의미를 이해하는 데 있어서 의식은 전혀 쓸모가 없으며, 필요하지도 않다. 의식은 오로지 문자언어를 통해서만 자신이 지향하는 대상을 인식할 수 있다는 점을 명확하게 이해해야 한다. 이 점은 앞으로 분리뇌 연구의 여러 가지 실험 결과들과 일본 교토 대학의 영장류 연구소에서 자란 '아유무Ayumu'라는 침팬지와의 숫자 게임을 통해서 확인하기로 하자.

이러한 점에서 인간에게는 의식 이외에 외계와 직접적으로 관계를 맺고, 그 존재사물의 본질적 존재의미를 직관할 수 있는 본원적 직관능력[팔식(八識): 혼(魂): psychē(영혼)]이 갖추어져 있다는 점을 인정하지 않을 수 없다.

바로 이러한 차이점을 이해하지 못하기 때문에 컴퓨터의 지적능력과 인간의 선천적인 인지능력을 정확하게 구분하여 이해하지 못하고 있다.

결국, 이 뇌과학자는 "뇌가 가진 '쉽다'와 '어렵다'의 상식적 개념을 새로 정리해야 한다"고 주장하고 있다. 그러나 결코 이러한 방식으로 해결될 문제가 아니라는 점을 지적하지 않을 수 없다.

• 의식[육식(六識)]과 본원적 직관능력[팔식(八識)]

반면에 유치원생들도 쉽게 개와 고양이를 구분할 수 있는 것은 인간의 선천적인 인지능력인 본원적 직관능력[팔식(八識): 혼(魂): psychē(영혼)]에 의해 가능하다. 그 개나 고양이는 본원적 직관능력의 선천적 표상능력[팔식(八識)의 상(想): 용(容): nous]에 의해 표상되어 눈앞에 나타나 존재한다. 그리고 동시에 본원적 직관능력의 직관적 언어작용[팔식(八識)의 사(思): 상명(常名): logos]에 의해 개와 고양이라는 본질적 존재의미를 직관할 수 있다.

이와 같이 이 본원적 직관능력에 의해서 우리는 눈만 뜨면 외계의 모든 존재사물들이 눈앞에 펼쳐지며, 동시에 그 사물들의 본질적 존재의미[진여(眞如): 이데아]를 직관적으로 알 수 있다. 분명 하늘은 하늘이라는 존재의미를 드러내며 우리의 눈앞에 펼쳐진다. 산은 산이라는 의미로, 사람은 사람이라는 의미로, 자동차는 자동차라는 의미로 우리의 눈앞에 현전(現前)하고 있다.

이렇게 감각기관을 통해서 **사물의 본질적 표상과 본질적 존재의 미가 함께 직관**되는 것을 플라톤은 '하나[이데아(본질적 존재의미)]가 곧 여럿[eidos(형상; 본질적 표상)]이요, 여럿이 곧 하나다{일즉다 다즉일(一卽多 多卽一)}라고 표현하고 있다. 물론 이러한 표현은 불교에서도 동일하게 나타나고 있다.

우리가 의식의 작용과 이러한 본원적 직관능력을 엄밀하게 구분하지 못하는 이유는 근본적으로 의식이 문자언어에 담긴 언어적(개념적) 의미 내용을 이해하는 언어작용이라는 점을 인정하지 않기 때문이다.

관념론자들은 의식의 산물인 개념이 객관적 실재성을 갖는다는 점을 입증하기 위해 애써 이 점을 도외시하고 있다. 의식은 오로지 문자언어를 매개해야만 작동이 가능하다는 점을 인정한다면 의식에서 직관이나 종합적 통일이 가능하다고 주장할 수 없기 때문이다.

이로써 우리는 의식의 작용특성을 바르게 이해하지 못하게 되고, 그 결과 의식이 생겨나기 이전에 이미 본원적 직관능력이 선천적으로 갖추어져 있었다는 점을 이해하지 못하게 된 것이다.

먼저 의식의 작용특성에 대해 자세히 살펴보기로 하자. 의식의 작용특성을 바르게 이해한다면 인간에게 선천적인 본원적 직관능력이 갖추어져 있어야만 한다는 점을 쉽게 이해할 수 있다.

철학하는 인공지능

첫째, 의식은 문자언어를 매개해야만 작동하기 때문에 의식은 결코 외계와 직접적으로 관계를 맺을(직관할) 수 없다는 점이다. 외계는 결코 문자언어로 구성되어 있지 않다. 각기 고유한 물질적 특성으로 이루어진 물질적 사물이 존재하고 있다. 그리고 이것들이 반사하는 빛을 눈을 통해 받아들여서 그 빛을 해석한 뒤에 선천적 표상능력을 통해 본질적 표상을 표상해 냄으로써 그것이 눈에 현상하게 된다. 이것이 감각[아타나식(阿陀那識), 팔식(八識)]이다. 따라서 의식이 이 본질적 표상을 인식하기 위해서는 반드시 감각적 지각[오식(五識)]을 선행적으로 동반해야 한다. 이 감각적 지각을 통해서 그 본질적 표상을 문자언어로 해석해주어야만 의식은 그 사물(대상)을 인식할 수 있다.

그동안 관념론 철학의 영향으로 의식을 통해서 외계와 직접적으로 관계를 맺을 수 있다고 간주하고 있기 때문에 의식의 사유작용 이외에 감각기관을 통해서 감각과 감각적 지각이 작동하고 있다는 점을 이해하지 못한 것이다.

칸트는 외계의 물질적 사물이 자신만의 독자적인 표상을 가지고 존재하고, 이 사물의 표상이 의식에 직접적으로(직관을 통해) 현상한다고 주장한다. 이로써 의식의 개념적 언어작용과 감각기관을 통한 감각작용을 엄밀하게 구분하여 이해하지 못하게 된 것이다.

그러나 뇌과학에서는 감각기관에 현상하고 있는 모든 감각표상(감각질Qualia)은 대뇌 피질에서 표상된 것이라고 밝혀주고 있다. 즉 감각기관에 현상하는 모든 감각표상은 본원적 직관능력의 선천적 표상능력[팔식(八識)의 상(想): 용(容): nous]에 의해 표상된 것이다. 다시 설명하자면 **직관이란 곧 이 선천적 표상능력에 의해 표상된 사물의 본질적 표상[정상(淨相): eidos(형상)]이 감각기관에 현상하는 것**을 의미한다.

반면에 의식에는 이러한 선천적 표상능력이 존재하지 않는다는 사실을 확고하게 이해해야 한다. 따라서 의식에서는 결코 직관이 불가능하다.

둘째, 의식에서는 결코 종합적 통일이 불가능하다는 점이다. 종합적 통일이 어떻게 가능한가 하는 점은 인간의 선천적인 인지능력을 이해하는 데 있어서 절대적으로 중요한 논제이다. 왜냐하면 인간이 외계의 물질적 사물들에 대해 이해할 수 있는 것은 감각경험을 통해 얻어진 그 사물에 대한 다양한 표상들을 종합하고 통일함으로써 가능하기 때문이다.

예를 들어 물의 본질적 존재의미를 이해하기 위해서는 물과 관련된 다양한 감각경험과 실제적 체험들을 종합하고 통일함으로써 가능하다. 목이 마를 때 물을 마시고, 몸을 씻기도 하고, 개울에서 물장난을 치면서, 또는 물을 뿌려 불을 끄기도 하고, 반대로 불로 물을 끓이면서 얻어진 다양한 감각표상들을 종합하고 통일함으로써 '물'의 본질적 존재의미를 이해하게 된다. 이러한 점에서 종합적 통일이 어떻게 가능한가 하는 점을 바르게 이해하는 것은 곧 인간의 선천적인 인지능력을 이해하는 데 있어서 가장 중요한 논제이다.

그런데 관념론 철학에서는 의식에서 종합적 통일이 가능하다고 주장함으로써 결과적으로 인간의 선천적인 인지능력을 바르게 이해할 수 있는 길을 원천적으로 봉쇄하고 있다. 이러한 점에서 의식에서는 결코 종합적 통일이 불가능하다는 점을 명확하게 이해할 필요가 있다.

의식은 문자언어에 내포된 의미 내용을 이해하는 언어적 사유작용이기 때문에 의식은 생성하자마자 곧 소멸하는 작용특성을 갖는다. 왜냐하면 동시에 두 개 이상의 단어를 사유할 수 없기 때문이다. 만약 두 개 이상의 단어를 동시에 사유한다면 무슨 의미인지 전혀 인식할 수 없을 것이다. 이 점은 지금 당장 실험을 통해 확인이 가능하다. 한꺼번에 두 개의 숫자나 단어를 동시에 사유할 수 있는지 실험해 보기 바란다. 결코 불가능하다는 점을 쉽게 확인할 수 있다.

이와 같이 의식은 한순간에 하나의 대상(단어)만을 사유할 수 있기 때문에 생성하자마자 곧 소멸해야만 한다. 그렇지 않으면 우리는 평생 하나의 단어만을 사유하게 된다. 생성하자마자 곧 소멸해야만 다시 다른 단어를 사유할 수 있다. 이러한 점에서 **의식은 생성하자마자 곧 소멸해야만, 다시 새로운 의식이 일어나서 다른 단어를 사유할 수 있다.** 이렇게 생성과 소멸을 반복하면서 하나의 흐름[의식류(意識流)]을 이루는 작용특성을 가지고 있다.

이러한 점에서 불교에서는 의식을 '생멸(生滅)' 또는 '생사(生死)'라고 표현한다. 즉 의식의 작용특성을 표현한 것이다. 마찬가지로 플라톤도 '생성[genesis]'이라고 표현하고 있다. 생성은 곧 소멸을 동반한다는 점에서 같은 의미이다. 이 점은 뒤에 '침팬지 아유무^{Ayumu}와의 숫자 게임'이라는 항(項)에서 자세하게 확인하기로 하자.

이와 같이 의식은 생성하자마자 곧 소멸하는 작용특성을 가지고 있기 때문에 의식에서는 감각경험들을 저장하거나 간직할 수 없다. 생성하자마자 곧 소멸해 버리는데, 무엇을 저장하고 간직할 수 있겠는가? 이러한 점에서 의식에서는 결단코 종합적 통일도 불가능하다. 종합하고 통일하려면 그 감각경험들을 잊지 않고 저장하고 간직할 수 있어야만 가능하기 때문이다.

이러한 점에서 감각경험을 통해 얻게 된 다양한 감각표상을 종합하고 통일할 수 있는 직관적 언어능력이 존재해야 한다는 점을 인정하지 않을 수 없다. 왜냐하면 에릭 캔델^{Eric R. Kandel}이 밝혀준 바와 같이 외계로부터의 자극(감각표상)을 뉴런의 시냅스 연결을 통해 저장하고 간직함으로써 외계를 이해할 수 있는 지적능력이 생겨났기 때문이다.

에릭 캔델은 바다달팽이 곰소가 외계로부터의 자극을 뉴런의 시냅스 연결을 강화하거나 약화시키는 형태로 기억(저장하고 간직함)한다는 점을 밝혀주고 있다. 마찬가지로 인간도 이와 동일한 방식으로 감각경험을 통해 얻어진 다양한 감각표상을 저장하고 간직함으로써 외계의 물질적 사물에 대한 본질적 존재의미를 이해할 수 있다는 점은 너무도 명백하다.

그런데 여기에서 한 가지 주의해야 할 점은 인간은 하등동물들과는 달리 다섯 가지 감각기관을 통해서 외계와 관계를 맺는다는 사실이다. 즉 다섯 가지 감각기관을 통해 현상한 다양한 감각표상을 하나로 종합하고 통일함으로써 그 존재사물의 본질적 존재의미를 이해할 수 있다는 점에 주목해야 한다.

따라서 이렇게 다섯 가지 감각기관이 유기적으로 동시에 작동할 수 있으려면 하나의 통일된 작동원리가 존재해야 한다는 점을 알 수 있다. 바로 이 통일된 작동원리가 곧 본질적 언어이다. 예를 들어 사과 주스를 마시면서 이것이 사과 주스라는 점을 알 수 있는 것은 눈으로 색상을 보고 혀로 그 맛을 보며 동시에 코로는 그 향기를 맡음으로써 그것이 사과 주스라는 사실을 알 수 있다. 실제로 인간의 **감각이 공감각**(共感覺)이라는 점을 확인하기 위해 많은 학생들에게 눈을 가리고 코도 막고 사과 주스와 오렌지 주스를 마시게 하였더니, 모두들 그것이 무슨 주스인지 전혀 식별하지 못했다고 한다.

이와 같이 **다섯 가지 감각기관을 통한 다양한 감각경험을 종합하고 통일함으로써 하나의 의미통일체를 구성하게 되는데, 이 의미통일체가 곧 본질적 언어**이다. 그리고 이 본질적 언어에 근거하여 다시 사물의 표상을 그려냄으로써 다섯 가지 감각기관에 사물의 본질적 표상이 현상할 수 있다.

이러한 점에서 이 본질적 언어를 구성하는 직관적 언어능력이 감각기관을 통해 작동하고 있다는 점을 알 수 있다.

이상에서 살펴본 바와 같이 의식은 외계와 직접적으로 관계를 맺을(직관할) 수 없으며, 또한 종합적 통일도 불가능하다. 이러한 점에서 당연히 의식 이외에 감각기관을 통해 그 물질적 사물들과 관계를 맺고, 그 사물들이 가진 물질적 특성을 직관하고, 이로써 그 사물의 고유한 존재자성(存在自性)을 이해하는 선천적인 본원적 직관능력이 갖추어져 있다는 점을 알 수 있다.

바로 이 점을 해명하기 위해서 옛 성현들은 종자[種子: sperma]설을 시설하여 이러한 생래적인 본원적 직관능력을 설명해 주고 있다. 간추리자면 우리의 본원적 주체성[심(心), 팔식(八識), 아말라식(阿末羅識): 박(樸): psychē(영혼)][11]에 종자의 형태로 그 사물의 고유한 물질적 특성을 간직하고 있으며, 이 물질적 요소[사대(四大): stoicheion; 불·물·흙·공기]들을 조합하여 본질[archē]을 구성한 뒤에 이 본질을 통해서 사물의 본질적 표상[정상(淨相): 용(容): eidos(형상)]을 그려낸다고 설명하고 있다.

이때, **직관적 언어능력에 의해 구성된 본질적 언어를 근거로(밑그림 삼아) 그 사물의 본질적 표상을 그려낸다.**[12] 즉 이 본질적 언어에 그 물질적 사물의 모든 상태와 조건들 그리고 상태의 변화까지도 저장되어 있기 때문에 그것을 다시 그대로 표상해 낼 수 있다. 이에 대해서는 뒤에 '본질적 언어에 우주를 품어 간직하고 있다'라는 절에서 자세히 살펴보기로 하자.

이렇게 그려낸(표상한) 사물의 표상이 곧 눈앞에 현전하는(드러나나타난) 존재사물이라는 점을 이해해야 한다. 그리고 동시에 감각기

---

11) 노자의 『도덕경』에서 '무명지박(無名之樸)'이라는 표현을 정확하게 이해해야만 노자의 철학을 바르게 이해할 수 있다. 무명(無名)이란 의식의 개념적 언어작용[가명(可名)]이 끊어져 멸절했다는 의미이다. 그리고 박(樸)이란 '가공되지 않은 원목(原木)'이라는 의미로 인간의 본원적 주체성을 의미한다. 불교에서는 이를 아말라식(阿末羅識, 無垢淸淨識)이라고 표현한다. 즉 인간의 청정무구한 본원적 직관능력을 의미한다.

12) 뒤에 '개념적 언어와 본질적 언어의 기능적 차이점'이라는 항(項)을 참조하기 바란다.

관을 통해 작동하는 직관적 언어작용이 함께 작동함으로써 그 사물의 본질적 존재의미를 동시에 직관할 수 있다고 깨우쳐 주고 있다.

당연히 이러한 옛 성현들의 가르침은 뇌과학의 연구 결과를 통해 명확하게 입증되고 있다.

사물의 본질적 표상을 그려내는 선천적 표상능력에 대해서는 신경과학자 제럴드 에델만이 감각질Qualia이론과 뉴런집단선택설Theory of neuronal group selection을 통해서 자세히 밝혀주고 있다. 즉 감각기관에 현상하는 감각표상이란 뉴런이 집단적으로 시냅스 연결을 선택적으로 강화하거나 약화시킴으로써 그려낸(표상한) 것이라고 설명하고 있다.

이러한 점에서 뉴런집단선택설은 곧 사물의 표상을 그려내는 선천적 표상능력[팔식(八識)의 상(想): 용(容): nous]을 해명하는 이론이라고 이해할 수 있다. 즉 **선천적 표상능력은 이와 같이 뉴런이 집단적으로 시냅스 연결을 강화하고 약화시키는 것을 선택함으로써 사물의 표상을 그려내는 능력**이라는 점을 이해할 수 있다.

그런데 이때, 뉴런들은 어떻게 시냅스 연결을 즉각적으로(반사적으로) 선택할 수 있을까? 무엇을 근거로 뉴런은 이렇게 시냅스 연결을 강화시키고 약화시킬 수 있는 것일까? 물론 이것을 생화학적으로 설명하면 간단하지만, 철학의 관점에서 이해해 보기로 하자. 눈만 뜨면 외계의 수많은 사물들의 표상이 눈앞에 펼쳐진다. 어떻게 이러한 정신현상이 가능할까?

바로 이 점은 로돌포 R. 이나스의『꿈꾸는 기계의 진화ⁱ of the Vortex from Neurons to Self』라는 책에서 이해할 수 있다. 그는 기저핵으로 인해서 신경계가 고정행위패턴(Fixed Action Pattern, FAP)을 갖는다고 설명하고 있다. 그리고 동시에 '언어'란 그 자체로 FAP라고 설명하고 있다.

여기에서 이나스가 신경계의 고정행위패턴을 언어라고 표현하는 이유를 정확하게 이해하는 것이 뇌과학 연구뿐만 아니라 인공지능 연구에 있어서도 절대적으로 중요하다. 이러한 표현의 참뜻은 신경계의 반사적 반응을 가능하게 하는 모든 고정행위패턴이 곧 언어라는 의미이다. 그는 이 고정행위패턴으로 인해서 새들이 노래를 할 수 있다는 점을 입증하고 있다. 물론 인간에게 있어서는 우반구 언어영역이 기저핵을 중심으로 신경계에서 작동한다고 해석하는 것이 타당할 것 같다.

예를 들어 보자. 눈만 뜨면 외계의 모든 존재사물이 '있는 그대로' 우리의 눈앞에 드러나 나타난다. 어떻게 이러한 즉각적인 반사적 반응이 가능할까? 이러한 반사적 반응은 곧 뉴런이 시냅스 연결을 선택하는 것이 일정한 고정적인 형식으로 이루어진다는 점을 의미한다.

바로 이러한 뉴런의 고정적인 행위패턴이 곧 언어라는 설명에서 언어로 인해서 이러한 고정적인 행위 패턴을 갖는다는 점을 이해할 수 있다. 따라서 이러한 설명은 곧 대뇌 우반구의 언어영역이 기저핵을 통해 신경계에서 작동하고 있다는 의미로 해석된다. 즉 우반구 언어영역에 저장된 본질적 언어가 기저핵과 함께 작동함으로써

철학하는 인공지능

뉴런의 시냅스 연결을 선택적으로 강화하거나 약화시킬 수 있다는 점을 이해할 수 있다.

이러한 추론은 분리뇌 연구에서도 그 정당성이 입증된다.

뇌의 우반구 언어영역이 감각영역과 함께 작동한다는 점이다. 분리뇌 연구의 기능성자기공명영상fMRI 자료 사진에서 청각장애인에게 수화로 책을 읽어 줄 때 우반구 언어영역과 대뇌의 청각영역(상측두이랑superior temporal gyrus)이 활성화된다는 점을 확인할 수 있다. 마찬가지로 시각장애인이 점자로 된 책을 읽을 때 시각영역(후두극 occipital pole)이 활성화되는 것을 확인할 수 있다고 한다.

분명 청각장애인은 눈을 통해 그 수화문장(손짓과 몸짓)을 보고 있는데, 대뇌 피질의 청각영역이 활성화되고 있다. 이로써 청각장애인은 그 수화문장을 통해 책의 내용을 이해할 수 있다. 이러한 영상자료는 곧 눈으로 본 그 수화문장을 청각영역에서 문자언어로 전환(또는 해석)하고 있다는 점을 의미한다.

이러한 실험결과는 다섯 가지 감각기관이 서로 유기적으로 작동하며, 이로써 눈으로 손짓과 몸짓(수화문장)을 보면서 동시에 청각영역을 통해서 언어음으로 전환하는 감각적 지각이 가능하다는 점을 입증하고 있다. 이러한 점에서 신경계를 통해 작동하는 직관적 언어능력이 존재한다는 점을 확인할 수 있다. 나중에 그 영상자료를 직접 보면서 자세히 논의하기로 하자.

물론 당연히 이 점은 앞으로 커넥토믹스Connectomics 연구를 통해 입증될 것으로 기대된다.

이러한 점에서 옛 성현들의 가르침이 논리적 필연이라는 점을 이해할 수 있다. 이에 대해서는 뒤에 '본질적 언어는 신경계를 작동시키는 자연 언어이다'라는 절에서 자세하게 살펴보기로 하자.

• 의식과 본원적 직관능력을 구분해야 하는 뇌과학적 증거

물론 지금 필자가 거론하는 모든 것들이 억지스런 주장 같아 보일지도 모르겠다. 그렇지만 이 모든 정신현상들은 이미 뇌과학의 연구를 통해 밝혀졌다. 다만 우리는 그 연구 결과들을 서로 연결하여 일관된 논리체계로 이해하지 못하기 때문에 옛 성현들의 가르침이 억지스럽게 느껴지는 것일 뿐이다.

이러한 점에서 우선적으로 본원적 직관능력과 의식을 엄밀하게 구분해야 하는 뇌과학적 증거부터 확인해 보기로 하자. 분리뇌 연구의 여러 가지 실험 가운데 한 가지만 살펴보더라도 이 점을 명확하게 확인할 수 있다. 나머지 실험 결과들에 대해서는 뒤에 '분리뇌 연구에 대한 철학적 이해'라는 장에서 이 실험 결과들을 서로 연결해서 자세히 논의하기로 하자.

마이클 S. 가자니가는 뇌량corpus callosum을 절제한 환자들에게 코흐스Kohs 블록 실험을 실행하였다. 뇌량이 절단되어 있기 때문에 대뇌의 양쪽에 있는 언어영역은 유기적인 상호작용이 불가능하다. 이로써 이 실험을 통해서 양쪽 뇌에 자리 잡고 있는 두 언어영역의 고유한(독자적인) 작용특성이 명확하게 드러난다. 그 결과 인간의 선천적인 본원적 직관능력을 확인할 수 있게 되었다. 이 점을 특히 강조

철학하는 인공지능

하는 이유는 옛 성현들은 모두 공통적으로 의식의 사유작용을 끊어서 멸절해야만 본원적 직관능력을 회복할 수 있다고 깨우쳐 주고 있기 때문이다.

이러한 점에서 현실적으로 이 본원적 직관능력을 확인할 수 있는 방법이 없다. 실제로 수행을 통해 의식과 감각적 지각을 완전하게 끊어서 멸절한 사람은 역사적으로 극히 드물기 때문이다. 이 점은 플라톤도 동의하고 있다. 그는 『티마이오스』에서 **신(神)과 극소수의 인간만이 이러한 본원적 직관능력을 갖추고 있다**고 설명하고 있다.[13] 다행스럽게도 이 코호스 블록 실험을 통해서 이 본원적 직관능력을 실증적으로 확인할 수 있다는 점에서 그 철학사적 의의는 아무리 높이 평가해도 지나치지 않을 것이다.

이 코호스 블록이란 웩슬러Wechsler 성인용 지능 검사에 사용되는 네 개의 블록 세트를 말한다. 이 네 개의 블록 세트는 각각의 여섯 면을 전혀 다른 배열방식에 따라 다른 색으로 칠해졌다고 한다. 이렇게 전혀 다른 배열 방식으로 여섯 면에 다른 색상을 칠했기 때문에 이것을 어떻게 배치하느냐에 따라 매우 많은 경우의 수를 만들어 낼 수 있다.

따라서 이 네 개의 블록을 각각 다르게 배치한 사진을 보여주면서 이와 똑같이 네 개의 블록을 배열하도록 하는 실험이다. 이로써 얼마나 빨리 이 네 개의 블록들을 제시한 사진과 똑같이 배치하는가를 시험함으로써 지능지수를 측정하기 위한 도구로 사용된다.

---

13) 플라톤, 박종현·김영균 공동역주, 『티마이오스』(경기; 서광사, 2008), 145쪽. 51e.

놀랍게도 이 실험에서 우뇌의 지배를 받는 왼손은 매우 '재빠르게' 이 네 개의 블록을 정확하게 배열했다고 한다. 반면에 좌뇌의 지배를 받은 오른손은 이 임무를 전혀 수행하지 못한다. 심지어 이 네 개의 블록이 가로 세로로 두 개씩 정사각형 모양으로 놓여 있다는 사실조차도 파악하지 못한다는 점을 확인할 수 있다.

이러한 실험 결과에서 우반구 언어영역을 통해서 '선천적 종합판단'이 직관적으로 일어나고 있다는 점을 알 수 있다. 즉 네 개의 블록을 제시하는 사진과 동일하게 배치하기 위해서는 각각의 블록에 전혀 다른 방식으로 색이 칠해졌으며, 동시에 그 색이 어떠한 방식으로 칠해졌는지 정확하게 파악해야만 이러한 '선천적 종합 판단'이 가능하다. 바로 이렇게 우반구 언어영역은 감각경험을 통해 얻어진 다양한 감각표상을 종합하고 통일하여 종합적으로 판단할 수 있는 능력을 갖추고 있다. 이러한 선천적 인지능력이 곧 본원적 직관능력이다.

여기에서 '재빠르게'라는 표현에 주목해야 한다. 정상적인 사람은 의식을 통해 이 블록들의 차이점을 인식하기 때문에 이러한 종합적 통일이 불가능하다. 의식은 한순간에 하나의 대상만을 인식할 수 있기 때문에 감각적 지각을 통해 하나하나의 경우를 그 사진과 비교해 보면서 일치하는지 아니면 다르게 놓여 있는지를 판단할 수 있다.

이러한 점 때문에 정상적인 사람은 많은 시행착오가 불가피하다. 이러한 시행착오로 인해서 많은 시간이 소요되며, 바로 이러한 이유

철학하는 인공지능

로 그 소요된 시간을 측정하여 지능지수를 평가한다. 만약 좌반구의 의식이 우반구 언어영역처럼 종합하고 통일하는 능력을 갖추었다면 이러한 평가방법은 생겨나지도 않았을 것이다. 모두들 '재빠르게' 성공할 테니 말이다.

그러나 우측 뇌가 독자적으로 작동하는 경우에만 이러한 시행착오를 거치지 않고, '재빠르게' 사진과 동일하게 배열할 수 있다는 점을 확인할 수 있다. 이렇듯 우반구의 언어능력이 다양한 감각표상을 종합하고 통일할 수 있으며, 이러한 종합적 통일을 통해 이 블록들의 본질적 존재의미를 직관할 수 있는 직관적 언어능력이라는 사실을 확인할 수 있다.

이쯤에서 이러한 직관능력이 오랜 진화의 과정을 거쳐서 얻어진 선천적 인지능력이라는 점을 이해하는 것이 매우 중요할 것 같다. 즉 생명체가 자연생태계에 효과적으로 적응하기 위해서는 외계(또는 외계로부터의 자극)를 정확하게 이해하는 것이 절대적으로 요구된다고 할 것이다. 이러한 점에서 감각표상을 종합하고 통일하는 본원적 직관능력이 발달하게 되었다는 점을 이해할 수 있다. 이 점에 대해서는 뒤에 '사물의 물질적 특성은 유전형질이다'라는 항(項)에서 플라톤의 가르침을 살펴보면서 자세히 논의하기로 하자.

또한 이렇게 사물의 다양한 표상들을 종합하고 통일함으로써 본질적 언어가 생겨난다는 점을 이해하는 것이 중요하다. 예를 들어 '사과'라는 사물의 경우를 살펴보자. 사과의 품종에 따라 그 크기와 색상 그리고 맛과 향이 모두 다르다. 또한 같은 나무에서 자란 사과도 모두 그 색깔과 맛 그리고 향이 다르다. 이렇게 다양한 표상들을 종합하고 통일하여 '사과'라는 의미통일체를 구성한다. 이 의미통일체가 곧 본질적 언어이다. 이 본질적 언어로 인해서 우리는 다양한 색상과 모양 그리고 맛과 향기를 가진 모든 사과들을 보면서 직관적으로 '사과'라는 본질적 존재의미를 알 수 있다.

반면에 좌반구 언어영역에서 작동하는 의식은 이 임무를 제대로 수행하지 못한다. 실제로 그 네 개의 블록이 가로 세로로 두 개씩 정사각형 모양으로 놓여 있다는 사실조차도 인식하지 못한다는 점을 확인할 수 있다. 그 이유를 정확하게 이해하는 것이 중요하다.

바로 이 점으로부터 우반구 언어영역이 의식이 작동할 때는 감각적 지각작용으로 변환된다는 점을 알 수 있다. 뇌량이 절단되지 않았다면 의식이 함께 작동하게 되고, 이로써 우반구 언어영역의 직관적 언어능력이 감각적 지각작용으로 변환된다. 이 감각적 지각을 통해 감각에 현상한 그 블록에 칠해진 색상들을 지각하여 의식에 전달해 주기 때문에 의식은 외계를 정확하게 인식할 수 있다.

그러나 이 환자는 뇌량을 절제했기 때문에 좌반구의 의식은 우반구에서 가능한 감각적 지각의 도움을 받을 수 없었고, 그 결과 외계에 대해 아무것도 정확하게 인식할 수 없었던 것이다.

바로 이러한 점으로부터 **의식은 반드시 감각적 지각을 선행적으로 동반해야만 외계를 인식할 수 있다**는 사실을 명확하게 확인할 수 있다. 또한 이러한 이유로 의식은 외계와 직접적으로 관계를 맺을 수 없다는 점도 명백해진다. 그리고 이러한 점으로부터 의식은

철학하는 인공지능

오로지 문자언어에 담긴 언어적 의미를 사유하는 언어작용이라는 점도 명백하게 드러난다.

물론 이러한 의식의 작용특성은 또 다른 분리뇌 연구의 기능성자기공명영상(fMRI) 자료 사진을 통해서도 명확하게 확인되고 있다. 좌반구의 의식은 오로지 자신의 맥락(의미론적 체계) 안에서만 작동한다는 점을 확인할 수 있다. 뒤에 분리뇌 연구의 여러 가지 실험을 한꺼번에 살펴보면서 자세히 확인하기로 하자.

이러한 차이점을 명확하게 이해하지 못하기 때문에 컴퓨터의 지적능력과 인간의 선천적인 인지능력을 맞비교한 것이다. 컴퓨터는 본원적 직관능력을 갖추고 있지 않기 때문에 개와 고양이를 직관적으로 구분하지 못한다. 당연히 어린아이가 개와 고양이를 직관적으로 식별할 수 있는 것은 본원적 직관능력을 통해서 가능하다. 이러한 점을 이해하지 못하고, 인간의 선천적인 인지능력과 인공지능을 맞비교하기 때문에 '모라벡의 역설'이라는 표현이 생겨난 것이다.

이와 같이 의식과 본원적 직관능력의 차이점을 구분하여 이해하지 못하기 때문에 뇌과학과 인공지능 연구에 있어서 심각한 혼란과 문제점을 야기하게 된다.

• 플라톤이 설명하는 인간의 본원적 직관능력[psychē(영혼)]

플라톤은 이미 2,500년 전에 일반적으로 사람들이 인간의 본원적 직관능력에 대해 전혀 이해하지 못하고 있다는 점을 지적하면서 인간이 가진 본원적 직관능력에 대해 매우 자세히 설명하고 있다.

그는 눈앞에 펼쳐진 자연(自然)이라고 하는 것이 모두 이 본원적 직관능력에 의해 그려져(표상되어) 나타난(현상한) 것이라는 점을 깨우쳐 주고 있다.

친구시여, 혼을 거의 모두가 모르고 있는 것 같습니다. 그게 어떤 것이며 그게 무슨 힘(능력: dynamic)을 지니고 있는지, 그리고 혼과 관련된 그 밖의 것들 중에서도 특히 그 생성에 대해서, 곧 그게 첫째 것들에 포함되며, 모든 몸들 또는 물체들보다도 앞서 생긴 것이고, 또한 이것들의 변화(metabolē) 및 모든 것의 일체 조건 또는 상태의 변화(metakosmēsis)도 지배한다는 것을 말입니다.[14]

아마도 지금과 마찬가지로 그 당시에도 일반적으로 인간의 본원적 직관능력에 대해 거의 알지 못하고 있었던 모양이다. "친구시여, 혼을 거의 모두가 모르고 있는 것 같습니다"라고 질타하고 있다. 인간의 영혼이 어떠한 사유능력을 가지고 있는지 전혀 알지 못한다는 점을 지적하고 있다.

그리고는 이 본원적 직관능력[혼]과 의식[생성] 그리고 감각적 지각[몸들]을 엄밀하게 구분하여 설명하고 있다. 이 인용문에 뒤이어 계속해서 그는 오로지 본원적 직관능력을 통해서만 외계와 관계를 맺고, 사물의 본질적 존재의미를 직관할 수 있다는 점을 강조하고 있다.

먼저, 우리는 이 인용문에서 인간의 영혼을 "첫째 것"이라고 표현하고 있다는 점에 주목해야 한다. 이 표현은 뒤이어 "물체들보다도 앞서 생긴 것이고"라는 설명과 연결하여 이해해야 한다. 이 두 구절을

---

14)　플라톤, 박종현 역주, 『법률』(경기: 서광사 2012), 701~702쪽 892a.

　　　　　　　　　　　　　　　철학하는 인공지능

연결하여 이해하자면 감각기관에 현상하고 있는 모든 존재사물은 인간 영혼에 의해 생겨난 것이라는 의미를 드러내고 있다. 즉, 영혼이 '물체들보다도 앞서 생겨난' 것이기 때문에 '첫째 것'이라고 표현한 것이다. 따라서 이 표현은 '우주에 있어서 첫째 것'이라는 의미이다.

이러한 설명은 곧 우주(외계)는 인간의 본원적 직관능력에 의해 생겨난(표상하여 현상한) 것이라는 점을 드러낸다. 즉 우주란 인간의 본원적 직관능력에 의해 표상되어 눈앞에 드러나 나타난(현전(現前)한) 것을 총칭하는 표현이다. 이러한 표현은 곧 **인간만이 우주의 유일한 주체적 존재자이며, 감각기관에 현상한 모든 존재사물은 인간에 의해 표상되어 존재하는 현상적 존재자**일 뿐이라는 의미로 해석된다. 좀 더 쉽게 설명하자면 우리의 눈앞에 펼쳐진 우주가 외계에 실재하는 것이 아니고, 인간의 본원적 직관능력에 의해 표상되어 현상하고 있다는 의미이다. 바로 이 점을 명확하게 이해해야만 플라톤의 가르침을 바르게 이해할 수 있다.

따라서 "이 영혼이 그 물체들의 변화와 모든 것의 조건 또는 상태의 변화까지도 지배한다"고 말할 수 있다. 눈앞에 펼쳐진 모든 것이 우리의 본원적 직관능력에 의해 표상함으로써 '나타나 존재하는(顯存)' 것이기 때문에 당연히 그 모든 변화와 조건들 그리고 상태의 변화까지도 지배한다고 설명한 것이다.

이 인용문에 뒤이어 플라톤은 다음과 같이 설명하고 있다.

그들이 '자연'이라고 말하고자 하는 것은 처음 것들(ta prōta)과 관련된 생성입니다. 그러나 만일에 혼이 먼저인 것으로 밝혀진다면, 불

도 공기도 아니고, 혼이 처음 것들에 속하는 것으로 생긴 것이라면, 각별히 자연적이라고 말하는 게 아마도 지당할 것입니다. 이게 이러하다는 건, 누군가가 혼이 몸보다도 더 연장인 것임을 증명할 경우에 그럴 것이니, 그러지 못한다면, 결코 그렇지 않을 것입니다.[15]

여기에서 다시 '자연(외계)'이라고 우리가 말하는 것이 이 '첫째 것'으로부터 생겨난 것이라고 구체적으로 설명하고 있다. 그리고 이 '첫째 것'이란 인간의 영혼이라는 점을 읽을 수 있다. 다시 자세히 이해하자면, 인간의 영혼을 '최초(처음)의 것'이라고 표현한 이유는 우주(자연)가 이 영혼에 의해 생성되었기 때문이라고 설명하고 있다.

이 인용문에서 "불도 공기도 아니라"고 표현한 대목을 정확하게 이해하는 것이 매우 중요하다. 여기에서 '불'과 '공기'는 네 가지 물질적 요소[stoicheion]를 의미하는 것이 아니고, 외계에 실재하는 물질적 사물 그 자체를 표현(지시)한 것이다. 따라서 우리가 자연이라고 말하는 것은 외계에 실재하는 물질적 사물이 아니고, 영혼에 의해 생성된 것들에 속한다는 의미이다. 다시 설명하자면 우리의 눈앞에 펼쳐진 외계(자연)란 곧 우리의 영혼에 의해 생성된 것이라는 의미로 해석된다. 우리가 외계의 물질적 사물이라고 이해하는(말하는) 것들이 실제로 물질적 사물 그 자체(물자체)로서 존재하는 것이 아니고, 영혼에 의해 표상된 '자연'으로서 존재한다는 설명이다.

이와 같이 우리의 영혼 속에서 표상하여 생성된 것들을 '자연'이라고 말하는 것이 "지극히 당연하다"고 설명하고 있다. 다시 정리하자면 자연이란 결코 물질적 사물이 그 자체로 존재하는 것이 아니고,

---

15) 같은 책, 702쪽 892c.

인간의 영혼에 의해 표상되어 '나타나 존재하는' 것이라고 깨우쳐 주고 있다.

그리고 이 점(외계가 인간 영혼에 의해 생겨난 것이라는 점)은 "혼이 몸보다도 더 연장인 것임을 증명할 경우"에 입증이 가능하다고 밝히고 있다. 이러한 설명은 곧 몸(다섯 가지 감각 기관)에 의해 표상된 모든 감각표상[16]들이 영혼에 의해 생겨난 것이라는 점을 입증해야 한다는 의미이다. 다시 표현하자면 영혼에 의해 표상된 사물의 표상들이 감각기관을 통해 현상한다는 점을 입증할 경우에만 모든 존재사물이 영혼에 의해 생겨난 것이라는 점이 입증된다는 설명이다.

뿐만 아니라, 여기에서는 생략하였지만, 바로 이 점을 입증하기 위해 존재근거[법계(法界): 중보(衆甫): ousia]가 영혼 속에 내장되어 있다는 점을 계속해서 설명하고 있다. 즉 종자(존재근거)의 형태로 모든 감각표상을 저장하여 간직하고 있으며, 다시 이 종자를 근거로 모든 사물들의 표상을 그려낸다는 설명이다. 이와 같이 모든 존재사물의 표상이 이 종자로부터 표상함으로써 그것들이 '나타나 존재한다'는 점에서 이 종자를 존재근거라고 표현하고 있다. 이 점에 대해서는 뒤에 '종자설이란?'이라는 절에서 자세히 살펴보기로 하자. 특히 신경외과 의사였던 와일더 펜필드[Wilder Penfield]의 실험을 통해 명확하게 확인할 수 있다.

---

16) 감각표상은 감각 기관을 통해 현상하는 모든 표상을 의미한다. 즉 감각적 지각을 통해 지각된 감각적 표상[染相]이나 본원적 직관작용에 의한 본질적 표상[淨相]을 모두 포함하는 개념이다.

또한, 여기에서 주목해야 할 점은 "물체들보다도 앞서 생긴 것이고, 또한 이것들의 변화(metabolē) 및 모든 것의 일체 조건 또는 상태의 변화(metakosmēsis)도 지배한다"는 설명이 아닐 수 없다.

이 구절은 우리를 매우 당혹스럽게 만들고 있다. 어떻게 인간 영혼이 외계의 물질적 사물들의 일체 조건 또는 상태의 변화들까지 지배할 수 있을까? 매우 혼란스러운 대목이다.

잠시 돌이켜 보면 이는 왕양명이 "마음 밖에 존재하는 사물은 없다(心外無物)"고 설명한 것과 정확하게 일치하고 있다는 점을 발견하게 된다. 물론 불교에서도 "모든 것은 오로지 마음이 만들어 낸 것이다(一切唯心造)"고 설명하고 있다. 이와 같이 옛 성현들은 공통적으로 인간의 영혼이 외계의 물질적 사물들을 지배하고 있다는 점을 강조하고 있다.

이러한 설명들은 모두 '자연(외계)이란 본원적 직관능력[팔식(八識)]의 선천적 표상작용[팔식(八識)의 상(想)]에 의해 표상한 본질적 표상[정상(淨相): eidos]이 드러나 나타난 것이다'라는 의미를 담고 있다. 즉, **눈앞에 현전하는 모든 것은 오로지 영혼 속에 간직된 종자들에 내재된 것들이 드러나 나타난 것**이라는 점을 설명한 것이다. 이와 같이 외계 사물의 일체 조건이나 상태의 변화들이 모두 영혼의 작용에 의해 표상한 것이기 때문에 '영혼이 지배한다'고 표현한 것이다.

그렇다면 우리의 영혼은 어떻게 사물들의 일체 조건이나 상태의 변화까지도 '있는 그대로' 표상해 낼 수 있을까? 이것은 곧 우리의 영혼 속에 이러한 모든 다양한 사물의 표상들이 저장되고 간직되어

철학하는 인공지능

있기 때문에 가능하다. 즉 감각경험이나 실제적 체험[17]을 통해서 얻어진 다양한 감각표상들을 직관적 언어작용을 통해 종합하고 통일함으로써 종자(본질적 언어)의 형태로 간직하고 있기 때문에 다시 이 본질적 언어를 근거로(밑그림 삼아) 그대로 재현할 수 있다.

이와 같이 우리는 이 본원적 직관능력을 통해서 사물의 표상을 표상해 냄으로써 외계와 관계를 맺을 수 있으며, 동시에 그 사물들의 물질적 특성과 본질적 존재의미를 동시에 이해할 수 있다. 즉 **본원적 직관능력이란 이와 같이 사물의 표상을 표상함과 동시에 사물의 본질적 존재의미를 직관하는 사유작용**이다.

그리고 의식과 감각적 지각도 모두 영혼에 의해 후천적으로 생겨난 정신작용이라고 설명하고 있다. '생성이 영혼(첫째 것)에 포함된다' 또는 '몸들(감각적 지각)보다 앞서 생긴 것'이라는 표현에서 이러한 정신작용들이 영혼에 의해 가능하다는 점을 드러내고 있다. 여기에서 이 생성이라는 표현은 의식을 말한다. 플라톤은 『티미이오스』에서 이 생성이 "생성되었다가 곧 소멸한다"고 설명하고 있으며 동시에 "감각적 지각(aisthēsis]을 동반한다"고 설명하고 있다.[18] 이러한 설명에서 플라톤이 의식의 작용특성을 정확하게 파악하고 있었다는 점을 확인할 수 있다.

이러한 설명은 불교의 『해심밀경』에서도 동일하게 나타나고 있다.

---

17) 감각기관에 현상한 사물의 표상이 감각적 지각을 통해서 지각된 것을 감각경험이라고 하고, 이렇게 지각되지 않고 직관적으로 체험되는 것을 실제적 체험이라고 구분하기로 하자.
18) 플라톤, 앞의 책, 145쪽. 52a

감각[아타나식(阿陀那識), 팔식(八識)]이 본원적 직관능력에 의해 일어난다는 점에서 이를 '폭포수'에 비유하고 있으며, 동시에 의식과 감각적 지각[오식(五識)]은 '물결(波浪)'에 비유하고 있다. 즉, 폭포수는 끊어지지 않고 계속 쏟아져 내려온다는 점에서 '불생불멸(不生不滅)'을 비유하고 있으며, '물결'은 이 폭포수가 일시적으로 바람이나 장애물에 부딪혔을 때 생겨났다 곧 사라진다는 점에서 '생멸(生滅)'을 비유한 것이다.

이러한 비유는 의식이 문자언어를 매개로 그 언어적 의미를 사유하는 언어작용이기 때문에 필연적으로 갖게 되는 의식의 작용특성을 표현한 것이다. 쉽게 설명하자면 의식은 한순간에 오로지 하나의 단어만을 사유할 수 있기 때문에 생성되자마자 곧 소멸하는 작용특성을 가지고 있다. 바로 이러한 작용특성을 '생멸' 또는 '생사(生死)'라고 표현한 것이다. 따라서 이러한 표현에는 의식이란 문자언어에 담긴 개념적 의미를 사유하는 언어작용이라는 점을 내포하고 있다.

이와 같이 '불생불멸'은 인간의 본원적 직관능력을 비유하고 있으며, '생멸'은 의식과 감각적 지각의 작용 특성을 비유한 것이다. 이러한 표현도 고대 그리스의 철학에서 공통적으로 발견된다.

이러한 설명에서 영혼이 인간의 생래적인 인지능력이며, 의식과 감각적 지각은 문자 언어의 발달로 인해 후천적으로 진화된 사유능력이라는 점을 드러낸다. 즉, 의식의 사유작용이 영혼의 직관적 언어작용에 의해서 진화되었다는 점을 이해할 수 있다. 그리고 **의식이 발달하면서 본원적 직관작용이 감각**[아타나식(阿陀那識), 팔식(八

철학하는 인공지능

識)]작용으로 전환되었으며, 직관적 언어작용이 의식[육식(六識)]의 지향작용에 의해 감각적 지각[오식(五識)]으로 변환된다는 점도 이해할 수 있다.

02. 객관적 실재론의 함정에 빠지다

이상에서 살펴본 바와 같이 우리가 인공지능을 연구하면서 의식과 본원적 직관능력을 엄밀하게 구분하지 못하기 때문에 결국 객관적 실재론의 함정에서 벗어나지 못하고 있다. 왜냐하면 관념론 철학자들은 의식에서 직관이 가능하다는 점을 입증하기 위해 그들은 외계가 객관적으로 실재한다고 전제하고 있다. 즉 칸트는 외계의 물질적 사물이 독자적인(고유한) 표상을 가지고 존재하며, 이 사물의 표상이 의식에 현상한다고 주장한다. 이 점에 대해서는 뒤에 '감각작용에 대한 오해와 왜곡'이라는 절에서 자세히 확인하기로 하자.

이와 같이 우리는 외계가 객관적으로 실재한다고 간주하고 있다. 그 결과, 인공지능 연구에 있어서 커다란 장애요인이 되고 있다. 그 증거를 앞에서 살펴보았던 연구자가 '눈(眼)'에 대해 설명하는 부분에서 확인해 보기로 하자.

하지만 뇌과학자의 관점에서 볼 때 인간의 눈은 마음의 창문이라기보다 공학적 실패작에 가깝다. 우선 전체적인 구조가 잘못되어 있다. 빛은 각막과 동공을 통해 망막에 닿는데, 빛을 감지하는 광수용 세포들은 놀랍게도 빛이 들어오는 방향이 아닌 망막후반부에 있다. 그 사이엔 수많은 세포층과 망막 내부 혈관들이 있어 바깥세상에서 들어오는 영상에는 어쩔 수 없이 수많은 그림자가 생긴다. 하지만 우리 눈에 보이는 세상에는 그런 그림자가 없다. 왜 그런 걸까? 구체적으로 우리의 뇌가 어떤 방법을 통해 그것을 가능하게 하는지는 밝혀지지 않았지만, 뇌가 눈을 통해 들어오는 영상들의 시간적 차이를 분석한다는 가설을 세워볼 수 있다.[19]

이 글을 읽으면서 칸트의 그릇된 주장이 후세의 학자들에게 얼마나 심각하게 악영향을 끼치고 있는가 하는 점을 통렬하게 느끼지 않을 수 없다. 이 저자는 스스로 뇌과학을 전공했다고 밝히고 있다. 그런데도 뇌과학의 연구 결과를 받아들이지 못하고, 칸트의 초월론적 감성론을 그대로 답습하고 있다.

"바깥세상에서 들어오는 영상"이라는 표현에서 사물의 표상이 외계에 실재하는 것으로 이해하고 있다는 점을 읽을 수 있다. 분명 바깥세상에 존재하는 사물의 표상(영상)이 우리의 눈에 "들어온다"고 표현하고 있다. 칸트가 외계의 물질적 사물이 자신만의 고유한 표상을 가지고 존재하며, 이 사물의 표상이 의식에 현상한다고 주장하는 것과 정확하게 일치하고 있다. 이러한 관점에서 눈에는 수많은 세포층과 혈관들이 있기 때문에 이로 인해서 "수많은 그림자가 생긴다"고 주장하고 있다.

그러나 뇌과학에서는 이미 오래전에 우리의 눈은 다만 외계의 물

---

19)   김대식. 앞의 책, 144쪽-145쪽

질적 사물이 반사하는 빛만을 받아들일 뿐, 눈에 보이는 그 사물의 표상은 대뇌의 피질에서 뉴런이 시냅스 연결을 선택함으로써 그려 낸 것이라고 밝히고 있다. 이름하여 감각질Qualia이론이다.

뇌과학자 로돌포 R. 이나스는 감각질이론을 다음과 같이 쉽게 설명해 주고 있다.

그러나 파랑이라는 개념은 외부 세계에 존재하지 않는다는 점을 명심하라. 파랑이라는 개념은 특정한 파장(420nm)영역에 대한 뇌의 해석일 뿐이다. 진동수가 '파랑'이라는 이 빛의 광자를 흡수하고(멈추고) 있는 것은 나의 눈이다. 이것은 뉴런이 광수용체(photprecepter)라는 광자를 흡수함으로 이루어진 것이다. 광수용체에서는 아주 오래된 단백질의 일족인 옵신(opsin)이 발견되는데 이것은 시각 색소의 한 성분이다. 옵신은 제2의 분자인 발색단(chomophore; 실제적인 광자 사냥꾼)과 긴밀하게 상호작용하면서 빛의 자극에 따라 수용체 세포를 활성화시킨다. 파란 책의 경우, 높은 비율의 파란 광자가 나를 향해 반사되면서 파란 광자를 붙잡는 광수용체가 큰 비율로 활성화된 것이다.[20]

그런데 이 인용문을 읽으면서도 관념론 철학의 오류가 우리의 철학적 사유에 너무도 깊게 뿌리박혀 있다는 점을 또다시 확인하게 된다. 이나스는 '파랑이라는 개념'이라고 표현하고 있는데, 이것은 냉백한 오류이다. 개념은 의식의 산물이브로 언어적 의미규정이다. 쉽게 표현하자면 단어에 담긴 의미 내용이다. 그러나 여기에서 설명

---

20) 앞의 책, 152쪽. 빛의 파장에 있어서 다른 과학책과 다소간에 차이가 있지만, 이러한 차이점은 무시하기로 하자.

하고 있는 '파랑'이나 '빨강'은 분명 시각 색소가 활성화됨으로써 그려낸(표상한) 것이라는 점에서 '표상'이라고 표현해야 옳을 것이다. 관념론자들이 개념과 표상을 엄밀하게 구분하지 않고 사용하기 때문에 아마도 이렇게 표현한 것으로 보인다.

분명한 것은 우리의 눈에 보이는 빨간색이니 파란색이니 하는 표상들은 외계에 실재하지 않는다는 점이다. 모두 뉴런의 전기화학적 작용에 의해서 표상된 것이라는 점을 밝혀주고 있다. 우리의 눈에는 다만 외계의 사물이 반사하는 빛만이 주어진다. 그리고 이 빛의 파장에 따라 광수용체의 시각 색소 성분들이 활성화됨으로써 다양한 색상(色相)들을 표상해 낸다는 점을 알 수 있다. 이와 같이 다양한 색상의 꽃들이며, 책들이며, 하늘과 구름을 표상해 냄으로써 그것들이 우리의 눈앞에 현전(現前)하는 것이다. 다시 설명하자면 **우리의 눈에 보이는 모든 사물의 표상은 '빛에 대한 뇌의 해석'을 통해 그려낸**(표상한) **것**이라는 점을 명확하게 이해해야 한다.

옛 성현들은 이미 2,500년 전부터 외계(우주)란 인간의 선천적 표상능력[八識의 想: 容: Nous]에 의해 표상함으로써 '나타나 존재한다(顯存)'는 점을 매우 자세하게 깨우쳐 주고 있다.
전혀 무슨 말인지 이해할 수 없는 그 가르침들이 모두 감각질 이론과 동일한 내용을 담고 있다는 점을 알 수 있다.
특히 장자(莊子)는 '나비꿈[호접몽(胡蝶夢)]'의 비유를 통해 '눈에 보이는 모든 사물들이 우리의 영혼(마음) 속에서 표상하여 현상한 것'이라는 점을 매우 쉽게 설명해 주고 있다. 그런데도 불구하고 우리는 이 비유에 담긴 철학적 의미를 전혀 이해하지 못하고 있는 실정이다.

간추려 설명하자면 꿈속에서 너무도 생생하게 나비가 훨훨 날아다니는 것을 볼 수 있듯이 깨어있을 때 눈에 보이는 그 나비도 인간의 선천적 표상능력에 의해 표상한 것이라고 깨우쳐 주고 있다. 분명 장자는 눈을 감고 깊은 잠을 자고 있다. 당연히 꿈속에 보이는 그 나비의 표상은 외계로부터 주어진 것이 아니다. 전적으로 인간의 선천적 표상능력에 의해 표상한 것이라는 점을 알 수 있다. 마찬가지로 깨어있을 때 눈에 보이는 그 나비도 꿈에서 그려낸 것과 똑같이 인간의 선천적 표상능력에 의해 표상한 것이라는 점을 매우 쉽게 가르쳐 주고 있다.

바로 이 점을 논리적으로 설명하기 위해 불교뿐만 아니라, 고대 그리스에서는 종자(種子: Sperma)설을 시설하여 인간의 선천적 인지능력에 대해 자세히 설명해 주고 있다. 앞으로 우리는 이 종자설을 자세히 논구해 나갈 것이다. 왜냐하면 이 종자설에 입각해서 인공지능을 연구해야만 인간과 유사한 또는 더 뛰어난 인공지능을 만들어 갈 수 있기 때문이다.

불교나 플라톤의 가르침에서는 이 종자를 존재근거[법계(法界): ousia][21]라고 설명하고 있다. 쉽게 설명하자면 우리의 본원적 주체성

---

21) 이 법계(法界)라고 하는 용어는 범어(산스크리트어)로 Dharma-dhātu를 번역한 것이다. 여기에서 '법(dharma)'란 현상이라는 의미이다. 또한 계(dhātu)는 '생하다' 또는 '원인'이라는 의미이다. 따라서 이 법계의 의미는 모든 존재사물의 표상이 현상할(생할) 수 있는 근거(원인)라는 의미이다. 즉 모든 존재사물이 우리의 눈앞에 나타나 존재(顯存)할 수 있는 근거라는 의미이다.

[심(心): psychē(영혼)]에 종자의 형태로 내재된 이 존재근거를 근거로 사물들의 표상을 그려냄으로써 그 사물이 눈앞에 현전(現前)한다(나타나 존재한다)는 설명이다.

또한 **이 존재근거가 본질적 언어**[과명(果名): 상명(常名): logos]라고 설명하고 있다. 결론하여 우리의 눈앞에 펼쳐진 외계가 이 본질적 언어에 근거하여(밑그림 삼아) 그려냄으로써(표상함으로써) 나타난(현상한) 것이라는 점을 명확하게 이해해야 한다. 이에 대해서는 뒤에 '플라톤이 깨우쳐 주는 선천적 표상능력'이라는 항(項)에서 자세히 살펴보기로 하자.

이와 같이 우리의 선천적인 인지능력은 곧 사물의 표상을 '있는 그대로' 그려내는 사유능력을 의미한다. 즉 선천적 표상능력[팔식(八識)의 상(想): nous]과 직관적 언어작용[팔식(八識)의 사(思): logos]이 함께 작동함으로써 모든 존재사물의 본질적 표상과 함께 본질적 존재의미가 직관된다. 이로써 사물의 표상과 함께 본질적 존재의미가 동시에 눈앞에 펼쳐진다. 즉 하늘은 하늘이라는 본질적 존재의미와 함께, 산은 산이라는 의미로, 사람은 사람이라는 의미로 우리의 눈앞에 드러나 나타난다. 따라서 어린아이들도 직관적으로 개와 고양이를 구분할 수 있다.

이상에서 살펴본 바와 같이 뇌과학자도 뇌과학의 연구 결과를 정확하게 이해하지 못하고, 여전히 관념론자들이 주장하는 객관적 실재론의 함정에 빠져 있다는 점을 확인할 수 있다. 이로써 인간의 본

철학하는 인공지능

원적 직관능력을 바르게 이해하지 못한 채 인공지능을 연구하고 있기 때문에 결국 축구공과 사람의 빡빡 깎은 머리를 구분하지 못하는 결과를 초래하고 있다. 이러한 점에서 컴퓨터 시각의 연구에 있어서 어떠한 과오를 범하고 있는지 자세히 살펴보기로 하자.

03. 컴퓨터 시각 연구의 문제점

이렇듯 인공지능 연구자들이 여전히 칸트가 주장하는 초월론적 감성론에서 벗어나지 못하고 있다는 점을 알 수 있다. 그 결과 컴퓨터 시각을 연구하면서도 이러한 관점에서 연구가 진행되고 있다. 그 절차나 과정을 간략하게 살펴보기로 하자.

먼저 외계의 사물들의 표상을 카메라를 이용한 영상자료에서 화소(畵素; 특정의 밝기와 색채를 가진 작은 점)의 배열을 분해함으로써 그 이미지(사물의 표상)를 정확하게 분할해 낼 수 있다고 간주하고 있다. 이로써 실재하는 사물의 표상을 정확하게 묘사(식별)해 낼 수 있을 것으로 기대하고 있다.

이러한 연구 방식은 마치 칸트가 그 사물의 표상(이미지)이 외계에 실재한다고 전제하는 것과 동일한 관점이라고 할 것이다. 즉 외계에 실재하는 사물의 표상을 감성(카메라)을 통해 직접적으로 직관한다고 하는 사고방식이다. 그리고 이 영상자료에서 화소의 배열을 분해한다는 것은 감성을 통해 '질료(Hyle)'를 받아들인다는 주장과 유사하다.

그리고 마지막 단계에서 이렇게 식별해낸 질료를 의미네트워크 semantic network와 프레임frame에 연계하여 그 의미를 규정하는 방식으로 연구가 진행되고 있다.[22] 이것은 곧 의식의 오성(지성)과 이성 작용을 통해 그 직관된 표상에 대해 개념을 부가(규정)함으로써 인식할 수 있다고 하는 칸트의 주장을 그대로 모방하고 있다.

그러나 이러한 방법으로 외계의 대상사물을 정확하게 식별한다는 것은 결단코 불가능하다. 그 이유는 원초적으로 화소의 배열을 분석하여 식별 가능한 단위로 분할한다는 것 자체가 불가능하기 때문이다. 왜냐하면 우리가 무언가를 식별하기 위해서는 표상이나 의미가 존재해야 한다. 그러나 이렇게 분할된 화소 그 자체로는 어떠한 표상이나 의미도 존재하지 않기 때문이다. 따라서 그것들이 결합되면 어떠한 표상을 그려낼 수 있는지를 전혀 알 수 없다.

바로 여기에서 이 연구자들이 인간의 본원적 직관능력을 전혀 이해하지 못하고 있다는 점을 확인할 수 있다. 인간이 외계의 물질적 사물들을 식별할 수 있는 것은 그 사물의 표상을 그려낼 때 본질적 언어를 근거로(밑그림 삼아) 그려내기 때문이다. 그리고 이 본질적 언어는 다양한 감각표상들을 종합하고 통일함으로써 구성된 것이다. 즉 외계의 모든 사물의 다양한 표상들을 저장하고 간직하고 있다. 이 점에 대해서는 뒤에 신경외과의사였던 와일더 펜필드에 의해 실행된 실험을 직접 읽어보기로 하자.

---

22)   오창환. 인간과 컴퓨터 이해(경기: 한국학술정보(주), 2011) '4.2. 컴퓨터의 시각인식 기능' 을 참조할 것.

철학하는 인공지능

이로써 이 본질적 언어를 근거로 다양한 개별적 차별성을 지닌 사물의 표상을 표상해 낼 수 있다. 어떻게 본질적 언어에 근거하여 다양한 차별성을 가진 사물의 표상을 표상해 낼 수 있느냐 하는 점은 뒤에 '사유작용과 함께 의지작용[작의(作意)]이 작동한다'라는 항(項)에서 자세히 살펴보기로 하자.

마찬가지로 그 화소들을 재결합하여 어떤 표상을 그려내려면 그것들을 조합하여 무엇을 그려낼 것인가 하는 점이 전제되지 않고는 결코 사물의 표상을 그려낼 수 없다. 예를 들어 같은 꽃이라고 하더라도 모양과 색상이 조금씩 다르다. 또한 꽃의 종류에 따라 너무도 다른 모양과 색상을 가지고 있다. 그 수많은 종류의 꽃들을 식별할 수 있는 화소의 단위로 구분한다는 것 자체가 불가능하다. 같은 화소로 그려낼 수 있는 꽃들이 너무도 다양하게 많기 때문이다. 이러한 점에서 꽃들의 영상자료에서 화소의 배열을 분석하여 식별가능한 단위로 분할한다는 것 자체가 어불성설이다.

이제 그 결과가 얼마나 참담한 것인지 확인해 보기로 하자.

얼마 전 글로벌 기업 구글이 개발한 컴퓨터 시각인 '구글 클라우드 비전 에이피아이Google Cloud Vision API'를 활용한 미디어 아트 전시회가 개최되었다. 구글 클라우드 비전 에이피아이가 '꽃Flower'이라고 인식하는 이미지를 모은 영상자료를 모아 '꽃'이라는 주제로 전시하였다.

그러나 이 컴퓨터 시각이 꽃이라고 인식하는 영상자료들을 살펴보면 모두 꽃과는 너무도 거리가 멀다는 점을 확인할 수 있다.

그 전시회를 보도하는 기사에서 가져온 것이다.

그런데도 불구하고 이 영상자료를 전시하는 주최 측 연구자들은 이 이미지(표상)들이 실재하는 꽃의 참다운 표상(영상)일지도 모른다고 주장하고 있다. 컴퓨터가 인식한 것이니 인간처럼 왜곡되지 않았을 것이라는 주장으로 이해된다.

그러나 필자가 이 꽃 그림을 보면서 마치 어린아이가 색종이를 마구잡이로 찢어서 붙인 것 같다는 느낌을 받을 뿐이다.

바로 여기에서 컴퓨터 시각의 연구에 있어서 무엇이 문제인가 살펴볼 필요가 있는 것 같다. 단적으로 지적하자면 감각과 감각적 지각을 구분하지 못하고 있다. 앞에서 살펴본 연구 방식은 감각적 지각을 그대로 모방하고 있다.

감각은 사물의 본질을 소재로 선천적 표상능력을 통해 사물의 표상을 그려냄으로써 감각기관에 그 사물의 표상이 현상하는 것을 말

철학하는 인공지능

한다. 여기서 중요한 점은 사물의 본질을 소재로 사물의 표상을 그려낸다는 점이다. 그리고 이 본질이란 물질적 사물이 가진 고유한 물질적 특성들을 조합하여 구성한 것이다. 이로써 그 물질적 사물을 '있는 그대로' 표상해 낼 수 있다.

반면에 색상이나 모양과 같은 개념적 의미는 감각적 지각을 통해서 지각된다. 왜냐하면 의식은 항상 문자언어에 내포된 개념적 의미만을 인식할 수 있다. 따라서 감각에 현상한 사물의 본질적 표상을 직접적으로 인식할 수 없다. 이러한 이유로 감각적 지각을 통해서 그 사물의 표상을 개념적 의미(언어)로 해석해 주어야만 그 대상의 개념적 의미를 인식할 수 있다. 이와 같이 개념적 의미란 감각적 지각을 통해서 지각된다.

이러한 점에서 컴퓨터 시각을 연구하면서 색상이나 모양을 식별하는 것을 목표로 삼는 것은 감각적 지각을 모방하고 있다는 점을 알 수 있다. 결코 감각을 구현한 것이 아니다. 감각은 선천적 표상능력에 의해 사물의 표상을 그려내는 정신현상이다.

바로 이러한 차이점을 구분하지 못하고 컴퓨터 시각을 연구하기 때문에 결과적으로 인공지능 카메라가 개념적 의미만을 식별할 뿐, 본질적 존재의미를 식별하지 못하는 것이다. 자주 심판의 빡빡 깎은 머리를 따라다니며 축구 경기를 중계했다고 하는 사실로부터 이 인공지능이 축구공과 사람의 머리라는 본질적 존재의미를 구분하지 못하고, 오로지 '둥글다'라는 개념적 의미로만 이해하고 있다는 점을 확인할 수 있다.

여기에서 요점은 개념적 의미는 의식이 그 대상을 지향하여 인식할 때만 감각적 지각을 통해 지각된다는 점이다. 불교의 『해심밀경(解深密經)』에서 감각[아타나식(阿陀那識)]을 설명하면서 **"지각할 수 없지만, 견고하게 머무는(현재 존재하는) 존재사물에 대한 앎이 생겨나는 것을 아타나식이라고 한다(不可覺知 堅住器識生 謂阿陀那識)"**고 설명하고 있다.[23)]

'견고하게 머문다[견주(堅住)]'는 표현은 그것이 '확고하게 일정한 존재의미로 현재 존재하고 있다(현전하고 있다)'라는 의미이다. 그리고 '그릇[기(器)]'이란 다양한 쓰임새와 모양을 가진 사물들을 의미한다. 이렇게 감각에는 수많은 다양한 사물들이 스스로 자신의 본질적 존재의미를 드러내며 현상하지만, 결코 지각되지 않는다고 설명하고 있다. 이렇게 감각에 현상한 사물의 표상이 개념적 의미로 지각되는 것은 감각적 지각에 의해 이루어진다. 이와 같이 감각과 감각적 지각을 엄밀하게 구분해야 한다.

따라서 컴퓨터 시각은 인간의 선천적 표상능력을 모방해야만 인간과 동일한 시각능력을 갖출 수 있다. 즉 선천적 표상능력은 사물의 고유한 물질적 특성을 조합함으로써 구성된 본질을 소재로 사물의 본질적 표상을 그려내는(표상하는) 능력이다. 감각은 바로 이 선천적 표상능력에 의해 이루어진다. 이로써 외계의 삼라만상이 '있는 그대로' 우리의 눈앞에 펼쳐진다. 다만 본원적 직관과의 차이점은 직관적 언어능력이 감각적 지각작용으로 변환되어 버린다는 점

---

23) 2번 주석 참조.

철학하는 인공지능

이다.

반면에 감각적 지각이란 단지 의식이 감각에 현상하고 있는 사물의 표상을 인식할 수 있도록 도와주는 지각작용일 뿐이다. 즉 **감각적 지각이란 감각에 현상한 사물의 표상을 개념적 언어로 해석해주는 지각작용이다.** 따라서 색깔이나 모양이라고 하는 개념적 의미는 감각적 지각을 통해서만 지각된다. 이에 대해서는 뒤에 불교에서 설명하는 두 가지 대상성[유표색(有表色)과 무표색(無表色)]에 대해 살펴보면서 구체적으로 이해하기로 하자.

• 플라톤이 밝혀준 외계와 인간의 관계 맺음

감각기관을 통한 감각작용을 바르게 이해하기 위해 다시 플라톤의 가르침을 받아보자. 플라톤은 『테아이테토스』에서 다음과 같이 설명하고 있다.

그렇게 하면 우리에게는, 검은색이나 흰색 그리고 그 밖의 어떤 색이든, 눈에 그에 상응하는 운동에 가하는 충돌을 통해 생겨난 것으로 나타날 것이며, 우리가 색이라고 부르는 각각의 것은 충돌을 가하는 쪽도 아니고 충돌을 당하는 쪽도 아니며, 그 둘 사이에서 각자에게 고유한 것으로 생겨난 어떤 것이 될 것이네. 아니면 자네는 각각의 색이 자네에게 나타나는 그대로 개에게도 그 어떤 동물에게도 나타날 것이라고 강하게 주장하겠는가?[24]

이 설명에서 플라톤은 우리가 외계와 어떻게 관계를 맺을 수 있는지 매우 자세하게 설명하고 있다. 우리의 감각기관에 현상하고 있

---

24) 플라톤. 정준영 옮김, 『테아이테토스』(서울; 이제이북스, 2013), 95쪽. 154a

는 '검은색'이나 '흰색'과 같은 사물의 표상이 외계로부터 주어진 것 (충돌을 가하는 쪽)이 아니라고 설명하고 있다. 이 짧은 구절에서 분명하게 객관적 실재론을 부정하고 있다.

그렇다고 그것이 온전히 '충돌을 당하는 쪽(인간의 영혼)'이 제멋대로 표상해 낸 것도 아니라고 강조하면서 우리의 감각기관에 현상하고 있는 그 사물의 표상들은 "그 둘 사이에서 각자에게 고유한 것으로 생겨난 어떤 것"이라고 설명하고 있다. '각자에게 고유한 것'이란 인간에게 있어서는 인간만이 가진 선천적 표상능력[Nous]을 의미하는 것으로 해석된다. 뒤에 '개나 다른 동물들에게는 이러한 색들이 나타나지 않는다'고 강조하고 있다는 점에서 이러한 선천적 표상능력을 인간만이 갖추고 있다는 점을 깨우쳐 주고 있다. 즉 '개에게도 이러한 선천적 표상능력이 갖추어져 있다고 생각하느냐?!'고 반문하는 것은 곧 인간의 생래적인 본원적 직관능력은 오로지 인간만이 가진 선천적인 인지능력이라는 점을 강조한 것이다.

이러한 설명은 **감각기관의 감각작용이란 인간만이 가진 외계에 대한 고유한 해석법**이라는 점을 드러낸다.

이와 같이 '외계(자연)'란 결코 실재하는 것이 아니다. 우리의 눈앞에 펼쳐진(現前하는) 모든 것들은 우리의 영혼(두뇌) 속에서 그려낸 것이다. 즉 우주(외계)란 감각기관을 통한 선천적 표상능력에 의해 표상된 것일 뿐, 결코 실재하는 것이 아니다.

이제 관념론자들이 주장하는 객관적 실재론으로부터 벗어나야 한

철학하는 인공지능

다. 결코 외계는 객관적으로 실재하지 않는다. 분명 뇌과학의 연구 결과들은 이 점을 명확하게 입증하고 있다. 즉 우리의 눈앞에 펼쳐진 외계란 뉴런이 시냅스 연결을 선택함으로써 그려낸 것이라는 점을 밝혀주고 있다. 바로 이렇게 뉴런이 시냅스 연결을 선택하는 작용이 곧 인간의 선천적 표상능력이라는 점을 명확하게 인식해야 한다. 그래야만 진실로 바르게 인공지능을 연구해 갈 수 있을 것이다.

그리고 '충돌을 가하는 쪽에 있어서 고유한 것'이란 외계의 사물이 가진 고유한 물질적 특성[stoicheion]을 의미한다. 바로 이러한 물질적 특성을 조합하여 사물의 본질[archē]을 구성하고, 이 본질을 통해서 그 사물의 본질적 표상을 그려낸다고 설명하고 있다.

그런데 물질적 특성이란 외계의 물질적 사물이 가진 그 사물만의 고유한 형질인데, 어떻게 인간의 영혼 속에서 이러한 물질적 특성을 조합하여 본질을 구성하고, 또 이 본질을 소재로 본질적 표상을 표상할 수 있다는 것일까? 이에 대해서는 뒤에 '사물의 물질적 특성은 유전형질이다'라는 항(項)에서 살펴보기로 하자.

따라서 '검은색'이나 '흰색'이라고 하는 사물의 표상은 그 사물의 고유한 물질적 특성을 조합하여 구성한 본질을 소재로 표상된 것이다. 그 결과, 우리의 감각기관에 그 물질적 사물이 '있는 그대로' 드러나(표상하여) 나타난다(현상한다).

이와 같이 우리의 영혼(두뇌) 속에서 사물의 고유한 물질적 특성들을 조합하여 본질을 구성하고, 이렇게 구성된 **본질을 소재로 선천적 표상능력에 의해 표상된 본질적 표상**[淨相: 容: eidos]**이 드러나**

나타난 것이 곧 외계(우주)라고 깨우쳐 주고 있다.

　여기에서 또 한 가지 주목해야 할 점은 사물의 고유한 존재자성인 본질이 인간에 의해 구성된다는 점이다. 그동안 선천적 표상능력에 대해 바르게 이해하지 못함으로써 결국 본질에 대해서도 바르게 이해하지 못하고 있다. 관념론자들은 사물의 표상이 선천적 표상능력에 의해 표상된다는 점을 이해하지 못하기 때문에 본질이 사물의 표상을 그려내는 데 있어서 그 소재(그림물감)라는 점을 이해하지 못하고 있다.

　즉 이 본질로 사물의 표상을 그려내기 때문에 외계에 실재하는 사물을 '있는 그대로' 그려낼 수 있다. 이로써 우리는 이 본질로 인해서 우리의 감각기관을 통해 외계에 실재하는 사물들의 고유한 물질적 특성을 직관할 수 있다. 이러한 점에서 **본질은 인간이 외계를 이해하는 데 있어서 그 사실성과 실재성 그리고 진실성의 근거**가 된다.

　그런데 이 본질은 우리의 선천적인 본원적 직관능력에 의해 구성되었다는 점에 주목해야 한다. 즉 사물들의 고유한 물질적 특성들을 조합함으로써 이 본질을 구성해 낸다고 설명하고 있다. 그 결과 외계에 실재하는 물질적 사물들을 '있는 그대로' 표상해 낼 수 있다.

　이와 같이 인간의 선천적 표상능력은 외계의 사물을 '있는 그대로' 표상할 수 있도록 진화된 것이라는 점을 이해하는 것이 중요할 것 같다. 이것이 인간의 본래적인 생명력이라는 점을 알 수 있다. 즉 인간이 자연생태계에 적응하여 생존해 가기 위해 선천적 표상능력

　철학하는 인공지능

이 진화한 것이다. 이러한 점에서 본질이란 그 물질적 사물을 '있는 그대로' 표상해 내기 위해 인간이 구성한 그 사물의 고유한 존재자성(存在自性)이라는 점을 알 수 있다. 다시 설명하자면 인간이 외계에 효과적으로 적응하기 위해 외계의 물질적 사물을 '있는 그대로' 표상해 내는 본원적 직관능력을 진화시켜 왔다는 점을 이해해야 한다.

바로 이 점을 바르게 이해해야만 인간의 선천적 표상능력과 동일한 컴퓨터 시각을 개발할 수 있다. 지금 개발된 자율주행 자동차는 환경이 바뀌면 제대로 작동되지 않는다고 한다.

바로 이러한 한계를 극복할 수 있는 유일한 방법은 '본질'을 구성할 수 있는 방법을 찾는 것이라는 점을 알 수 있다. 이에 대해서는 뒤에 '본질에 대한 오해와 왜곡'에서 다시 자세히 살펴보기로 하자.

• 왜 인공지능은 축구공과 대머리를 구분하지 못할까?

2020년 11월 3일, 매우 우스꽝스러운 뉴스가 전해 온다. 스코틀랜드의 프로 축구 구단인 인버네스는 인건비를 줄이기 위해 카메라맨 대신에 AI카메라를 이용하여 축구 경기를 중계하였다. 그런데 이 AI카메라가 축구공과 심판의 빡빡 깎은 머리를 구분하지 못하고, 심판이 뛰면 심판의 머리를 좇아가면서 중계하는 촌극이 벌어졌다는 소식이다. 인공지능 카메라가 축구공과 빡빡 깎은 머리가 모두 '둥글다'는 점에서 이 둘을 혼동하고 있다는 점을 알 수 있다. 이는 곧 축국공과 사람의 머리라는 본질적 존재의미를 구분하지 못하고 있다는 것을 의미한다.

이러한 참담한 결과는 이미 예견된 것이었다.

컴퓨터 시각 연구가 객관적 실재론에 기초하여 색상과 모양을 식별하는 데 초점이 맞추어져 있다는 점을 확인하였다. 바로 이러한 연구 방식으로 인한 필연적인 결과이다.

먼저 우리는 관념론적 사고방식으로 인해서 인간도 자연생태계에서 적응하며 생존해 가는 하나의 생명체라는 점을 망각하고 있다. 즉 인간이 하나의 생명체로서 자연생태계에 적응하며 생존하기 위해 인간 나름대로 외계를 이해하는 방식을 진화시켜왔다는 점에 주목해야 한다. 예를 들어 모든 동물은 먹잇감을 효과적으로 찾기 위해 각기 다른 시각능력이나 청각능력 또는 후각능력을 진화시켜왔다. 심지어 박쥐는 초음파를 통해 먹잇감을 식별하는 능력을 가지고 있다.

마찬가지로 인간도 외계에 효과적으로 적응하여 생존하기 위해 영혼(두뇌) 속에서 **사물의 본질을 구성해서 그 본질을 소재로 그 사물의 본질적 표상을 그려내는 본원적 직관능력을 진화시킨 것이다.**

이러한 점에서 감각기관을 통한 감각작용이란 사물의 본질로 사물의 본질적 표상을 그려낼 수 있는 능력이라는 점을 이해하는 것이 매우 중요하다. 이와 동시에 직관적 언어작용을 통해 그 사물의 본질적 존재의미를 직관하게 된다.

아주 쉬운 예를 들어보자. 원시 인류가 봄날에 돋아난 초록색의 새싹이나 늦가을에 갈색으로 말라버린 나뭇잎을 보았다고 하자. 분명 선천적 표상능력은 동일하므로 똑같이 그 푸른 새싹과 메마른

철학하는 인공지능

갈색 나뭇잎이 감각기관에 현상할 것이다. 그런데 그들도 이 나뭇잎을 보면서 초록색과 갈색이라는 개념을 인식했을까?

그들은 그 새싹이나 마른 나뭇잎을 보면서 초록색이나 갈색이라는 개념적 의미를 지각하지 못한다. 이 점은 너무도 명백하다. 그 이유는 이러한 색상이라는 개념은 문자언어가 생겨난 뒤에 만들어진 단어에 내포된 의미 내용들이기 때문이다. 따라서 그들은 이러한 의미로 그것들을 지각하거나 인식할 수 없다.

물론 이러한 색상의 차이가 존재하지 않았다는 의미가 아니다. 분명 그 색상의 차이는 감각에 현상한다. 그러나 그러한 색깔의 차이를 초록색이나 갈색이라는 개념(또는 개념적 언어)으로 지각하지 않는다는 의미이다. 왜냐하면 원시 인류는 문자언어를 아직 가지고 있지 않았기 때문에 의식이 생겨나지 않았다. 따라서 감각적 지각도 일어나지 않는다. 이로써 초록색이니 갈색이니 하는 개념적 의미는 지각되지 않는다.

오히려 그들은 그 새싹의 '푸름'에서 '새 생명이 움트는 봄이 옴' 또는 '나무에 물이 오름' 아니면 '새로운 생명활동이 일어나는 것'이라는 본질적인 의미로 그것을 보았을 것이다. 즉 그 '초록색'은 초록색이라는 개념적 의미가 아니라, '나무에 물이 오름' 또는 '새 생명이 움트는 봄'이라는 본질적 존재의미로 이해되었을 것이다. 왜냐하면 선천적 표상능력을 통해 봄이 되어 새롭게 돋아나는 그 새싹을 '있는 그대로' 표상해 냈기 때문이다. 즉 그 '초록색'은 그 새싹의 본질로 표상된 것이다. 따라서 본질에 근거한 본질적 존재의미만이 직관된다. 마찬가지로 '메마른 갈색'을 보면서 그들은 '물기가 말랐음' 또는 '생명작용이 중지됨' 또는 '추운 겨울이 다가옴'이라는 의미로 그것을 이해했을 것이다.

이것이 사물의 본질적 존재의미를 이해하는 직관적 이해의 방식이다. 그 새싹의 초록색은 초록색이라는 색상이 아니고, '물이 오름'이라는 물질적 특성이나 또는 '새로운 생명활동'이라는 본질적 존재의미를 드러내고 있다는 점에 주목해야 한다.

이로써 우리는 새싹을 보면서 봄이 왔다는 것을 직관적으로 알 수 있으며, 갈색으로 변한 나뭇잎을 보면서 가을이 왔다는 것을 직관적으로 알 수 있다. 이와 같이 본원적 직관능력에 의해 알게 되는 앎의 내용은 곧 사물의 본질에 기초하여 구성된 본질적 존재의미이다. 왜냐하면 본질적 존재의미는 사물의 다양한 본질적 표상을 종합하고 통일함으로써 구성되는데, 이 본질적 표상은 본질을 소재로 표상되기 때문이다.

반면에 색깔이나 모양이라는 개념은 문자언어가 발달하면서 생겨난 것들이다. 즉 색깔이나 모양이라는 개념들은 의식이 여러 가지 색상의 차이나 생김새의 차이를 비교하면서 그 차이점(또는 차별성)을 쉽게 구분하기 위해 상대적이고 대립적인 의미로 규정한 것이다. 예를 들어 검은색과 흰색이라는 개념을 비교하면서 '회색(灰色)'이라는 개념이 생성된다. 이렇게 의식을 통해 생성된 개념은 종자의 형태로 저장하고 간직되며, 다시 감각적 지각을 통해서 지각된다.

아주 쉬운 예를 들어 보기로 하자. 의식이 향기를 맡고자 지향하

철학하는 인공지능

면 오로지 코를 통해서 감각적 지각이 일어나서 그 향기를 맡게 된다. 또한 맛을 지향하면 오로지 혀를 통해서 그 맛을 지각하게 된다. 의식이 지향하지 않으면 결코 그 향기와 맛을 개별적으로 지각할 수 없다. 그냥 먹으면서 '와! 맛있다!'라고 인식할 뿐이다.

이와 같이 **의식이 지향함으로써 감각에 현상하고 있는 사물의 표상들이 감각적 지각을 통해 감각적 대상[오진(五塵)]으로 대상화된다.** 만약 의식이 지향하지 않으면 이러한 감각적 지각이 일어나지 않으므로 모든 것들이 대상화되지 않고, 즉자적으로 눈앞에 펼쳐져 있을 뿐이다. 이에 대해서는 뒤에 '개념적 의미가 부가된 대상성(有表色)과 본질적 속성의 대상성(無表色)'이란 항에서 자세히 이해해 보기로 하자.

이상에서 살펴본 바와 같이 의식이 인식하고자 하는 대상을 지향함으로써 감각적 지각이 작동하게 되고, 이 감각적 지각을 통해서 개념적 의미들이 지각된다. 의식이 지향하지 않으면 그러한 개념적 의미들은 지각되지 않는다. 그런데 컴퓨터 시각 연구는 오로지 이러한 색상과 모양이라고 하는 개념적 의미를 구분하는 것을 목표로 삼고 있다. 이러한 점에서 감각적 지각을 모방하고 있다는 점을 알수 있다.

이러한 이유로 결코 인간의 본원적 직관능력을 구현할 수 없다. 컴퓨터 시각은 오로지 이러한 개념적 의미만을 식별할 수 있을 뿐이며, 결코 사물의 본질적 존재의미를 이해할 수 없다. 그 결과 축구공과 사람의 머리라는 본질적 존재의미를 구분하지 못하게 된다.

이러한 점에서 감각과 감각적 지각을 엄밀하게 구분하여 이해해야 한다. 감각은 사물의 표상을 표상해 내는 선천적 표상능력에 의해 이루어진다. 반면에 감각적 지각은 의식이 외계를 인식할 수 있도록 도와주는 지각작용일 뿐이다. 이 지각작용은 의식이 지향하지 않으면 작동하지 않는다. 오히려 이러한 감각적 지각을 끊어서 멸절해야만, 우반구의 직관적 언어능력이 본래의 작용성을 회복함으로써 사물의 본질적 존재의미를 직관할 수 있다.

04. 인공지능도 두 가지 언어를 증명하고 있다

인공지능 '알파고Alphago'는 짧은 시간 내에 인간의 바둑 실력을 뛰어넘은 놀라운 학습능력을 보여 주었다. 몇 해 전만 해도 컴퓨터의 바둑 실력은 인간 고수와는 비교할 수 없을 만큼 저급한 수준에 머물러 있었다. 그때만 해도 결코 컴퓨터가 인간의 바둑 실력을 뛰어넘지 못할 것이라는 추측이 지배적이었다.

그런데 딥러닝 알고리즘을 이용한 새로운 학습 방법에 의해 개발된 알파고는 매우 짧은 시간에 최고수인 인간을 능가하는 바둑 실력을 갖추게 되었다. 이러한 점에서 분명 이 **딥러닝 알고리즘이 스스로 의미를 구분하고 해석하는 매우 놀라운 학습능력을 가능하게 한다**는 점만은 확실하다.

이러한 알파고의 학습능력에 대해 인간만이 가능한 직관능력에서도 인간을 뛰어넘었다고 평가하고 있다. 그렇다고 이 알파고가 인간과 똑같은 본원적 직관능력을 갖추고 있는 것일까? 그건 결코 아니다. 이러한 평가는 직관을 바르게 이해하지 못한 데서 비롯된 그릇된 평가이다.

여기에서도 직관과 의식의 사유작용을 구분하지 못하고 있다는 점을 지적하지 않을 수 없다. 인간이 바둑을 둘 수 있는 것은 의식의 작용이다. 바로 이 지점에서 우리가 의식에서는 직관이 불가능하다는 점을 깊이 인식하지 못하고 있다는 점을 확인하게 된다. 관념론 철학의 영향으로 의식에서 직관이 가능하다고 간주함으로써 감각기관을 통한 선천적 표상능력[팔식(八識)의 상(想)]과 의식의 재표상능력[육식(六識)의 상(想)]을 구분하지 못하는 결과를 초래하고 있다.

앞에서 거론한 바와 같이 직관이란 감각기관을 통해 외계의 물질적 사물과 마주칠[촉(觸)] 때 선천적 표상능력에 의해 그 사물의 본질적 표상을 표상해 냄으로써 가능하다. 즉 감각기관에 그 존재사물의 본질적 표상이 현상하는 것이 직관이다.

반면에 의식의 재표상 능력은 감각적 지각에 의해 지각된 감각적 대상[오진(五塵)]**을 재표상하여 대상화하는 능력**이다. 의식은 문자언어를 통해서만 작동하는 언어작용이기 때문에 외계와 직접적으로 관계를 맺을 수 없다. 따라서 항상 감각적 지각을 선행적으로 동반함으로써 그 감각적 지각에 의해 지각된 감각적 대상을 재표상하여 인식할 수 있다. 이렇게 감각적 대상을 의식이 지향하여 대상화하는 지향작용을 불교에서는 의식의 '대상을 지향하는 지향성[연연(緣

緣)]'이라고 설명하고 있다.

바둑을 두는 것은 이러한 의식의 재표상능력[육식(六識)의 상(想)]을 통해 가능하다. 문자언어는 의식의 언어적 사유능력[육식(六識)의 사(思)]을 통해서 사유하지만, 바둑알이나 바둑판은 문자언어가 아니다. 따라서 의식의 재표상작용을 통해 감각적 지각에 의해 지각된 그 바둑알들[색(色); 시각적 대상]을 재표상함으로써 인식하는 것이다.

그리고 상상력이라고 하는 것도 의식의 재표상능력으로 인해서 가능하다. 이 상상력을 통해서 그 바둑알들의 인과 관계를 상상하면서 결과를 유추하는 것이다. **의식의 표상능력은 재표상하는 능력이기 때문에 상상이 가능하다.** 즉 어떤 위치에 바둑알이 놓일 때마다 앞으로 어떠한 변화와 결과를 초래할 수 있는지 무수히 반복해서 상상할 수 있다.

그러나 직관은 다만 현재 이 순간에 감각기관이 마주친 외계의 물질적 사물을 '있는 그대로' 표상할 뿐이다. 즉 직관은 결코 상상이 불가능하다.

칸트는 『순수이성비판』에서 "상상력이란 대상의 현전 없이도 그것을 직관에 표상하는 능력이다"[25]라고 주장하고 있지만, 이것은 성립될 수 없는 궤변이다. 직관은 감각기관에 그 존재사물이 현전하는 것을 말한다. 반면에 **상상력이란 의식을 통해 실재하지 않는 대상(감각적 대상)을 재표상하는 것**을 의미한다. 이러한 차이점은 쉽게 확인

---

25) 임마누엘 칸트, 백종현 옮김, 『순수이성비판 1』(서울: 아카넷, 2006), 360쪽.

철학하는 인공지능

할 수 있다.

자! 눈을 감고 '바나나'를 상상해 보기 바란다. 정신을 집중해서 보면 희미하게 바나나의 표상이 느껴질 것이다. 상상은 의식을 통해 재표상하는 것이기 때문에 이렇듯 아주 정신을 집중해야만 희미하게 느껴진다. 반면에 직관은 감각기관을 통해 직접적으로 사물과 마주칠[觸] 때 이루어지기 때문에 매우 선명하고 뚜렷하다.

이와 같이 눈을 감고서도 그 사물의 표상을 표상해낼 수 있는 것이 상상력이다. 결코 눈앞에 바나나의 표상이 현전하고 있지 않다는 점을 확인할 수 있다. 분명 눈을 감고 상상하지 않았는가. 그리고 상상은 언제든지 무한히 반복해서 가능하다. 의식의 사유작용이기 때문에 무제한적으로 반복할 수 있다. 의식은 순간순간 생성과 소멸을 거듭하기 때문에 계속적으로 반복해서 그 대상을 재표상할 수 있다. 그러나 직관은 외계에 실재하는 물질적 사물과 눈이 서로 마주칠 때만 가능하다.

칸트는 의식이 문자언어에 담긴 의미 내용을 사유하는 언어작용이라는 점을 도외시하기 때문에 이런 궤변을 주장하는 것이다. 의식에는 결코 존재사물이 직접적으로 현상할 수 없다. 감각적 지각에 의해 지각된 감각적 대상[五塵]만이 재표상될 뿐이다.

이러한 점에서 알파고는 의식의 작용을 모방한 것이라는 점을 이해해야 한다.

이러한 차이점을 구분하지 못하기 때문에 딥러닝 알고리즘에 기초하여 외계를 이해하는 인공지능을 개발하려고 안간힘을 쓰고 있다. 여전히 의식에서 직관이 가능하다고 믿기 때문에 이러한 과오를 범하는 것이다. 지금과 같은 딥러닝 알고리즘으로는 아무리 훌륭한 강화학습법을 개발한다고 하더라도 외계의 자연현상을 해석하고 이해하는 인공지능의 개발은 결코 기대할 수 없다. 원초적으로 현재의 메모리 반도체로는 결코 불가능하다.

우선적으로 **다섯 가지 감각기관을 통해 현상하는 다양한 감각표상을 동시다발적으로 저장할 수 있는 뉴로모픽**Neuromophic **칩이 개발되어야만 가능하다.** 그리고 동시에 입력된 다양한 감각표상(입력 데이터)들을 종합하고 통일하는 직관적 언어능력이 갖추어져야 한다. 바로 이 점을 인식하지 못하고 외계를 이해하는 인공지능을 개발하기 때문에 인공지능 카메라가 사람의 빡빡 깎은 머리와 축구공을 구분하지 못하는 것이다.

그렇더라도 분명한 것은 딥러닝 알고리즘을 통해서 스스로 데이터를 분류하여 의미를 산출함으로써 학습할 수 있는 능력을 갖춘 것만은 사실이다. 이에 힘입어 스스로 학습할 수 있는 대화형 인공지능을 개발하려는 연구가 활발히 진행되고 있는 것 같다.

얼마 전(2016년) '마이크로소프트(MS)'에서는 대화형 인공지능 '테이(Tay)'를 공개했다. 많은 누리꾼과의 대화를 통해 스스로 지식을 습득할 수 있으리라는 기대와 함께 말이다.

그러나 이 테이는 불과 16시간 만에 작동을 멈추어야 하는 슬픈 운명을 맞이하게 되었다. "보다 더 잘 교육시키겠다"라는 사과문과 함께.

마찬가지로 불과 얼마 전 우리나라에서도 AI 챗봇 '이루다'가 혐오와 차별을 조장한다는 비판 속에 불과 20일 만에 서비스를 중단하는 사태가 벌어졌다. 사실 이 소식은 이 책의 원고가 마무리된 뒤에 접할 수 있었다. 명확하게 대화형 인공지능 테이와 동일한 현상이 나타나고 있다는 점을 확인할 수 있다. 바로 이러한 현상에서 두 가지 언어의 존재와 딥러닝 알고리즘이 가지고 있는 한계와 문제점을 동시에 재확인할 수 있다. 이 점을 강조하고자 급히 몇 자 추가하게 되었다. 그렇다면 왜 알파고는 그토록 놀라운 성공을 거두었는데, '테이'와 '이루다'는 왜 실패하게 된 것일까? 그리고 보다 잘 교육시킨다고 해서 이 테이가 인간처럼 경우와 상황에 맞는 언행이 가능할까? 인공지능은 왜 이렇듯 혐오와 차별을 조장하는 것일까?

• 본질적 언어{수(數)}로 작동하는 알파고Alphago

알파고와 동일한 알고리즘을 적용한 것으로 알려졌는데, 실로 예측할 수 없는 극단적인 결과에 우리는 의문을 갖게 된다. 알파고는 상상을 초월하는 성공을 거두었는데, 테이는 왜 실패했을까? 이 두 인공지능은 놀랍게도 인간에게 두 가지 언어가 존재하고 있다는 점을 실증적으로 입증해 주고 있다.

먼저, 알파고가 예기치 못한 대성공을 이룰 수 있었던 것은 그것이 수(數)라고 하는 본질적 언어를 바탕으로 연산(사유)하기 때문이다. 사물의 개수(個數)라고 하는 것은 그 사물이 가진 고유한 물질적 특성 가운데 하나이다. 따라서 그 사물의 개수를 파악한다는 것은 그 사물이 가진 본질적 존재의미를 이해하는 것이다. 이렇듯 외계에 존재하는 그 물질적 사물의 개수(사물의 본질적 존재의미)를 파악(이해)하기 위해 '수'라고 하는 본질적 언어가 탄생하게 된다. 즉 본질적 언어란 외계에 실재하는 사물들의 본질적 존재의미를 담지하고 있는 언어이다. **본질적 언어인 '수(數)'를 통해서 우리는 외계의 사물을 보면서 그것이 몇 개인지 직관적으로 알 수 있다.**

그리고 이 '수'는 문자언어가 없을 때에도 점이나 막대 모양 또는 노끈의 매듭을 통해서 표시했다. 이것을 우리는 결승(結繩)문자라고 한다. 즉 노끈의 매듭으로 표시하는 글자라는 의미이다. 나중에 문자언어가 생겨나면서 그것을 다양한 기호문자로 표시하기 시작했고, 아라비아 숫자라는 형태로 정착하게 된 것이다.

그러나 이 '수'가 항상 본질적 언어로 사용되는 것은 아니다. 오로지 외계의 물질적 사물과 연관하여 감각기관을 통해 그 개수를 파악(직관)할 때만 본질적 언어이다. 예를 들어 외계의 사물과 관계없이 **그냥 의식을 통해 숫자를 순서대로 세는 경우나 수학을 공부할 때의 '수'는 개념적 언어이다.** 이럴 경우에는 사물의 본질적 존재의미와 전혀 관련이 없다. 다만 의식을 통해 '2'는 '1'보다 크고, '3'은 '2'보다 크다는 개념적 의미로 사유하는 것이기 때문에 개념적 언어라고 한다. 이러한 차이점에 대해서는 뒤에 '수(數)를 통한 본질적 언어와 개념적 언어의 구분'이라는 항(項)에서 다시 자세히 거론하기로 하자.

이러한 점에서 바둑에서 집의 수를 계산할 때의 수는 본질적 언어이다. 이 경우에는 분명 바둑이라고 하는 외계의 사태와 연관되어 사용하기 때문이다. 즉 바둑은 집의 수가 많은 쪽이 이긴다는 점에서 항상 집의 수를 계산하면서 그 착점(着點)의 적합성을 판단한다. 이러한 점에서 모든 판단 기준은 '수'라는 본질적 언어이며, 이 본질적 언어를 연산의 기초로 삼고 있다. 따라서 그 연산의 결과는 당연히 논리적 필연성을 가지며 절대적일 수밖에 없다. 결코 허구적이거나 비실재적이지 않다.

더욱이 그 연산의 속도가 인간의 능력과는 비교할 수 없을 정도로 빠르다. 거의 무한대의 속도로 연산할 수 있다는 점에서 그 성공은 충분히 예견된다고 할 수 있다. 따라서 알파고의 화려한 성공 신화는 곧 수라고 하는 본질적 언어를 모든 판단의 기준으로 삼고 있는 것에서 그 원인을 찾을 수 있다.

• 개념적 언어로 작동하는 인공지능 '테이^{Tay}'와 AI 챗봇 '이루다'

반면에 대화형 인공지능은 인간의 개념적 언어를 바탕으로 개발되고 있다. 우리의 **일상적인 자연어는 모두 개념적 언어**이다. 왜냐하면 의식을 통해서 사유되기 때문이다. 이 개념적 언어는 인식대상에 대해 주관의 가치판단에 따라 그 상대적 차별성을 구분하기 위해 만들어진 언어이다.

예를 들어 '간다' 또는 '온다'라는 개념을 보자. 이 개념들은 보고 있는 주관에게서 멀어지면 '간다'고 표현하고, 가까워지면 '온다'고 표현한다. 즉 어떤 사람이 나에게 가까워지면 곧 '온다'고 표현하고, 나에게서 멀어지면 '간다'고 표현한다. 이러한 주관적 가치판단이 일어나지 않으면 이러한 개념은 존재하지 않는다. 그냥 사람들이 움직이고 있는 것이 눈앞에 펼쳐질 뿐이다.

모든 개념적 언어는 이와 같이 주관의 가치기준에 따라 비교를 통해서 그 차이점을 규정한 언어이다. 비교한다는 것은 그 대상을 비교하고자 하는 주관(의식)이 있어야 가능하며, 동시에 이 주관에 의해 그 비교하는 대상을 정립(대상화)함으로써 가능하다. 만약 이렇게 대상(객관)을 정립하여 인식하는 주관이 존재하지 않는다면 이러한 개념적 의미는 생겨나지 않을 것이다.

이와 같이 **개념적 언어란 주관의 가치기준에 따라 인식대상을 비교하면서 그 상대적 차별성을 규정한 언어이다.** 즉 '좋다' 또는 '나쁘다', '높다' 또는 '낮다', '예쁘다' 또는 '밉다' 그리고 '귀한 것' 또는 '하찮은 것' 등등과 같이 서로 대립되는 상대적 차별성을 규정하고 있다. 같은 사물에 대해서도 보는 사람에 따라 그 가치판단이 다르다. 같은 물건에 대해서도 어떤 사람은 '좋다'고 평가할 수도 있고, 어떠한 사람은 '나쁘다'고 평가한다. 또한 같은 사람에 있어서도 상황과 경우에 따라 그 판단이 전혀 달라지기도 한다. 이와 같이 개념적 언어란 비실재적이고 비본질적이다.

그런데 여기에서 주목해야 할 점은 이렇게 인식된 상대적 차별성으로 인해서 의식의 사유작용의 과정 속에서 탐욕과 감정 그리고 갈등과 번민이 생겨난다는 사실이다. 바로 이러한 개념적 언어의 의미론적 특성 때문에 대화형 인공지능은 결코 성공할 수 없다.

아마도 이 대화형 인공지능을 개발하는 연구자들은 모두 칸트의 초월론적 관념론에서 주장하듯이 개념이라는 것이 순수개념이라고 굳게 믿고 있을지도 모른다. 칸트가 개념이 객관적 실재성과 관념적 필연성을 갖는다고 주장하기 때문에 언어의 문제를 심각하게 검토하지 않은 것으로 보인다. 다시 설명하자면, 일상적인 자연어는 곧 개념적 언어이며, **개념적 언어는 주관의 심리적 요인과 가치 판단에 의해 굴절되고 왜곡된 의미 내용**[희론(戲論), 루(漏)]**을 담지하고 있다**는 점을 이해하지 못한 것이다. 이 개념적 언어의 의미론적 특성에 대해서는 뒤에 자세히 살펴보기로 하자.

결국 극성스러운 누리꾼들이 성(性)에 대한 편견이나 또는 극우적 사고방식에 의해 오염된 개념들을 마구잡이로 주입함으로써 이 인공지능은 오염된 언어들을 그대로 여과 없이 수용하게 된 것이다. 그 결과 대화형 인공지능 테이[Tay]는 "너는 더러운 창녀야"라는 말을 스스럼없이 내뱉고, 오바마 미국 대통령을 '원숭이'라고 폄하하고, 나치즘을 찬양하는 발언을 서슴없이 했다고 한다. 바로 이러한 점에서 개념이란 주관의 정신적·심리적 요인에 의해 굴절되고 왜곡된 의미규정이라는 점을 확인할 수 있다.

이러한 예기치 못한 언사(言事)에 놀라 급히 이 대화형 인공지능의 작동을 중지시키지 않을 수 없었다. "보다 더 잘 교육시키겠다"라는 사과의 말을 남긴 채.

마찬가지로 우리나라에서도 불과 얼마 전에 스무 살 여대생의 캐릭터를 대화의 모델로 설정하여 개발한 인공지능 챗봇 '이루다'가 서비스를 시작한 지 불과 20일 만에 서비스를 중단하였다. 이 챗봇은 카카오톡 대화 100억 건을 데이터베이스화했다고 한다. 바로 이 점이 인공지능 GPT-3와의 차이점이다. GPT-3는 수백만 권의 책을 데이터로 입력되어 있다는 점에서 그 언어들이 비록 개념적 언어일지라도 논리적이고 이성적인 의미로 사용되었다.

반면에 대화형 인공지능 테이와 인공지능 챗봇 이루다는 일상적인 대화에서 사용되는 개념적 언어이다. 이로써 그 언어는 극히 주관적이고 감정적인 의미 내용을 담고 있다. 이 언어에는 주관적·심리적 요인에 의해 굴절되고 왜곡된 의미 내용이 내포되어 있다. 그 결과 이 인공지능들은 인종차별과 왜곡된 성의식 그리고 극단적인 편견들로 오염된 언행을 거침없이 쏟아내고 있다.

그렇다고 과연 이 대화형 인공지능이 제대로 교육을 받으면 상식과 사리(事理)에 맞는 언행을 할까? 왜 이 인공지능은 스스로 사리(事理)를 판단하지 못하고, 다만 누리꾼들이 주입한 왜곡된 개념을 그대로 수용할 수밖에 없을까? 바로 여기에서 인간과 인공지능의 차이점을 확인하게 된다.

인간의 경우에는 선천적인 본원적 직관능력[팔식(八識), 심(心): psyche]에 의해 상황과 상대에 따라 경우에 맞게 의사표현이 가능하다. 비록 의식에 의해 이 본원적 직관능력이 은폐된다고 하지만, 일시적으로나마 본원적 직관작용이 작동하기 때문이다.

이러한 일시적인 본원적 직관작용을 불교에서는 '비택멸무위(非擇滅無爲; 수행을 통해 얻어진 것이 아닌 일시적인 순수직관의 상태)'라고 한다. 예를 들어 무언가에 몰입해 있을 때 일시적으로 의식의 관념적 사유가 끊어진다. 우리가 매우 힘들게 산의 정상에 올랐을 때, 이러

철학하는 인공지능

한 비택멸무위를 쉽게 체험할 수 있다. 아주 힘들게 올라가면서 조금은 다른 생각들이 끊어진다. 세상의 복잡한 문제들을 잊고, 오직 정상을 향해 힘겹게 발걸음을 옮기면서 점차 의식이 작동하지 않게 된다. 그리고 정상에 올라서 눈앞에 펼쳐진 광경을 보면서 감탄한다. 이때 의식이 순간적으로 작동하지 않는 비택멸무위를 체험할 수도 있다.

이러한 순간적이고 실제적인 체험을 통해서 본질적 존재의미를 터득하게 된다. 이러한 점에서 직관력이 뛰어난 사람들은 관념적 사유가 활발한 사람들보다 이러한 실제적인 체험의 순간을 훨씬 많이 겪는다고 할 수 있다.

또한, 뒤에 자세히 언급할 예정이지만, **렘수면Rem 상태에서 본원적 직관능력이 작동함으로써 종합적 통일의 과정을 거쳐서 본질적 언어를 구성하게 된다.**[26] 불교에서는 깊은 잠에 들었을 때와 혼절(기절)했을 때 의식의 작용이 끊어진다고 설명하고 있다. 이와 같이 렘수면 상태에서 의식의 작용이 끊어지면서 직관적 언어능력이 작동함으로써 종합적 통일이 일어난다. 이로써 낮에 경험했던 다양한 감각표상들을 종합하고 통일하여 본질적 언어를 구성하게 된다.

이러한 정신현상은 본원적 직관능력이 완전히 소멸되지는 않았다는 증거이다. 따라서 우리의 일상적인 감각경험들이 의식의 개념적 사유작용을 통해 굴절되고 왜곡된 의미 내용으로 오염된다고 하더

---

26) 렘수면 상태에 대해서는 뒤에 "손으로 지시하는 실험: 감각과 본원적 직관의 차이점"라는 항(項)에서 자세하게 확인하기로 하자.

라도, 렘수면 상태에서 종합적 통일의 과정을 거쳐서 본질적 언어를 구성할 수 있다. 이렇게 구성된 본질적 언어에 본질보편성이 내포되어 있기 때문에 공통된 생활세계를 형성할 수 있다. 이러한 점에서 불교에서는 의식이 작동하는 본원적 주관성을 '염정화합식(染淨和合識; 본질적 존재의미와 개념적 의미가 혼합되어 있는 식(識)]'이라고 일컫는다.

이와 같이 인간은 비록 일상적으로 개념적 언어를 사용한다고 하더라도, 렘수면 상태에서 본질적 언어가 구성된다. 따라서 이러한 본질적 언어로 인해서 보편적인 도덕률과 관습적인 윤리기준을 갖게 된다. 이로써 개념적 언어를 사용할 때 사태의 본질에 벗어나는 언행을 스스로 어느 정도 통제할 수 있다. 그 결과 상대방과 상황에 따라 전혀 다른 언어적 표현을 사용할 수 있다.

그러나 인공지능은 이러한 본원적 직관능력이 전혀 작동할 수 없기 때문에 스스로 자정 작업을 할 수 없다. 따라서 인공지능은 모든 언어를 입력된 의미 내용 그대로 사용할 수밖에 없다. 그 결과 상대방에 관계없이 오염된 언어적 표현을 서슴없이 내뱉게 된다.

• 인공지능 GPT-3와 대화형 인공지능 테이[Tay]의 차이점

그렇다면 인공지능 GPT-3는 어떻게 그토록 뛰어난 언어구사능력을 갖출 수 있었을까? 인공지능 테이와 똑같이 개념적 언어로 학습하였는데, 테이와 다르게 놀라운 학습능력을 가지고 있지 않은가?

이러한 차이점에서 개념적 언어란 주관적 의지작용에 따라서 그

쓰임새가 달라진다는 점을 알 수 있다. 같은 문자언어라고 하더라도 일상적인 대화에서 사용할 때와 학문을 할 때 사용되는 문자언어는 전혀 다른 의미론적 특성을 갖는다. 즉 학문을 할 때는 논리적 이론체계에 적합하도록 사용함으로써 논리적 필연성을 갖는다.

예를 들어 **논리학이란 일관된 논리체계 속에 사용되는 문자언어들이 논리적 타당성이나 필연성을 갖느냐 하는 점을 판단하는 학문**이다. 인공지능 GPT-3는 수백만 권의 책을 통해 학습되었기 때문에 GPT-3의 언어는 상당 부분 논리적 타당성을 갖추고 있을 것이며, 그 언어의 쓰임새가 매우 일반화되고 정제되어 있다.

반면에 대화형 인공지능 '테이'와 '이루다'는 네티즌들이 극단적으로 왜곡된(오염된) 의미 내용으로 학습시킨 것이다. 이로써 인공지능 테이와 이루다가 사용하는 언어는 주관의 가치기준과 심리적 요인에 의해 굴절되고 왜곡된 언어이다. 마찬가지로 인공지능 GPT-3도 주관적 가치판단에 의해 왜곡된 의미 내용으로 학습시킨다면 동일한 현상이 일어나게 된다.

이와 같이 **문자언어는 주관적 의지작용으로 인해서 그 사용에 있어서 극단적인 양면성을 갖는다.** 이로써 의식의 사유작용에서도 극단적인 양면성을 띠게 된다. 이러한 의식의 양면성을 '지킬 박사와 하이드Strange Case of Dr. Jekyll and Mr. Hyde'라는 소설에서 극명하게 묘사하고 있다.

주인공인 지킬 박사가 여러 학문분야에 정통한 매우 뛰어난 학자라는 점에 주목해야 한다. 이는 지킬 박사가 매우 논리적이고 뛰어난 의식의 개념적 사유능력을 가지고 있다는 점을 드러낸다.

그런데 그가 매우 흉악하고 무자비한 하이드라는 범죄자와 동일인이라는 설정에서 작가의 의도를 읽을 수 있다. 작가 로버트 루이스 스티븐슨은 의식이 개념적 언어작용이며, 이 개념적 언어작용이 주관적 의지작용에 따라 두 가지 양면성을 갖게 된다는 점을 매우 깊이 성찰하고 있었던 것 같다. 그는 의식이란 문자언어의 개념적 의미를 사유한다는 점에서 이성적이고 논리적인 사유도 가능하지만, 주관적·심리적으로 왜곡되고 굴절된 의미로 사유할 수도 있다는 점을 매우 명확하게 이해하고 있었다는 것을 읽어낼 수 있다.

이러한 점에서 지적 활동이 많을수록 상대적으로 주관적·심리적 요인에 의해 굴절되고 왜곡될 가능성도 매우 높다고 할 수 있다. 바로 이러한 의식의 개념적 사유작용이 가진 양면성을 지킬 박사와 하이드가 동일인이라는 인물묘사를 통해서 적나라하게 표현해 주고 있다.

더욱이 이 작품에서 주목해야 할 부분은 결국 하이드가 지킬 박사로 돌아가지 못한다는 점이다. 이는 극단적인 관념화로 인한 정신적 파탄을 예고한 것으로 해석된다. 사실 이제 인류는 바로 이 점을 매우 심각하게 경계해야 할 필요가 있다.

극단적인 관념화로 인해서 주관적·심리적 요인에 의한 왜곡과 굴절이 스스로 통제하지 못하게 되는 상황에 이르게 된다는 점이다. 이로 인해서 결국 심각한 현실왜곡과 인간성의 상실 그리고 자연으로부터의 소외 등을 겪게 될 수밖에 없다. 뿐만 아니라 갈등과 번

민, 탐욕과 이로 인한 욕구불만 그리고 사회적 부조리는 각종 범죄로 이어지며, 이로 인해 인류가 파멸에 이를 수도 있을 것이다. 인공지능 테이와 AI 챗봇 이루다가 이러한 극단적인 관념화로 인한 문제점과 폐해를 여실하게 보여주고 있다. 이상에서 살펴본 바와 같이 의식의 사유작용은 문자언어에 담긴 의미 내용에 따라 전혀 다른 양상으로 이루어진다는 점을 알 수 있다. 즉 의식은 주관적 의지작용에 따라 그 문자언어에 다양한 의미를 담아서 표현할 수 있다. 이로써 문학이라는 예술 활동이 가능하다.

학문을 할 때는 모든 언어들이 논리적 필연성을 갖지만, 문학작품에서는 이 문자언어에 매우 감성적이고 정서적인 의미 내용을 담아서 사용하고 있다. 물론 개인적인 대화를 할 때도 전적으로 주관적·심리적 요인에 의해 굴절되고 왜곡된 의미 내용을 담아서 표현하고 있다. 이와 같이 개념적 언어는 주관적 가치판단에 따른 개념적 의미를 담지하고 있는 언어이다.

따라서 언어란 의미결정체이며, 모든 사유는 언어를 통해 이루어진다는 점을 쉽게 확인할 수 있다. 이러한 점들이 명백하게 대화형 인공지능 '테이'에서 확인되고 있다. 이와 같이 딥러닝은 개념적 언어를 통해 학습한다는 점에서 의식의 사유작용을 모방하고 있다는 점을 명확하게 확인할 수 있다. 그러나 사물의 본질적 존재의미를 이해하는 것은 본질적 언어를 통해서만 가능하기 때문에 딥러닝 알고리즘을 이용한 인공지능은 외계의 자연현상을 전혀 이해하지 못하는 것이다. 물론 인공지능도 외계로부터 주어진 감각정보를 스스로 종합하고 통일하여 본질적 언어를 구성하는 능력을 갖춘다면 스스로 사태의 본질을 정확하게 파악할 수 있을 것이다. 본질적 언어는 외계로부터 주어진 감각정보를 직접적으로 종합하고 통일한 언어라는 점에서 사실성과 실제성 그리고 진실성을 담보할 수 있기 때문이다.

이러한 점에서 본질적 언어를 구성할 수 있는 방법을 연구하는 것이 우리의 과제이다. 이로써 '테이'와 같이 사태를 제대로 파악하지 못하고 제멋대로 말하는 행위 따위는 일어나지 않을 것이다. 그리고 이 본질적 언어를 통해 외계의 상황을 정확하게 이해함으로써 모든 순간의 사태에 적절하게 대처할 수 있는 능력도 갖추게 될 것이다.

05. 딥러닝은 왜 변화하는 자연현상을 해석하지 못할까?

인공지능 GPT-3는 문자언어로 표현되는 지식 분야에서는 인간을 뛰어넘는 놀라운 학습능력을 가지고 있다. 반면에, AI 카메라는 사람의 빡빡 깎은 머리와 축구공을 구분하지 못한다는 점을 확인할 수 있다. 이러한 점에서 이제 딥러닝Deep Learning이 왜 이러한 한계를 갖게 되는지 그 근본적인 원인을 살펴보기로 하자.

문제의 핵심은 개념적 언어로는 외계에서 끊임없이 변화하는 자연현상을 결코 이해할 수 없다는 점이다. 이러한 점에서 딥러닝에 있어서 데이터의 생성과정에서부터 학습과정이 모두 개념적 언어를 매개로 이루어진다는 점을 확인하기로 하자.

• 딥러닝의 한계를 밝힌 삼성SDS의 사내보고서

먼저 삼성^SDS에서 인공지능을 연구하는 주민식 연구원이 딥러닝 알고리즘의 한계를 분석한 보고서를 읽어보기로 하자.

우리가 사용하는 학습데이터는 자연계 일부 정보량만 포함한 샘플일 뿐입니다. 가장 높은 성능을 보이는 딥러닝도 주어진 수많은 잘 정제된 이미지들의 픽셀 간 비선형 공간 상관성을 잘 표현하는 정교한 통계 모델일 뿐이지 조잡하게 관측된 데이터로 실세계 자연현상을 정확하게 학습하는 만능의 기술이 절대 아닙니다. 따라서 편향된 데이터 샘플로 컴퓨터가 '경험'하여 학습한 수준은 고대부터 인류의 '경험'에 의해서 찾아낸 지배방정식과는 아직까지 큰 차이가 있습니다. 관측된 데이터를 통해서 얻은 수리 모델은 자연현상의 일부만 해석하거나 틀리게 해석하는 일이 너무도 당연합니다. 이렇듯 자연현상의 '데이터 생성과정'과 '수리통계적 확률과정'은 동치를 이루지 않는다는 것이 우리 데이터 분석가들이 직면하고 있는 현실인 것입니다.

통계학의 천재들도 실제 확률에 대한 답은 회피하였듯이, 현실세계의 인과관계를 가지는 모든 사건을 정확하게 보는 것 자체가 아직은 불가능합니다. 우리는 부정확하고 조잡한 정보를 기반으로 수리모델을 만들어야 함을 인정하고 그 모델은 현실을 왜곡한 불확실성으로 가득하다는 것을 알아야 합니다. 실세계에서 확률의 정의를 찾아내려는 노력은 Fisher, Neyman, Kolmogorov 이후로 어

**느 누구도 이어받지 못한 채 남아 있으며 이를 해결할 천재는 아직
나타나지 않고 있습니다.**[27]

이 보고서에서 딥러닝 알고리즘이 왜 변화하는 자연현상을 해석
하거나 학습할 수 없는지 그 원인을 매우 정확하게 분석하고 있다.
그런데 문제는 안타깝게도 그 해결책을 전혀 찾고 있지 못하고 있
다는 점이다.

이 보고서에서 인공지능 연구자들이 인간의 본원적 직관능력에
대해 전혀 이해하지 못하고 있다는 사실을 확인할 수 있다.

"인간의 '경험'에 의해서 찾아낸 지배방정식"이라는 표현이나 "실세
계에서 확률의 정의를 찾아내려는 노력"이라는 구절에서 이 연구자가
딥러닝 알고리즘과 인간의 선천적인 인지능력을 동일한 사유방식으
로 간주하고 있다는 점을 읽어낼 수 있다. '지배방정식'이나 '확률'이라
는 표현에서 인간의 선천적인 인지능력이 딥러닝 알고리즘과 유사한
작용특성을 가지고 있는 것으로 확신하고 있다는 점을 알 수 있다.
과연 외계는 이러한 형식(방정식과 확률의 형태)으로 존재하는 것일까?

단적으로 아인슈타인은 "신은 주사위 놀이를 하지 않는다"라는 유
명한 일화가 생각난다. 여기에서 '주사위 놀이'란 곧 수학적 확률을
비유한 것이다. 물론 아인슈타인의 이러한 발언은 양자적 확률과
수학적 확률을 구분하지 못하고 양자이론을 비난한 것이지만, 분명
자연이란 수학적 확률로 존재하지 않는다는 점만은 정확하게 지적

---

27)　㈜ SAMSUNG SDS 홈페이지의 '인사이트리포트'에 게재된 "인공지능의 한계(2) - 변화
하는 실세계를 해석하기 위한 데이터 사이언스"에서 인용하였다.

　　　　　　　　　　　　　　　철학하는 인공지능

하고 있다.

참고로 오해의 소지가 있으므로 '양자적 확률'과 '수학적 확률'의 차이점을 철학적으로 명확하게 구분하여 이해할 필요가 있는 것 같다. 좀 어려운 설명이지만, 이 차이점을 명확하게 이해해야만 딥러닝의 수학적 확률모델로는 변화하는 외계를 정확하게 해석할 수 없다는 점을 좀 더 명확하게 이해할 수 있을 것이다.

먼저 고전역학과 양자역학의 차이점을 명확하게 구분해야 한다. 즉 고전역학에서 해명하고자 하는 물체의 운동과 양자역학에서 해명하고자 하는 양자의 운동은 근본적으로 전혀 다른 운동이라는 점을 깊이 이해해야 한다.

고전역학에서 탐구하는 물체는 그 자체로는 움직이지 않는 부동(不動)체이다. 그 부동체에 힘을 가했을 때 이 물체가 어떻게 움직이느냐 하는 점을 논구하는 역학이다. 반면에 양자역학에서의 양자는 파동성과 입자성이라고 하는 본질적 특성을 동시에 가지고 있는 입자이다. 즉 그 자체로 파동성이라고 하는 본질을 가지고 있는 물체이다.

따라서 고전역학에서는 오로지 부동체로서의 물체(입자성)의 변화만 파악하면 그 움직임을 정확하게 기술할 수 있다. 이러한 점에서 고전역학에서는 그 물체의 운동을 시간, 운동량, 거리(위치) 그리고 속도라는 개념으로 규정하여 이해할 수 있다.

반면에 양자를 바르게 이해하기 위해서는 그 입자성과 함께 파동성을 동시에 파악해야 한다. 그런데 이 파동성이라고 하는 것은 '출렁거림' 그 자체이다. 이러한 출렁거림은 그 움직임을 결코 개념으로 규정하여 이해할 수 없다. 바다에서 일고 있는 파도를 형태와 진폭 그리고 파장이라는 개념으로 규정하여 표현할 수 있을까? 결코 어떠한 개념으로도 그것을 규정하여 정확하게 이해할 수 없다. 양자의 파동성을 정확하게 이해할 수 있는 유일한 방법은 그 '출렁거림'을 직접적으로 관찰하는 것 이외에는 달리 방법이 없다.

바로 이러한 문제점을 해결하기 위해 양자물리학자 막스 보른Max Born이 '파동함수의 확률 해석'이라는 해석법을 창안한 것이다. 보른은 "파동함수의 절대값의 제곱은 입자가 특정 위치에 존재할 확률밀도함수이다"라고 해석하고 있다. 이러한 해석은 파동성으로 인해 끊임없이 변화하고 있는 양자를 기술할 수 있는 방법(본질적 언어를 구성하는 방법)을 찾은 것이라고 평가할 수 있다. 즉 파동함수란 양자의 다양한 파동들을 단일한 함수의 형태로 종합하고 통일한 것이다. 그리고 그것을 확률로 해석함으로써 파동성을 직관하는 방법을 찾은 것이다. 그 결과 이러한 확률파동을 통해서 양자의 파동성과 입자성을 동시에 이해할 수 있게 된 것이다. 이러한 점에서 '파동함수의 확률 해석'은 양자의 파동성을 이해할 수 있는 직관적 해석법이라고 할 수 있다.

이러한 양자물리학의 학문적 성과를 철학적으로 평가하자면 두 가지로 요약할 수 있다. 첫째는 파동성이라고 하는 양자의 본질적 특성은 위치니 운동량이니 하는 개념적 언어로 규정하여 이해할 수

철학하는 인공지능

없다는 점이다. 즉 끊임없이 변화하는 자연현상을 개념적 언어로 규정하여 이해할 수 없다는 점을 밝혀주고 있다. 바로 이 점을 명확하게 이해하는 것이 절대적으로 중요하다.

둘째, 이로써 '양자적 확률'이라는 직관적 이해의 방식을 찾아낸 것이라고 평가할 수 있다. 바로 이 점에 주목해야 한다. 마찬가지로 **끊임없이 변화하는 자연현상을 이해하기 위해서는 그 변화를 직관할 수 있는 직관적 이해의 방식이 필요하다**는 점이다. 이러한 이유로 옛 성현들은 개념적 언어로 규정하여 사유하는 의식의 작용을 끊어야만 외계에 대해 '직관을 통한 선천적 종합판단'이 가능하다고 깨우쳐 주고 있다.

이러한 점에서 통계적 확률을 이용해서 끊임없이 변화하는 자연을 해석할 수 없다는 점을 이해해야 한다. 아무리 방대한 데이터에 기초한 통계적 확률이라고 하더라도, 매번 주사위의 숫자를 정확하게 예측할 수는 없다. 이처럼 외계의 자연현상이란 우연성 또는 돌발성의 연속이라고 할 수 있다.

이러한 점에서 자연이란 수학적 확률을 통해서는 바르게 이해할 수 없다. **수학적 확률이란 개념적 이해의 방식**이라는 점에 주목해야 한다. 즉 수학적 확률의 기준값(기대치)이란 주관적 가치판단에 따라 규정된 개념적 의미일 뿐이다. 이렇듯 주관적 가치판단에 따른 기대치에 도달할 확률을 수학적 확률이라고 한다. 따라서 **딥러닝에서 활용하는 통계적 확률이란 개념(특성Feature)으로 분할하여 이해하는 개념적 이해의 방식이다.**

반면에 인간이 자연을 이해하는 방식은 직관을 통한 원리적 이해의 방식이다. 좀 더 구체적으로 설명하자면 다양한 자연현상을 종합하고 통일함으로써 그 상태와 변화를 원리적으로(하나의 법칙성으로) 이해하는 원리적 이해의 방식이라는 점을 이해하는 것이 중요하다. 바로 이 점을 우리는 간과하고 있다. **자연현상은 결코 개념으로 분할하여 이해할 수 없다.**

먼저 '데이터의 생성과정'에서 인간과 인공지능이 경험하는 외계(자연현상)가 어떻게 다른지 살펴보기로 하자. 외계의 모든 물질적 사물들은 수없이 많은 다양성을 가지고 존재한다. 예를 들어 꽃이라는 사물은 이루 헤아릴 수 없이 다양한 모양과 색상을 가지고 존재한다. 그 다양한 꽃들이 우리의 눈에 본질적 표상으로 표상하여 현상하고 있다. 그러나 우리는 오직 '꽃'이라는 하나의 단어를 통해 그것의 본질적 존재의미를 이해한다. 이것이 곧 본원적 직관이다.

이 본원적 직관에서는 오로지 '꽃'이라는 본질적 존재의미만이 직관될 뿐, 결코 그 꽃의 상대적 차별성을 인식하지 않는다. 오로지 사물의 본질에 근거한 본질적 존재의미만이 직관된다.

이로써 그 꽃의 상태와 변화 그리고 다양한 차별성을 직관적으로 알 수 있다. 예를 들어 그 꽃이 이제 막 꽃봉오리를 터트리고 피어난 것은 몇일 후 더 활짝 필 것이고, 만개한 꽃들은 곧 시들어 떨어질 것이라는 점을 직관적으로 알 수 있다.

이러한 원리적 이해는 '꽃'이라는 본질적 언어에 꽃들의 다양한 상태 그리고 그 상태의 변화 등이 내포되어 있기 때문이다. 즉 본질적

철학하는 인공지능

언어는 사물의 다양한 표상들을 종합하고 통일하여 구성된 의미통일체이기 때문에 그 사물의 모든 변화와 인과관계의 필연성이 내포되어 있다. 이로써 끊임없이 변화하는 자연현상을 원리적으로 이해할 수 있다.

반면에 인공지능이 경험하는 것은 개념적 의미로 구분된 '특성Feature'을 모집단으로 만들어진 통계자료이다. 비록 이 통계자료가 수없이 많은 방대한 양을 수집한 것이라고 하더라도 이것은 종합하고 통일하는 것이 아니라, 개념적 의미로 분류하는 것이다. 그 이유는 '특성' 또는 '특징'이라고 하는 것이 개념적 의미이며, 이 개념적 의미란 주관적 가치판단에 따라 상대적 차별성을 구분하여 규정한 언어적 의미규정이라는 점이다. 따라서 통계적 확률이란 개념적 의미로 구분하고 분류하는 작업이다.

이러한 개념적 언어로는 결코 변화하는 자연현상을 원리적으로 이해할 수 없다. 예를 들어 '꽃'에 대한 특성을 구분하자면 크기니 모양이니 색상이니 하는 개념으로는 분류할 수밖에 없다. 그러나 **이러한 개념들로는 꽃이 가진 모든 변화나 인과관계의 필연성을 이해할 수 없다.**

아주 쉬운 예를 들어 보자. 산(山)이라는 것을 인공지능이 학습하기 위해서는 평지보다 '높다'라고 하는 개념이 특징으로 사용될 것이다. 그렇지 않고는 인공지능에게 산을 학습시킬 방법이 없다. 그리고 실제로 우리는 '높은 산' 또는 '낮은 산'이라는 개념적 의미를 부가하여 그 산들의 상대적 차별성을 인식한다. 그래서 '높다' 또는 '낮다'라는 개념을 통계자료의 특성으로 사용할 수밖에 없다.

그렇다면 외계에 실재하는 산이 이러한 개념적 의미를 가지고 존재할까?

불교의 선사(禪師)들은 본원적 직관(깨달음)에 의해 눈앞에 펼쳐진 사태[경계(境界)]를 다음과 같이 표현하고 있다.

"산은 다만 산이요, 물은 다만 물이로다(山只是山 水只是水)"

여기에서 '다만'이라는 표현은 '높다' 또는 '낮다'라고 하는 개념적 의미가 제거되었다는 의미를 드러낸다. 즉 의식을 통해 인식된 개념적 의미가 존재하지 않는다는 점을 표현한 것이다. 이로써 이 인용문의 술어로 사용된 '산'은 곧 산의 본질적 존재의미를 표현하는 본질적 언어라는 점을 이해할 수 있다. **본질적 존재의미는 이처럼 개념적 언어로 수식하거나 서술할 수 없다.**

우리는 산을 보면 그것이 곧 산이라는 것을 직관적으로 알 수 있다. 무어라 구체적으로 표현할 수는 없지만, 그것이 다른 어떤 것이 아니고 오직 산이라는 것을 직관적으로 안다. 그리고 이 '산'이라는 본질적 존재의미는 그 '산'이라고 하는 본질적 표상을 종합하고 통일함으로써 파악된 본질보편성이다. 이 본질보편성을 통해 산에 대한 원리적 이해가 가능하다. 이러한 점에서 산이라는 본질적 존재의미는 문자언어와는 아무런 관련이 없다. 결코 문자언어로 표현하거나 대체할 수 없다.

반면에 '높다' 또는 '낮다'고 하는 개념적 의미는 의식을 통해 그 산을 다른 산과 비교하면서 생겨난 상대적 차별성일 뿐이다. 이것은 결단코 산이 가진 본질적 존재의미가 아니다. 예를 들어 낮은 산과 비교했을 때는 높은 산이지만, 더 높은 산과 비교하면 낮은 산이 된다. 이와 같이 의식(주관)이 인식하고자 하는 그 산을 다른 산과 비교하면서 이러한 '높다' 또는 '낮다'라는 개념이 생겨난다. 이로써 우리는 '높은 산' 또는 '낮은 산'이라는 개념적 의미로 그 산을 이해한다. 이렇듯 의식을 통해 비교하기 전에는 이러한 개념적 의미는 결코 존재하지 않는다.

그런데 딥러닝 알고리즘을 통해 학습시키기 위해서는 이러한 개념적 언어를 '특징'으로 사용할 수밖에 없다. 이로 인해서 '데이터의 생성과정'에서부터 인공지능은 외계를 있는 그대로 '경험'할 수 없다.

• 제프리 힌튼의 백프롭 기술은 개념적 언어에 기초하고 있다

이제 '수리통계적 확률과정'이 개념적 언어로 이루어지고 있다는 점을 확인해 보기로 하자. 이에 대해서는 제프리 힌튼이 개발한 백프롭(오류역전파) 기술에 대해 설명하는 것을 살펴보기로 하자.

다음의 인용문은 IT 전문 미디어 '테크 엠$^{Tech\,M}$'에 실린 인터뷰 기사 가운데 일부를 발췌한 것이다. 제프리 힌튼이 직접적으로 설명한 것을 간추려 설명하고 있기 때문에 이 역전파 기술에 대해 매우 쉽고 간명하게 이해할 수 있을 뿐만 아니라, 딥러닝 연구의 현주소를 매우 현장감 있게 전해 주고 있다.

입력층 바로 위에 또 다른 층, 예를 들어 수천 개의 유닛이 있는 층이 있고 이렇게 몇 개의 층을 쌓아 가장 마지막 층에는 단 두 개

의 뉴런, 곧 핫도그가 있음을 알려주는 첫 번째 뉴런과 핫도그가 없음을 말하는 두 번째 뉴런이 남게 된다. 신경망을 훈련시킨다는 것은 핫도그가 있는 사진을 입력으로 넣었으면 첫 번째 뉴런이 흥분하고 그렇지 않은 사진은 두 번째 뉴런이 흥분하도록 만드는 것이다. 힌튼이 평생을 통해 연구해온 역전파 기술이 바로 이를 가능하게 해준다. (중략) 처음 신경망을 만들면 각 신경들의 연결 값, 곧 흥분이 전달되는 정도를 임의의 숫자로 넣는다. 뇌 속 시냅스가 아직 조율되지 않은 것과 비슷하다. 백프롭의 목적은 신경망이 작동하도록 연결 값을 정하는 것이다. 핫도그가 있는 사진을 입력하면 출력으로 핫도그가 있다는 결론이 나오도록 만드는 것.[28]

이러한 역전파 기술을 통해 수많은 사진 가운데 핫도그가 있는 사진을 정확하게 식별해 낼 수 있는 결과를 도출해 낼 수 있었다고 한다.

여기에서 우리가 주목해야 할 점은 이 학습의 과정과 목표이다. **이 학습의 목표나 학습의 내용이 모두 '있다' 또는 '없다'라는 개념적 의미를 파악하는 데 초점이 맞추어졌다.** 모든 학습데이터와 학습의 과정 그리고 학습의 목표가 오로지 '있음[유(有)]'과 '없음[무(無)]'라고 하는 개념이라는 점을 발견하게 된다. 이 딥러닝 알고리즘은 전적으로 이러한 '있다' 또는 '없다'라는 개념에 반응하도록 학습하고 있다는 점을 확인할 수 있다.

바로 여기에서 인간의 본원적 직관능력과 이 인공지능의 차이점

---

28) 테크M 제 56호(2017년 12월)에 게재된 기사를 인터넷에서 재인용한 것이다.

을 발견하게 된다. 인간의 본원적 직관능력이 종합하고 통일함으로써 구성된 의미 내용은 사물의 본질적 존재의미이다. 예를 들어 '핫도그는 음식이지만 세끼 식사용이 아니고 간식용'이라는 본질적 존재의미나 또는 이것은 '소시지에 밀가루 반죽을 입혀서 기름에 튀긴 것'이라는 의미 내용을 직관한다. 즉 종합적 통일을 통해 사물의 본질적 존재의미를 이해하는 것이지, 결코 '있다' 또는 '없다'라고 하는 개념적 의미를 파악하는 것이 아니다.

그런데 이 인공지능은 수많은 입력 자료를 구분하고 분류하여 결과적으로 다만 '있다' 또는 '없다'라는 개념적 의미만을 식별하고 있다. 이렇듯 오로지 개념적 의미를 식별하고 이해하도록 프로그래밍하기 때문에 인공지능은 오로지 개념적 의미만을 식별할 수밖에 없다. 여기에서 문제는 '있다' 또는 '없다'라는 단어가 개념적 언어라는 사실조차 인식하지 못하고 있다는 점이다.

그 결과는 불을 보듯 명백하다. 앞에서 살펴본 바와 같이 인공지능카메라도 '둥글다'라는 개념적 의미만을 이해하기 때문에 축구공과 인간의 빡빡 깎은 머리라는 본질적 존재의미를 구분하지 못한다는 점을 확인하였다.

이 인터뷰 기사를 작성한 기자도 딥러닝의 기술적 한계를 다음과 같이 지적하고 있다.

그의 방을 떠날 때가 되어서야 아무리 '딥러닝'이 뛰어난 것처럼 보여도 사실은 한계를 가진 기술이라는 사실을 떠올리게 된다. 탁자 위에 쌓인 도넛을 보고 '탁자 위에 쌓인 도넛'이라는 설명을 붙이

는 것을 보면 이 프로그램이 무언가를 이해한 것처럼 보인다. 하지만 같은 프로그램이 이를 닦는 소녀를 보고 "소년이 야구 배트를 들고 있다"고 말할 때는 그 프로그램의 이해라는 것이 얼마나 피상적인지 알게 된다.

바로 이러한 한계와 문제점은 개념적 의미를 이해하도록 프로그래밍하기 때문에 야기되는 필연적인 결과라고 할 것이다. 분명 이 인공지능이 스스로 학습할 수 있는 능력을 갖추고 있는 것만은 분명하다.

그러나 인간은 어린아이조차도 소녀와 소년을 혼동하지 않는다. 그리고 칫솔과 야구 배트의 본질적 존재의미도 쉽게 이해할 수 있다. 이처럼 사물의 본질과 본질적 존재의미를 파악하지 못하는 이유는 오로지 개념적 의미만을 학습하기 때문이다. 이러한 이유로 이 프로그램이 적용될 수 있는 영역이 매우 제한적일 수밖에 없다. 이상에서 살펴본 바와 같이 인공지능 연구에 있어서 가장 절실하게 요구되는 것은 인간의 본원적 직관능력의 작용특성뿐만 아니라, 본질적 언어와 개념적 언어의 의미론적 특성과 그 차이점을 명확하게 이해해야 한다는 점이다. 지금까지 관념론 철학의 영향으로 '있다' 또는 '없다'라는 단어가 개념적 언어라는 사실조차도 이해하지 못하고 있는 실정이다. 아마도 제프리 힌튼은 관념론 철학에서 주장하듯이 개념이 객관적 실재성을 갖는다고 굳게 믿고 있을 것이다.

그러나 이미 2,500년 전에 노자(老子)는 '있다' 또는 '없다'라고 하는 단어가 곧 개념적 언어라는 점을 깨우쳐 주고 있다. 그리고 이러한

철학하는 인공지능

개념적 언어를 통해 사유하는 의식을 끊어서 멸절해야만 본원적 직관작용[무위지사(無爲之事)]을 회복할 수 있다는 점도 강조하고 있다.

이와 같이 개념적 의미를 식별하고 학습하는 방식으로는 결코 인간의 선천적인 인지능력을 모방할 수도 없으며, 결코 범용인공지능AGI이나 초인공지능ASI으로 발전할 수도 없다.

그 이유를 명확하게 이해하기 위해서는 먼저 인간에게 있어서 '직관을 통한 선천적 종합판단'이 어떻게 가능한가 하는 점부터 살펴보기로 하자. 즉 의식을 통한 개념적 이해와 종합적 통일을 통한 선천적 종합판단의 차이점을 명확하게 이해해야만 한다. 그런 연후에 개념적 언어와 본질적 언어의 의미론적 특성도 확인하기로 하자. 그래야만 인간의 본원적 직관능력과 유사한 범용인공지능을 개발할 수 있는 방법이 저절로 명확해질 것이다.

• 개념을 통한 객관적 이해와 종합적 통일을 통한 원리적 이해

딥러닝이 외계의 변화하는 자연현상을 해석하지 못하는 이유를 명확하게 이해하기 위해서는 개념을 통한 객관적 이해와 종합적 통일을 통한 원리적 이해의 차이점을 엄밀하게 구분하여 이해하는 것이 필요할 것 같다.

그동안 우리는 관념론 철학으로 인해서 외계에 대한 이 두 가지 이해의 방식을 엄밀하게 구분하여 이해하지 못했다. 그 이유는 앞에서 살펴본 바와 같이 의식에서는 직관도 종합적 통일도 불가능함에도 불구하고, 칸트는 의식의 사유작용에서 '직관을 통한 선천적 종합판단'이 가능하다고 주장한 데서 비롯되고 있다. 그의 이러한 주장이 결코 성립될 수 없다는 점은 쉽게 확인이 가능하다. 의식의 사유작용에서 직관이 불가능하다는 점은 앞에서 충분히 확인하였다. 이제 종합적 통일에 대한 그의 주장을 읽어보면서 그의 주장이 결코 성립될 수 없는 궤변이라는 점을 확인해 보기로 하자.

그는 『순수이성비판』에서 "**나는 종합이라는 말을 가장 일반적인 의미에서 여러 표상들을 서로 덧붙이고 그 잡다함을 한 인식에서 파악하는 활동 작용으로 이해한다**"고 밝히고 있다.[29] 이 인용문에서 "여러 표상들을 서로 덧붙이고"라고 설명하고 있다. 명백하게 종합적 통일이란 사물의 표상을 종합하고 통일하는 것이라는 점을 밝히고 있다.

그는 이러한 종합적 통일이 의식의 작용에서 가능하다고 주장하고 있다. 의식만이 인간의 유일한 사유능력으로 간주하기 때문에 그의 관점에서 본다면 너무도 당연한 것인지 모르겠다. 그러나 이러한 주장은 의식이 문자언어에 담긴 언어적 의미를 사유하는 언어작용이라는 점을 이해하지 못한 데서 비롯된 궤변이다.

문자언어란 그야말로 문자와 기호로 표기되는 언어이다. 그리고 그것을 언어음으로 발음했을 때는 음성언어라고 한다. 이와 같이 문자언어는 기호문자와 언어음으로 구성되었다. 반면에 사물의 표상은 사물의 고유한 물질적 특성들의 조합인 본질을 소재로 표상한 것이다. 그런데 어떻게 문자언어를 매개해야만 작동이 가능한 의식에서 사물의 표상을 "서로 덧붙일" 수 있겠는가?

---

29) 임마누엘 칸트, 앞의 책, 296쪽.

당연히 사물의 표상은 감각기관을 통해 작동하는 직관적 언어능력에 의해 종합하고 통일할 수 있다. 왜냐하면 감각기관을 통해 사물의 표상을 표상하는 선천적 표상작용과 함께 직관적 언어작용이 동시에 작동하기 때문이다. 이로써 감각기관에 현상하는 감각표상(사물의 표상)을 직관적 언어능력을 통해 종합하고 통일함으로써 본질적 언어를 구성할 수 있다.

　또한 이러한 **종합적 통일이 가능하기 위해서는 다양한 감각표상들을 저장하고 간직할 수 있어야 한다.** 그러나 의식은 생성하자마자 곧 소멸하는 작용특성을 갖기 때문에 원초적으로 무엇을 간직하고 저장할 수 없다. 이러한 이유로 의식에서는 결코 종합적 통일이 불가능하다.

　이와 같이 그가 의식에서 '직관을 통한 선천적 종합판단'이 가능하다고 주장하는 것은 결코 성립될 수 없다.

　이러한 그릇된 주장으로 인해서 의식을 통해 외계를 이해하는 것과 본원적 직관능력을 통해 외계를 이해하는 것의 차이점을 엄밀하게 구분할 수 없었다. 결론부터 말하자면 칸트가 논구하고자 하는 '직관을 위한 선천적 종합판단'은 의식이 끊어진 뒤에 감각기관을 통해 작동하는 본원적 직관능력을 통해서만 가능하다.

　이 점은 뒤에 게재된 분리뇌 연구의 fMRI 자료 사진을 통해서 명확하게 확인할 수 있다. 이 영상자료에서 의식은 오로지 좌반구 언어영역(브로카 영역과 베르니케 영역) 내에서 자체적으로 작동한다는 점을 확인할 수 있다. 분명 정상적인 일반인에게 책을 읽어줄 때 감각영역은 전혀 활성화되지 않는데, 오로지 좌반구 언어영역만이 활성화되면서 그 책의 내용을 이해하고 있다. 이러한 과학적 사실은 의식은 문자언어의 의미론적 맥락(또는 체계) 안에서만 사유한다는 점을 드러낸다. 따라서 의식에 의해 인식된 의미 내용은 다음과 같은 두 가지 의미론적 특성을 갖게 된다.

첫째는 **감각적 지각을 선행적으로 동반함으로써 감각적 대상을 정립하는 객관화(대상화)의 과정을 거친다**는 점이다. 앞에서도 거론한 바와 같이 의식은 오로지 문자언어를 통해서만 사유할 수 있으므로 감각에 현상하는 수많은 사물의 표상 가운데 하나의 대상만을 지향하여 대상화해야만 그것을 인식하고 사유할 수 있기 때문이다. 이로써 본원적 직관능력에 의해서 감각에 현상하고 있는 사물의 표상을 대상화하여 객관적 대상으로 정립하게 된다. 그 결과 의식을 통해 인식된 외계는 객관적 세계가 인식된다. 그리고 그 감각적 대상이 마치 외계에 실재하는 것처럼 착각하게 된다. 이 점은 뒤에 '자연(自然)과 세계(世界)'라는 항에서 자세히 살펴보기로 하자.

이로써 개념을 통해 이해된 의미 내용이 마치 외계에 실재하는 것으로 착각함으로써 개념이 객관적 실재성을 갖는다고 간주하게 된다.

둘째는 **의식을 통해 인식하는 의미 내용은 주관적 가치판단에 따라 규정된 상대적 차별성**이라는 점이다. 의식은 문자언어에 내포된 개념적 의미만을 사유할 수 있으므로 인식대상이 가진 개별적 차별성을 서로 비교함으로써 상대적이고 대립되는(상충하는) 의미로 규정하게 된다.

옛 성현들은 모두 바로 이 점을 지적하고 있다. 특히 장자(壯者)는 의식의 작용을 '비교를 통해 구분하고 분류하는(상인상미(相刃相靡)) 사유작용'이라고 간결 명료하게 비판하고 있다. '인(刃)'은 '칼로 베다'라는 뜻으로 나누고 구분하는 것을 의미하며, '미(靡)'는 '문지르다' 또는 '비비다'라는 의미로 서로 비교하는 것을 의미한다. 즉 인식 대상을 다른 대상과 비교하여 그 차이점(상대적 차별성)을 구분한 뒤에 그 의미의 차이를 언어적 표현(개념적 언어)으로 규정하는 사유작용이라는 의미이다. 따라서 개념적 언어란 주관의 가치기준에 따라 구분한 상대적 차별성을 내포하고 있다. 이와 같이 개념이란 주관의 가치판단에 따라 상대적인 차별성을 규정한 언어적 의미규정이다.

이 점은 의식의 작용성에 대해 가장 깊이 천착했던 에드문트 후설도 인정하고 있다.

이리하여 개념의 정초는 비교 속에서 발견된다. 이러한 방식으로 우리는 색깔, 지속적인 연관 등등의 개념을 형성한다.[30]

이 구절에서 개념이란 비교를 통해 규정된 의미규정이며, 이러한 비교를 통해서 '색깔'이니 또는 '지속적인 연관'이니 하는 개념이 형성된다는 점을 명확하게 밝히고 있다.

이러한 점에서 외계의 자연현상은 개념으로 규성하여 인식할 수 없다. 왜냐하면 외계의 모든 변화들이란 사물의 고유한 물질적 특성과 이 물질적 특성으로 인해서 사물들 간에 형성되는 인과관계

---

30) 테오드르 드 보에르, 최경호 옮김, 『후설 사상의 발달』(서울; 경문사, 1986), 75쪽.

의 필연성으로 인해서 발생하기 때문이다.

따라서 이러한 **자연현상은 결코 언어적 의미규정인 개념으로 규정하여 이해할 수 없다.** 그 이유는 첫째, 사물의 물질적 특성을 문자언어로 대체하거나 표현할 수 없으며 둘째, 그 변화들은 이루 헤아릴 수 없는 수많은 요인이 서로 연계되어 발생하기 때문에 그 전체적인 양상을 개념으로 규정하여 파악할 수 없기 때문이다.

그런데도 관념론자들은 철학에서는 개념을 통해 외계의 자연현상에 대한 명석판명한 인식에 도달할 수 있다고 주장한다. 그리고 의식의 산물인 개념이 객관적 실재성과 관념적 필연성을 가진 '우주론적 이념'이라고 주장하고 있다.

반면에 노자는 『도덕경(道德經)』 28장에서 본원적 직관작용[무위지사(無爲之事)]에 대해 **"큰 마름질은 개념으로 분할하지 않는다{대제불할(大制不割)}"**라고 표현하고 있다. 이 '대제(大制)'에 대해 왕필(王弼)은 **"천하의 마음으로 마음을 삼다(大制者 以天下之心爲心)"**라고 설명하고 있다.[31] 즉 '천하의 마음으로 마음을 삼는다'는 표현은 의식의 작용을 끊어서 멸절한 뒤에 본원적 직관작용을 회복했다는 의미이다. '천하(天下)'란 곧 자연(自然)으로서의 외계를 의미한다. 이러한 점에서 천하의 마음이란 곧 자연을 직관하는 본원적 직관능력을 의미한다.

이러한 본원적 직관작용은 '개념으로 분할하지 않는다'는 설명이

---

31) 『노자익(老子翼)』, 앞의 책, 2권, 23쪽. 천하는 곧 자연(自然)을 의미하므로 본원적 직관
능력을 회복했다는 의미이다. 할(割)은 분할하다는 의미로 수많은 개념으로 분할하여
이해하지 않는다는 의미이다.

철학하는 인공지능

다. 따라서 이러한 설명은 개념으로 분할하여 인식하는 의식의 작용이 끊어졌으며, 이로써 본원적 직관작용을 회복함으로써 사물의 본질보편성을 '두루 꿰뚫어 본다[통찰(通察)]'라는 의미를 드러낸다. 다시 설명하자면 본원적 직관능력을 통해 종합적 통일이 가능하며, 이 종합적 통일을 통해 구성된 본질보편성에 근거해서 외계의 사물들에 대한 원리적 이해가 가능하다는 의미이다.

이제 노자(老子)가 어떻게 '직관을 통한 선천적 종합판단'이 가능한가 하는 점을 설명하는 부분을 읽어보면서 본원적 직관이 종합적 통일을 통한 원리적 이해라는 점을 이해해 보기로 하자.[32]

그릇처럼 움푹한 것(窪)은 곧 무언가를 담아 온전하게 보전할(全) 수 있다(는 선천적 종합판단이 직관적으로 가능하다).

구부러진 것(枉)은 곧 곧게 펴야 한다(直)(는 선천적 종합판단이 직관적으로 가능하다).

웅덩이(窪)는 곧 흙으로 채워 메꿔야 한다(盈)(는 선천적 종합판단이 직관적으로 가능하다).

낡고 깨진 것(敝)은 곧 새롭게 해야 한다(新)(는 선천적 종합판단이 직관적으로 가능하다).

적으면(少) 곧 더 주워 모아야 한다(得)(는 선천적 종합판단이 직관적으로 가능하다).

많은 것(多)은 곧 현혹되어 혼란스럽다(惑)(는 점도 직관적으로 알 수 있다).

이러한 점에서 성인은 '하나'로 종합하고 통일하여(抱一) 자연의 법

---

32) "…는 선천적 종합판단이 직관적으로 가능하다"라는 부분은 보다 의미가 분명하게 드러날 수 있도록 필자가 부언한 것이다. 이러한 의미로 해석해야만 노자의 가르침을 체계적이고 논리적으로 이해할 수 있다.

칙(天下式)으로 삼는다.(曲則全 枉則直 窪則盈 敝則新 少則得 多則惑 是以聖
人抱一天下式) [『도덕경』 22장]

이와 같이 우리는 '선천적 종합판단'이 직관적으로 가능하다. 이
인용문에서 주목해야 할 점은 이 선천적인 본원적 직관능력을 통
해 이해된 의미 내용이다. 즉 구부러진 것을 보면 그것이 '구부러졌
다'는 개념적 의미를 인식하는 것이 아니고, '곧게 펴야 한다'는 본질
적 존재의미를 직관한다는 점이다. 마찬가지로 웅덩이를 보면 그것
이 '깊게 패였다'는 개념적 의미를 인식하는 것이 아니고, 흙을 채워
서 메꿔야 한다는 본질적 존재의미를 직관할 따름이다.

바로 여기에서 개념적 이해와 직관을 통한 원리적 이해의 차이점
을 확인하게 된다. '그릇처럼 움푹한 것'을 보면서 그것이 '깊다' 또는
'얕다', '크다' 또는 '작다' 라는 개념적 의미를 인식하는 것이 아니고,
"어떤 물건이나 음식물을 담아서 온전하게 보전할 수 있다"는 본질
적 존재의미를 이해한다는 점에 주목해야 한다.

이와 같이 본원적 직관작용을 통해 사물의 본질적 존재의미를 이
해함으로써 자연생태계에 효과적으로 적응하며 생존할 수 있었고,
인간만의 고유한 문명을 이룩할 수 있었다.

그런데 이러한 선천적 종합판단이 직관적으로 가능한 이유를 노
자는 '종합적 통일[포일(抱一)]' 때문에 가능하다고 설명하고 있다. 그
리고 이러한 종합적 통일을 통해서 자연의 법칙이 구성된다는 점도
깨우쳐 주고 있다. '자연의 법칙으로 삼는다'라는 표현에서 종합적
통일을 통해 외계에 대한 원리(原理)적 이해가 가능하다는 점을 이

철학하는 인공지능

해할 수 있다. 이와 같이 **본원적 직관능력에 의한 앎은 사물의 다양한 표상들을 종합하고 통일함으로써 그 사물의 상태의 변화와 인과관계의 필연성을 종합적으로 이해하는 원리적 이해이다.**

여기에서 인공지능 연구에 있어서 중요한 점은 '무엇을 종합하고 통일하느냐?'일 것이다. '그릇처럼 움푹한 것', '구부러진 것', '웅덩이', '적은 것' 그리고 '많은 것'이란 모두 사물의 표상(또는 감각표상)을 의미한다. 즉 그릇처럼 움푹한 것을 보면 곧 그것에 무엇을 담아 보전할 수 있다는 본질적 존재의미를 직관적으로 알 수 있다는 의미이다. 이와 같이 우리의 감각기관에 사물의 본질적 표상이 현상할 때 곧 이러한 '직관을 통한 선천적 종합판단'이 가능하다는 설명이다.

따라서 "하나로 종합하고 통일하여 자연의 법칙으로 삼는다"라는 구절은 이렇듯 사물의 표상을 '하나'로 종합하고 통일함으로써 사물의 존재원리를 구성한다는 의미이다. 이 '하나'는 곧 플라톤이 이데아(본질적 존재의미)를 '하나'라고 표현한 것과 같은 의미이다.

이와 같이 수많은 감각경험을 통해 체험된 사물의 다양한 표상들을 종합하고 통일함으로써 하나의 의미통일체를 구성하게 되는데, 이 의미통일체가 곧 본질적 언어이다. 그리고 이 본질적 언어로 인해서 선천적 종합판단이 직관적으로 가능하다.

그렇다면 여기에서 자연과학과 관련해서 한 가지 수복해야 할 섬이 있다. 이러한 본원적 직관능력의 종합적 통일을 통해서 우리는 자연의 법칙을 통찰할 수 있다는 설명에 주목해야 한다. 즉 '하나'라고 하는 본질적 언어를 통해서 외계에 대한 원리적 이해가 가능하다는 점이다. 바로 이 점을 깊이 명심해야 할 것이다.

개념을 통해 정립된 물리법칙은 결코 자연의 법칙이 아니다. 그것은 외계를 객관화하여 개념을 통해 분석한 물리학의 이론일 뿐이다. 결코 자연의 법칙이 아니다. 예를 들어 보기로 하자. 지구에서 쏘아 올린 로켓이 달나라에 착륙할 수 있는 것은 지구와 달의 거리를 정확하게 측정해야 가능할 것이다. 그런데 이 '거리(距離)'라는 개념이 외계에 실재하는 것일까?

지구와 달 사이는 다만 텅 비어[공간(空間)] 있을 뿐이다. 그런데 우리는 그 '텅 비어 있는 공간'을 객관화하여 '거리'라는 개념으로 이해한 것이다. 이와 같이 **개념을 통해 외계를 이해하는 것은 실재하지 않는 것들을 객관화하여 이해하는 객관적 이해의 방식이다.** 이렇게 객관화하여 이해한 것들은 모두 본질적인 것이 아니다.

물론 이러한 객관적 이해의 방식이 전적으로 불필요하다는 것은 아니다. 토목공사를 위해서는 절대적으로 필요한 개념이다. 그런데 그 거대한 토목공사로 인해서 자연이 파괴된다는 점을 간과해서는 안 될 것이다.

• 개념적 언어와 본질적 언어의 기능적 차이점

인간처럼 외계의 자연현상을 원리적으로 이해할 수 있는 인공지능의 개발을 위해서는 개념적 언어와 본질적 언어의 기능적 차이점을 정확하게 이해하는 것이 절대적으로 필요하다. 그리고 이 두 가지 언어의 차이점을 명확하게 이해하기 위해서는 감각과 의식의 차이점을 명확하게 이해해야 한다.

관념론 철학에서는 사물의 표상이 외계에 실재한다고 전제하고, 이 사물의 표상이 의식에 직접적으로 현상한다고 주장한다. 즉 외계의 사태들이 모두 의식에 현상한다고 주장한다. 이로써 감각기관을 통한 감각작용과 의식을 엄밀하게 구분할 수 없다.

쉽게 구분해 보기로 하자. 창밖을 보면서 구구단을 소리 내지 말고 외워보기로 하자. 분명 머릿속에서 2단부터 9단까지 정확하게 암송할 수 있다. 다시 눈을 감고 외워보기로 하자. 구구단을 외우는 것은 눈을 감을 때나 눈을 뜨고 창밖을 볼 때나 똑같다. 이것이 의식의 사유작용이다. 의식의 사유작용을 통해 구구단을 외운 것이다.

반면에 눈을 뜨고 외울 때는 그 의식과는 상관없이 눈앞에 창밖의 사태들이 분명하게 드러나 나타난다. 이렇게 **눈앞에 펼쳐진 사태가 곧 감각**이다. 분명 의식에서는 구구단을 외우고 있는데, 눈앞에는 외계의 사태가 펼쳐져 있다. 하늘이며, 구름, 나무들, 지나가는 사람들, 자동차들 등등이 동시에 눈앞에 펼쳐진다. 이와 같이 의식과 감각은 전혀 다른 사유능력이다. 그런데 그동안 우리는 의식에서 감각작용(감성적 직관)이 일어난다고 간주하기 때문에 감각과 의식을 구분하지 못한 것이다.

여기에서 주목해야 할 점은 **의식과 감각이 각기 다른 언어로 인해서 가능하다**는 점이다. 즉 의식은 개념적 언어를 매개로 사유하는 언어작용이며, 감각은 본질적 언어에 근거하여 사물의 표상을 그려낸다. 이로써 전혀 다른 두 가지 앎이 생겨난다. 즉 의식을 통해서는 문자언어에 내포된 개념적 의미를 이해하고 사유할 수 있으며,

감각기관을 통해서는 본질적 언어에 내포된 사물의 본질적 존재의 미가 직관된다. 그래서 머릿속에서는 구구단을 정확하게 암송하면서 눈을 통해서는 창밖에 펼쳐진 사태에 대해 모든 것을 직관적으로 알 수 있다. 다시 설명하자면 의식을 통해 구구단을 외울 수 있는 것은 개념적 언어로서의 수(數)를 통해서 가능하다. 반면에 감각기관에는 본질적 언어로 인해서 하늘이며, 구름, 나무들, 지나가는 사람들, 자동차들 등등이 명확하게 그 본질적 존재의미와 함께 드러나 나타난다.

관념론 철학에서는 이 두 가지 앎을 구분하지 않고, 모두 의식의 작용으로 간주하고 있다. 이로써 우리는 지금까지도 이러한 두 가지 언어능력의 작용특성과 두 가지 언어의 의미론적 특성에 대해 전혀 이해하지 못하고 있다.

사실 뇌과학자 로돌포 R. 이나스는 『꿈꾸는 기계의 진화』라는 책에서 신경계에서 작동하는 언어에 대해 매우 자세하게 설명하고 있다. 즉 좌반구 언어영역인 브로카 영역과 베르니케 영역에서 작용하는 의식과는 별개로 기저핵을 중심으로 신경계에서 작동하는 언어능력이 존재한다는 점을 입증하고 있다. 물론 그는 투렛 증후군과 동물들의 의사표현능력을 통해서 이 점을 입증하고 있다.

그렇다 하더라도 분리뇌 연구의 실험 결과가 아니었다면 필자가 이처럼 본질적 언어가 신경계에서 작동하는 언어라는 점을 자신 있게 설명할 수 없었을 것이다. 비록 옛 성현들의 가르침이 있다고 하지만, 이 가르침에 대해서 번역조차 제대로 하고 있지 못하기 때문

철학하는 인공지능

에 논리적으로 설득할 논거가 부족했다.

그러나 이제 분리뇌 연구의 다양한 실험 결과들을 통해 이 점을 명확하게 확인할 수 있다.

이제 두 가지 언어와 두 가지 언어능력의 차이점을 명확하게 구분해서 이해해 보기로 하자.

먼저 이나스의 설명을 읽어보기로 하자.

단어 생성의 FAP에 의해 의식이 없는 상태에서도 아무 때나 단어가 튀어나오는 이런 상황은 몹시 우울하다. 그러나 반대의 경우는 더 우울할 수 있다. FAP가 손상된 사람은 언어를 이해하고 시를 이해하고, 보고 듣고 외부 세계와 상호작용할 능력은 있어도 말을 하지 못한다.[33]

여기에서 FAP는 신경계의 고정행위패턴(Fixed Action Pattern)을 의미한다. 즉 운동신경계가 외계의 자극에 대해 즉각적인 반사적 반응이 가능한 것은 이 FAP가 신경계의 작용을 모듈화함으로써 가능하다고 설명하고 있다. 예를 들어 돌부리에 걸려서 넘어지려고 할 때, 재빨리 몸의 균형을 잡고 다시 정상적으로 걸을 수 있는 것은 이 FAP 때문에 가능하다고 한다. 그리고 이 FAP는 기저핵에서 생성되는 것으로 추정하고 있다. 그런데 그는 이 FAP가 그 자체로 '언어'라고 주장한다. 이 인용문은 바로 그 이유를 설명하는 부분이다.

이 인용문에서 기저핵을 중심으로 작동하는 언어능력이 의식과는 전혀 별개의 언어능력이 있다는 점을 확인할 수 있다. 물론 의식

---

33) 앞의 책, 221쪽.

은 대뇌의 좌반구 언어영역인 브로카 영역과 베르니케 영역에서 작동한다는 점에 대해서는 이미 널리 알려졌다. 따라서 이 FAP에 의한 언어능력은 기저핵을 중심으로 신경계에서 작동하는 언어능력이라는 점에서 의식과는 전혀 다른 언어작용이라는 점을 알 수 있다.

이 두 가지 언어능력의 차이점은 기저핵이 손상을 입었을 때 의식의 작용에는 전혀 아무런 이상이 없는데 '다만 말을 하지 못한다'는 점에서 확인할 수 있다. '언어를 이해하고 시를 이해할 수 있다'는 점에서 의식을 통한 개념적 언어작용에는 이상이 없다는 것을 알 수 있다. 그런데 소리를 내어 말을 하는 언어행위가 불가능하다는 것은 곧 음성(언어음)을 통해 의사를 표현하는 언어능력이 손상되었다는 점을 의미한다.

바로 이러한 사실로부터 **의식이 진화하기 전에 이미 음성으로 의사를 표현할 수 있는 언어능력이 존재했다**는 점을 알 수 있다. 또한 이러한 사실은 의식이 없는 상태에서도 아무 때나 단어가 튀어나온다는 점에서도 확인할 수 있다.

이는 곧 신경계에서 작동하는 언어능력으로 인해서 소리를 내어 의사를 표현할 수 있다는 점을 입증하고 있다. 이러한 점에서 이나스는 새들이 노래를 할 수 있는 것도 바로 이 기저핵을 통한 FAP에 의해 가능하다는 것을 강조하고 있다. 이와 같이 신경계를 통해 작동하는 이 FAP에 의해 소리를 낼 수 있으며, 이 조리(條理; 의미론적 체계) 있는 소리(음(音))가 곧 음성언어이다. 따라서 돌고래의 초음파 노래는 돌고래의 본질적 언어라는 점을 알 수 있다. 당연히 꿀벌의

철학하는 인공지능

엉덩이춤도 바로 이러한 언어능력에 의해 가능하다는 점도 이해할
수 있다.

이와 같이 **신경계에서 작동하는 직관적 언어능력이 존재했고, 이
것이 인간의 선천적인 인지능력이었다**는 점을 이해할 수 있다. 그리
고 이 직관적 언어능력으로 인해서 후천적으로 문자언어를 사유하
는 의식이 진화했다는 점도 이해할 수 있다.

이러한 점에서 의식에서 작동하는 개념적 언어와 신경계에서 작
동하는 본질적 언어를 구분해야 한다는 점도 알 수 있다.

그런데도 우리는 오로지 문자언어만을 언어로 간주하고 있다. 이
로 인해서 신경계에서 작동하는 본질적 언어가 존재한다는 점을 전
혀 이해하지 못하고 있다. 이제 이 두 가지 언어능력으로 인해서 전
혀 다른 의미론적 특성을 가진 두 가지 언어가 존재한다는 점을 이
해해 보기로 하자.

이 두 가지 언어의 차이점을 가장 극명하게 설명해 주는 사람은
아마도 노자(老子)가 아닌가 싶다.

노자는 『도덕경』 1장에서 이 두 가지 언어를 엄격하게 구분하고
있다.

**"언어란 개념적 의미로 사유한다면 항상한(본질적) 언어가 아니
다.(名可名非常名)"**

여기에서 '可名'이란 의식[六識]에 의한 개념적 사유작용을 의미하며,
동시에 개념적 언어라는 뜻으로 사용하고 있다. '常名'이란 인간의 생
래적인 본원적 직관능력[八識: 영혼]에 의한 직관적 언어작용[八識의 思:

Logos] 또는 본질적 언어[果名: Logos]라는 뜻으로 사용하고 있다.

즉, 개념(개념적 언어)이란 의식의 사유작용을 통해 생성된(산출된) 것이기 때문에 개념적 언어와 의식을 동일한 단어로 표현한 것이다. 반면에 본질적 언어는 감각기관을 통해 작동하는 직관적 언어작용을 통해 구성되기 때문에 본질적 언어와 직관적 언어작용을 같은 단어로 표시하고 있다.

물론 불교에서도 의식의 산물인 개념적 언어를 '장애가 되는 언어 [障名]'라고 표현하고 있다. 즉 주관에 의해 왜곡되고 굴절된 의미 내용[煩惱]을 담지하고 있는 언어라고 설명하고 있다. 그리고 본원적 직관능력에 의해 가능한 본질적 언어를 '본질적 언어[果名]'라고 표현하고 있다. 이 본질적 언어는 사물의 본질적 존재의미[최상의 지혜(無上菩提)]를 담고 있다고 설명하고 있다.[34]

이러한 차이점에 대해 왕필(王弼)은 노자의 『도덕경』에 대해 풀어서 설명하면서 오로지 본질적 언어를 통해서만 자연(외계)을 바르게 이해할 수 있다는 점을 밝히고 있다.

자연(自然)이란 일컬을 언어가 없지만, 그러나 궁극적인 언어(본질적 언어)다.(自然者 無稱之言 窮極之辭)[35]

이 간명한 설명에서 우리는 두 가지 언어를 마주하게 된다. 하나는 '일컬을 수 있는 언어'이고 다른 하나는 '궁극적인 언어'이다. '일컫다[칭(稱)]'는 의미는 곧 문자언어를 통해 서술하고 형용한다는 의미

---

34) 5번 주석을 참조 바람.
35) 焦竑. 老子翼. (東京; 富山房, 昭和59). 2권. 17쪽.

이다. 이는 곧 개념적 언어의 의미론적 특성을 설명한 것이다. 즉 개념적 언어란 인식대상을 다른 대상과 비교하여 그 차이점(상대적 차별성)을 구분하여 표현하기 위해 만들어진 언어이다. 따라서 그 인식대상을 서술하고 형용하는 의미 내용을 담지하고 있다. 그러나 이러한 개념적 언어를 통해서는 결코 자연을 바르게 서술하거나 형용할 수 없다는 점을 밝히고 있다. 이는 곧 개념이라고 하는 것이 비실재적이고 비본질적인 의미 내용일 뿐이라는 점을 드러낸다. 쉽게 설명하자면 '둥글다'라는 개념적 언어로는 결코 사람의 머리와 축구공을 구분할 수 없다는 의미이다.

반면에 "자연은 본질적 언어다"라고 설명하는 이유를 명확하기 이해하는 것이 중요하다. 앞에서 플라톤이 "그들이 '자연'이라고 말하고자 하는 것은 처음 것들(영혼)과 관련되어 생성된 것"이라고 설명한 것을 읽어보았다. 이러한 설명은 눈앞에 펼쳐진 자연(외계)이라고 하는 것이 곧 영혼에 의해 표상되어 현상한 것이라는 의미이다. 이러한 점에서 왕필이 '자연은 본질적 언어다'라고 설명한 것과 같은 의미이다. 즉 눈앞에 펼쳐진 자연이란 영혼 속에 종자의 형태로 내재되어 있는 본질적 언어에 근거해서 표상된 것이다.

이러한 설명과 관련해서 다시 플라톤의 가르침을 원용하여 쉽게 이해해 보기로 하자.

감각적 지각들과 합치하는 기억 그리고 이것들과 관련되어 있는 저 느낌들(겪음들: pathēmata)은 우리의 혼들에 흡사 어느 땐가 진술들(언표들: logoi)을 기록하는 것처럼 내게는 보인다는 걸세. (중략)

그러면 그때에 우리의 혼(마음: psychē)에 생기는 다른 장인(제작자: dēmiourgos)이 또한 있다는 것을 받아들이게. (중략) 그 기록자 다음으로, 그 진술(언표)들의 그림(像: eikōn)들을 혼(마음) 안에다 그리는 화가(zōgraphos)를 말일세.[36]

이 인용문에서 두 가지 점에 주목해야 한다. 첫째는 인간 영혼(본원적 직관능력)에 두 가지 사유능력이 존재하며 이 두 가지 사유능력이 서로 유기적으로 함께 작동한다는 점이다. 둘째는 직관적 언어능력에 의해 구성된 본질적 언어를 근거로 사물의 표상을 그려낸다는 점이다.

먼저 모든 감각경험을 통해 얻어진 정보(표상과 의미 내용)를 영혼 속에 기록하는 언어적 사유작용[八識의 思]을 기록자라고 표현하고 있다. 여기에서 '감각적 지각들과 합치하는 기억'이란 곧 의식을 통해 인식된 것을 기억한다는 의미이다. 왜냐하면 감각적 지각과 의식은 긴밀한 지향적 의존관계를 갖기 때문에 감각적 지각이 일어났다는 것은 곧 의식에 의해 인식되었다는 의미이다. 그리고 '저 느낌들'이란 의식에 의해 인식되지 않고, 다만 감각의 상태로 지나쳐 버린 것을 의미한다.

그런데 이러한 감각경험을 통해 얻어진 감각표상을 기록하는 기록자를 'logos'라고 설명하고 있다. 여기서 주목해야 할 점은 바로 감각표상을 종합하고 통일한다는 점이다. 그리고 이 기록자에 의해 기록된 의미 내용[진술들]을 'Logoi'라고 표기한다는 점에 주목해야 한다. 즉 그 감각표상들을 언어의 형태로 종합하고 통일한다는 의

---

36) 플라톤. 박종현 역주, 『필레보스』(서울; 서광사, 2004) 165쪽-166쪽. 39a-39b

철학하는 인공지능

미를 읽어낼 수 있다.

이러한 점에서 곧 Logos라는 용어가 감각경험을 기록하는(종합하고 통일하는) 직관적 언어작용이라는 의미로 사용되고 있다는 점을 드러낸다. 반면에 『티마이오스』에서 의식의 사유작용[생성(genesis)]에는 '직관적 언어작용이 존재하지 않는다(alogon)'라고 설명하고 있다.[37] 이러한 설명은 의식은 기록자로서의 기능을 가지고 있지 않다는 설명이다. 즉 의식의 개념적 언어작용[六識의 思]은 저장하고 보존하는 기능을 가지고 있지 않다는 점을 지적한 것이다.

또한 인간의 본원적 직관능력[영혼(psychē)]에는 이 직관적 언어능력과 함께 선천적 표상능력[nous]이 함께 작동한다는 점을 설명하고 있다. 그런데 여기에서 가장 주목해야 할 점은 "그 진술(언표)들의 그림(像: eikōn)들을"이라는 부분이다. 선천적 표상능력에 의해 사물의 표상을 그려낼 때 마구잡이로 그려내는 것이 아니고, **직관적 언어작용[기록자]에 의해 구성된 의미결정체[진술들]에 근거하여**(밑그림으로) **그에 상응하는 그림[표상]을 그려낸다**는 의미를 읽을 수 있다. 즉 본질적 언어를 근거로 사물의 표상을 그려낸다고 설명하고 있다. 이 점을 이해하는 것이 우리의 선천적인 본원적 직관능력을 이해하는 데 있어서 핵심이라고 할 것이다.

여기에서 우리는 한 가지 의문이 제기된다. 어떻게 이 본질적 언

---

37) 『티마이오스』 51d~52b에서 의식에 의한 주관적 판단[doxa]과 선천적 표상능력에 의한 직관[nous]의 차이점을 자세하게 설명하고 있다. 여기에서 의식[genesis]에 의한 주관적 판단에는 'alogon'이라고 설명하고 있다. 이러한 점에서 logos는 영혼에서 작동하는 직관적 언어작용이라는 점을 알 수 있다.

어를 근거로 사물의 표상을 그려낼 수 있을까?

바로 앞에서 우리의 감각기관을 통해 체험된 사물의 표상들을 종합하고 통일함으로써 이 본질적 언어가 구성된다는 점에 주목해야 한다. 이로써 이 본질적 언어에는 그 사물의 상태와 상태의 변화 그리고 인과관계의 필연성 등이 모두 내포되어 있다. 따라서 이 본질적 언어에 근거하여 사물의 다양한 변화들을 '있는 그대로' 표상해 낼 수 있다. 이러한 점에서 앞에서 확인한 바와 같이 플라톤은 인간 영혼이 "물체들보다도 앞서 생긴 것이고, 또한 이것들의 변화(metabolē) 및 모든 것의 일체 조건 또는 상태의 변화(metakosmēsis)도 지배한다"고 설명한 것이다.

이러한 점에서 이 본질적 언어를 존재근거[법계(法界): 중보(衆甫): ousia]라고 표현한다. 즉 이 본질적 언어에 근거하여 외계의 모든 존재 사물들이 우리의 눈앞에 '나타나 존재할(顯存)' 수 있다는 설명이다.

바로 이러한 의미에서 노자는 『도덕경』 1장에서 **"개념적 언어가 없으니 천지(자연)가 개벽하는구나! 본질적 언어가 있음이여 만물의 어미로구나!(無名天地之始 有名萬物之母)"**라고 설파하고 있다. 즉 앞 구절은 **의식의 개념적 언어작용을 끊어서 멸절해야만 순수직관[공(空)]이 가능**하며, 이로써 외계의 물질적 사물이 '있는 그대로' 우리의 눈앞에 현전(現前)할 수 있다는 설명이다. 그리고 뒤 구절은 이 본질적 언어에 근거하여 모든 사물들의 본질적 표상[정상(淨相): 용(容): eidos]이 드러나(표상하여) 나타날(현상할) 수 있다는 의미이다. 이렇게 눈앞에 펼쳐진 외계를 자연(自然)이라고 말한다.

여기에서 본질적 언어를 "만물의 어미"라고 표현하고 있다는 점에 주목해야 한다. 이에 대해서는 뒤에 6장에서 "현묘한 암컷"이라는 표현을 사용해서 보다 구체적으로 설명하고 있다.

"의식이 끊어진 본원적 주체성은 결코 사멸하지 않으니, 이를 현묘한 암컷이라고 한다. 이 본원적 주체성의 감각기관을 천지(자연)의 근원이라고 한다(谷神不死 是謂玄牝 玄牝之門 是謂天地根)"

이와 같이 인간의 영혼(본원적 주체성)을 '현묘한 암컷[현빈(玄牝)]'이라고 표현한 이유는 감각기관에 현상하고 있는 모든 존재사물들이 본원적 주체성에서 표상된 것이기 때문이다. 이러한 점에서 인간의 감각기관이 곧 자연의 근원이라는 점을 밝히고 있다. "사멸하지 않는다"는 표현은 곧 '장생(長生)'이라는 표현과 같은 의미이다. 즉 '불생불멸(不生不滅)'이라는 의미이다.

이러한 표현은 앞에서 "본질적 언어가 있으니, 만물의 어미로구나!"라는 표현과 같은 의미이다. 이 본질적 언어로 인해서 모든 존재사물이 나타나 존재할 수 있기 때문에 이 본질적 언어의 포괄자인 인간 영혼을 "현묘한 암컷"이라고 표현한 것이다. 바로 이 점을 논리적으로 설명하기 위해 종자설이라는 정신이론을 정립한 것이다.

아마도 많은 독자들이 이러한 설명들에 대해 조금은 납득하기 힘들고 황당하게 느껴질지도 모르겠다. 그래서 지금까지 옛 성현들의 가르침을 정확하게 이해하지 못했던 것이다.

옛 성현들의 이러한 가르침을 바탕으로 뇌과학의 연구 결과들을 이해한다면 서로 연결되어 일관된 논리체계로 이해된다. 앞에서 에델만은 뉴런집단선택설TNGS을 통해 뉴런이 시냅스 연결을 강화하거나 약화시키는 것을 집단적으로 선택함으로써 감각질(사물의 표상)을 그려낸다고 밝혀주고 있다. 그리고 이나스는 기저핵으로 인해서 뉴런이 고정적인 행위 패턴을 갖는다는 점을 밝혀주면서 이 뉴런의 고정행위패턴이 그 자체로 언어라고 설명하고 있다. 이러한 설명은 **곧 본질적 언어로 인해서 뉴런이 시냅스 연결을 선택하는 것을 정형화(고정화)한다는 것을 의미한다.** 이로써 동일한 자극에 대해 동일하게 시냅스 연결을 선택함으로써 동일한 사물의 표상을 표상할 수 있다는 점을 이해할 수 있다.

이러한 점에서 본질적 언어는 신경계에서 작동되는 언어라는 점을 이해할 수 있으며, 이 본질적 언어에 근거하여 사물의 표상을 그려낸다는 점도 이해할 수 있다. 이렇게 본원적 직관능력에 의해 표상된 사물의 표상들이 감각기관에 현상함으로써 눈앞에 펼쳐진 것을 자연이라고 한다.

• 수(數)를 통한 본질적 언어와 개념적 언어의 구분

사실 문자언어의 발달로 인해서 사물의 본질적 존재의미를 담지하고 있는 본질적 언어마저도 문자언어로 표현되고 있기 때문에 개념적 언어와 본질적 언어를 구분하지 않고 사용하고 있다. 또한 의식의 작용이 고도로 발달해감에 따라 인간의 본원적 직관능력은 은폐되고, 의식의 작용만이 인간의 유일한 사유능력으로 여겨지고 있다. 그 결과 본질적 언어의 존재에 대해 상상조차 하지 못하고 있는 실정이다.

아마도 문자언어 가운데 본질적 언어의 존재를 가장 쉽게 이해할 수 있는 단어들이 숫자가 아닐까 생각된다.

숫자란 본래 사물의 개수를 파악하기 위해 생겨났다. 이것은 너무도 당연하다. 외계의 사물이 몇 개로 구성되어 있는가 하는 것은 곧 그 사물이 가진 고유한 본질적 존재의미이다. 그리고 우리는 그것이 몇 개인지 그것을 보는 순간 직관적으로 알 수 있다. 그것이 헤아려 보지 않아도 될 정도의 적은 개수는 어린아이도 쉽게 알 수 있다. 예를 들어 다섯 손가락으로 꼽을 수 있는 정도의 숫자는 어린아이도 직관적으로 그것의 개수를 파악할 수 있다.

이러한 점에서 수(數)란 본래 본질적 언어였다는 점을 알 수 있다. **즉 이 수에는 사물의 개수라는 본질적 존재의미가 내포되어 있다.** 옛 사람들은 이 개수를 표시하기 위해 본래 노끈이나 새끼줄의 매듭 또는 막대 모양 등으로 표현하였다. 이것을 우리는 결승(結繩)문자라고 한다. 이렇게 결승문자에는 사물의 본질적 존재의미가 담겨 있다.

이러한 점에서 노자는 『도덕경』 80장에서 **"사람들로 하여금 다시 결승문자를 사용하게 해야 한다(使民復結繩而用之)"**고 충고하고 있다. 즉 개념적 언어를 버리고 본질적 언어를 사용해야 한다는 의미이다. 이렇듯 결승문자의 형태로 존재했던 숫자가 나중에 아라비아 숫자라는 기호문자로 정착된 것이다.

앞에서 살펴본 바와 같이 인공지능 알파고가 사용한 숫자도 바로 바둑의 집과 연관되어 사용되고 있다는 점에서 본질적 언어이다.

이와 같이 본질적 언어는 사물의 본질적 존재의미를 담지하고 있는 언어이다. 즉 이 본질적 언어로 인해서 그 사물의 표상이 감각기관(눈)을 통해 현상할 수 있으며, 동시에 그 본질적 존재의미를 함께 직관할 수 있다.

따라서 플라톤은 『필레보스』에서 '수(數; arithmos)'나 '척도(도량형; metron)'와 같은 기호문자를 본질적 언어로 구분하고 있다. 반면에 '같음(to ison)'과 '동등(isotēs)' 그리고 '두 배(to diplasion)'와 같은 단어들은 개념적 언어로 구분하여 설명하고 있다.[38]

물론 여기에서는 이렇게 두 가지 언어를 구분하여 나열하고 있지만, 그 차이점에 대해서는 명확하게 설명하고 있지 않다. 그러나 플라톤은 『파이돈』에서 '크다' 또는 '작다'라고 하는 개념이 두 사람의 키를 비교하는 가운데 생겨난 개념이라는 점을 매우 자세하게 설명하고 있다.

이 대목에서 플라톤은 시미아스라는 사람이 소크라테스보다 '크다'고 표현하는 것이 '진실'을 드러내는 것은 아니라고 깨우쳐 주고 있다. 즉 이러한 개념은 소크라테스와 비교하는 가운데 우연하게 생겨난 상대적 차별성일 뿐이지, 이러한 개념이 시미아스가 근본적으로 가지고 있는 본성이나 본질적 존재의미는 아니라고 설명하고 있다.[39]

---

38) 플라톤. 박종현 역주, 『필레보스』(서울; 서광사, 2004), 120쪽.
39) 플라톤. 박종현 역, 『파이돈』(『플라톤의 네 대화편』) (서울, 서광사 2003) 416쪽, 102b-102c.

마찬가지로 여기에서 '같음'과 '동등' 그리고 '두 배'라는 단어들의 공통점은 그것들이 두 개 이상의 사물들을 비교하여 그 상대적 차별성을 규정하고 있다는 점을 알 수 있다. 이러한 점에서 개념이란 다만 두 가지 사물을 서로 비교하는 가운데 생성된 것일 뿐이라는 점을 쉽게 이해할 수 있다. 따라서 이러한 '같음' 또는 '동등' 그리고 '두 배'라는 단어들은 모두 개념적 언어로 구분하고 있다는 점을 읽어내야만 플라톤의 가르침을 바르게 이해할 수 있다. 반면에 '수(數)'라든지 '도량형(度量衡)'은 결코 부정할 수 없는 사물의 본질적 존재의미를 지시하는 단어이다. '하나'는 결단코 그 사물이 '하나'라는 의미를 지시하며, 1m는 결단코 그 사물이 '100cm'임을 지시한다. 이 단어들이 사물과 관련하여 사용할 때는 분명 그 사물의 본질적 존재의미를 지시한다는 점에서 본질적 언어이다. 결코 주관적 가치판단에 의해 변하거나 굴절되지 않는다.

반면에 우리는 외계의 사물과는 관계없이 단순하게 숫자를 셀 수도 있고, 수학의 여러 가지 연산도 숫자를 통해서 가능하다. 이와 같이 숫자가 사물의 본질적 존재의미와 관계없이 의식을 통해 자유자재로 사유할 수 있다. 이렇듯 **의식을 통해 그 숫자들을 사유할 때의 그 숫자들은 곧 개념적 언어이다.**

우리는 감각기관에 어떤 존재사물이 현전하지 않아도 그냥 '수를 세는 것'이 가능하다. 마치 구구단을 외우듯이 존재사물과 상관없이 우리는 얼마든지 수를 셀 수 있다. 이는 전적으로 문자언어인 숫자로 인해서 가능하다. 이럴 경우에는 이 숫자에는 어떠한 본질적 존재의미도 존재하지 않는다. 분명 어떠한 사물과도 연관되어 있지 않기 때문에 사물의 본질적 존재의미를 지시하는 것이 아니다. 다만, 그 문자언어에 내포된 언어적(개념적) 의미를 근거로 그 숫자를 세는 것이다. 즉, '2'는 '1'보다 크고, '3'은 '2'보다 크다고 하는 개념적 의미로 그 숫자를 이해하고 세는 것이다. 바로 여기에서 의식의 작용을 통해 숫자를 세는 것은 다만 이 문자 언어에 담긴 개념적 의미에 근거해서 그것을 순서대로 센다는 것을 알 수 있다.

우리는 어렸을 때, '하나, 둘, 셋…'이라고 수없이 반복하면서 숫자의 순서를 외웠다. 이 숫자에는 '2'는 '1'보다 크고, '3'은 '2'보다 크다는 개념적 의미가 내포되어 있기 때문에 이 차이점을 구분하기 위해 숫자들을 순서대로 외운 것이다. 그런 뒤에 더하기(+) 또는 빼기(-) 등의 셈법을 배워서 익혔다. 이로써 의식을 통해 그 개념적 의미를 사유할 수 있다. 뿐만 아니라, '100cm'는 '99cm'보다 '크다'고 생각할 때는 이 도량형이 곧 개념적 의미로 사용된 것이다.

이제 일반적인 문자언어가 본질적 언어로 사용되는 경우를 살펴보기로 하자.

중국의 청원 유신(靑原 惟信) 선사는 선(禪)수행을 통한 깨달음의 경지를 다음과 같이 설명하고 있다.

"산은 다만 산이요, 물은 다만 물이로다.(山祗是山 水祗是水)"

앞에서 언급하였지만, 다시 자세히 살펴보기로 하자.

감각적 지각과 의식의 작용을 완전히 끊어서 멸절한 뒤에 이루어지는 본원적 직관[事: 無爲之事]의 사태(눈앞에 펼쳐진 경계)를 이렇게

철학하는 인공지능

표현하고 있다.

이 인용문에서 주목해야 할 점은 '다만'이라는 단어이다. 이 수식어는 의식을 통해 규정된 모든 개념적 의미가 제거되었다는 점을 표현하고 있다. 이로써 이 '산'이라는 단어가 산의 본질적 존재의미를 담지하고 있는 본질적 언어라는 점을 드러내고 있다.

우리는 일상적으로 '높은 산' 또는 '낮은 산'이라는 표현을 사용한다. 이러한 언어적 표현에는 '높다' 또는 '낮다'라고 하는 개념적 의미를 수식어로 사용하고 있다. 따라서 이 경우에는 '산'이라는 단어가 개념적 의미가 부가된(한정된) 개념적 언어로 사용되고 있다는 점을 알 수 있다. 이러한 개념적 언어를 세친(世親)은 『섭대승론석』에서 '장애가 되는 언어[障名]'라고 표현하고 있다. 그리고 이러한 개념적 언어에는 의식의 관념적 사유작용을 통해 규정되는 비실제적이고 비본질적인 의미 내용[煩惱]들을 담지하고 있다고 설명하고 있다. 바로 '높다' 또는 '낮다'고 하는 개념적 의미[煩惱]들을 담고 있는 언어라는 설명이다.

그러나 선정(禪定)을 수행하여 의식의 작용을 완전히 끊어서 멸절함으로써 주관에 의해 규정된 개념적 의미가 완전히 제거되었다는 점을 표현하기 위해 '다만'이라는 수식어를 사용한 것이다. 따라서 '산은 다만 산이요'라고 할 때의 '산'은 산이 가지고 있는 본질적 존재의미를 표시하는(지시하는) 본질적 언어이다.

이러한 언어를 '직관되는 언어[果名]'라고 표현하고 있다. 그리고 이 본질적 언어에는 '최상의 지혜[無上菩提]'가 담겨있다고 설명하고 있다.

분명 옛 선조들에 의해 '산'이라는 본질적 언어가 생겨날 때는 다만 산이 가진 본질적 존재의미를 지시하기 위한 수단이었다. 그런데 의식의 발달로 인해 개념적 언어작용이 활발해지면서 모든 본질적 언어들이 개념적 언어로 사용하게 된 것이다.

이제 문자언어를 통해 의식의 개념적 사유의 세계와 본원적 직관의 세계를 구분하여 표현하는 경우를 살펴보기로 하자.

이 두 가지 언어의 차이점을 가장 극명하게 설명해 주는 사례로 우리나라의 전강(田岡) 영신(永信) 선사(1898~1974)[40]의 오도송(悟道頌)을 소개하고자 한다. 전강 선사는 의식이 끊어져야만 본원적 직관이 가능하다는 점을 다음과 같이 표현하고 있다.

"어젯밤 달이 누각(樓閣)에 가득하더니, 창밖은 갈대꽃 가을이구나!(昨夜月滿樓 窓外蘆花秋)"

너무도 아름다운 서정적인 시를 통해 본원적 직관의 사태를 표현해 주고 있다.

이 두 구절의 시구에서 노자가 "개념적 언어가 없으니, 천지가 개벽하는구나! 본질적 언어가 있음이여, 만물의 어미로구나!(無名天地

---

40) 인천의 주안동에 소재한 용화선원에서 주석하였다. 사실 필자가 이 용화선원에 출가하여 3년간 선정을 수행한 바 있다. 불행히도 전강 선사께서 입적한 뒤여서 직접 뵙지는 못했다. 필자는 이 오도송을 석가모니 이후 가장 뛰어난 오도송으로 평가한다. "昨夜月滿樓 窓外蘆花秋 佛祖喪身命 流水過橋來". 이 짧은 20자로 불교의 대의를 너무도 명확하게 설명해 주고 있다. 뒤의 두 구절은 "부처님과 조사스님들은 모두 감각[아타나식]을 일으키지 않으나, 흐르는 물이 다리를 지나오는구나!"라는 의미이다. 즉 신명(身命)은 육체(감각기관)를 통해 일어나는 감각작용을 의미한다. 그러나 부처님과 조사스님들은 이러한 감각[阿陀那識]이 일어나지 않고, 본원적 직관작용[事]이 일어난다는 점을 밝히고 있다. '흐르는 물이 다리를 지나오는구나'하는 것은 본원적 직관의 사태를 표현한 것이다. 즉 본원적 직관을 통해 모든 사물들의 본질적 존재의미를 직관한다는 점을 표현한 것이다.

之始 有名萬物之母)"라고 설명한 것과 정확하게 일치한다는 점을 발견하게 된다.

이와 같이 인간의 생래적인 본원적 직관능력에 의한 본원적 직관이 2,500년의 시차를 두고 서로 정확하게 일치한다는 점을 확인할 수 있다.

또한 필자가 옛 성현들의 가르침을 동일한 관점에서 이해하는 것이 매우 올바른 시각이라는 점을 재차 확인할 수 있다.

사실 "어젯밤 달이 누각(樓閣)에 가득하다"라는 구절을 접하면서 우리는 매우 당혹스러움을 감출 수 없다. 도무지 무슨 소리인지 알 수 없다. 바로 이렇게 도무지 무슨 소리인지 알 수 없는 것은 이 글을 가장 정확하게 이해한 것이다.

결코 어젯밤 달이 오늘 뜰 수가 없다. 이미 하루 전에 사라지고 없다. 분명 오늘은 어제보다 더 보름달에 가깝게 커졌거나 아니면 거꾸로 조금 반달모양으로 작아졌을 것이다.

그런데 왜 어젯밤 달이 지금 누각에 가득하다고 했을까?

바로 개념적 언어를 부정한 것이다. 어젯밤 달이 현재 존재할 수 없다는 점을 통해 개념적 언어란 비실재적이고 비본질적인 의미 내용을 담고 있는 언어라는 점을 드러낸 것이다. 다시 설명하자면 '어젯밤 달'이니 '오늘밤 달'이니 하는 개념적 의미의 달은 결코 외계에 실재하지 않는다는 의미를 드러낸 것이다.

따라서 '어젯밤 달이 누각에 가득하더니'라고 표현한 것은 곧 의식의 개념적 언어작용이 끊어진 상태를 표현하고자 한 것이다. 우리는 달을 보면서 일상적으로 "참! 달도 밝고 아름답다!"고 표현한다. 이러한 표현은 모두 개념적 언어들이다. '밝다' 또는 '아름답다'라고 하는 개념적 의미로 그 달을 표현하고 있다. 그런데 같은 달을 보면서 "어젯밤 달이 누각에 가득하다"고 하는 것은 곧 의식에 의한 모든 개념적 의미들이 멸절한 순수직관[쑈]의 사태를 표현한 것이다. 그러니 당혹스럽게 느끼는 것은 너무도 당연하다. 우리는 이 구절을 개념적 언어로 읽기 때문에 무슨 말인지 이해하기 힘든 것이다.

따라서 이 구절은 노자가 "개념적 언어가 없으니, 천지가 개벽하는구나!"라고 설명한 것과 동일한 의미이다. 매우 아름다운 서정적인 시구로 깊은 철학적 이치를 표현해 주고 있다.

같은 달을 보고 있지만, 전혀 다른 사태가 눈앞에 펼쳐지고 있다. 이처럼 주관에 의해 부가된 모든 개념적 의미가 제거되어야만[공(空)] '있는 그대로'의 달이 눈앞에 펼쳐질 수 있다는 점을 표현한 것이다. 그러면서 다시 "창밖은 갈대꽃 가을이구나!"라고 읊고 있다. 이것은 곧 **본질적 언어로 인해 눈앞에 모든 존재사물들이 자신의 본질적 존재의미를 드러내며 펼쳐져 있는**(직관된) **사태**(경계)를 표현하고 있다. 이것이 곧 본원적 직관[불공(不空)]이다. 여기에서 갈대꽃이니 가을이니 하는 단어는 모두 본질적 언어로서 이 본질적 언어를 통해 외계(자연)를 '있는 그대로' 표현(지시)한 것이다. 즉 늦가을 들녘에 갈대꽃이 만발한 것을 직관하면서 가을임을 직관적으로 아는 것을 표현한 것이다. 달리 표현하자면 의식이 끊어진 뒤에 감각기관을 통해 '직관통한 선천적 종합판단'이 일어난다[不空]는 점을 밝히고 있다.

바로 이 본질적 언어에 근거하여 하늘은 하늘이라는 본질적 존재

철학하는 인공지능

의미를 드러내며 우리의 눈앞에 현전하고, 산은 산이라는 존재의미를 드러내며 눈앞에 나타나 존재하게 된다. 이러한 점에서 노자는 "본질적 언어가 존재하니, 모든 사물들의 어미로구나!"라고 표현한 것이다.

• 개념적 언어의 의미론적 속성

인공지능 알파고가 상상을 뛰어넘는 성공을 거둘 수 있었던 점은 '수(數)'라고 하는 본질적 언어를 통해 바둑의 원리를 터득할 수 있었던 것이다. 비록 한정된 바둑판이지만 수많은 경우의 수가 가능하다. 이렇듯 수많은 경우의 수에도 불구하고, 알파고가 항상 이길 수 있는 착점(着點)을 찾아낼 수 있었던 것은 집의 수(數)라고 하는 본질적 언어를 통해서 가능했다.

그러나 이 딥러닝 학습법을 적용한 다른 인공지능들이 기대하는 바에 미치지 못하는 이유는 개념적 언어를 통해서 학습하기 때문이다. 앞에서 제프리 힌튼이 개발한 백프롭(오류역전파) 기술을 살펴보면서 오로지 '있다' 또는 '없다'라는 개념적 의미만을 식별하도록 학습하고 있다는 것을 확인하였다. 그 결과, 결국은 소년과 소녀도 구분하지 못하고, 칫솔과 야구 배트를 구분하지 못한다는 점도 확인하였다.

그런데 문제는 '있다' 또는 '없다'라는 단어가 개념적 언어라는 사실조차 이해하지 못한다는 점이다. 이와 같이 본질적 언어와 개념적 언어가 가진 의미론적 특성을 구분하지 못하기 때문에 계속적으로 개념적 의미만을 학습시키고 있는 것이다.

이러한 점에서 개념적 언어의 의미론적 속성을 바르게 이해하는 것이 매우 중요하다. 현재의 컴퓨터 시각이 사물의 본질적 존재의미를 이해하지 못하고, 오로지 개념적 의미만을 인지하게 된다는 점에서 두 언어의 차이점은 충분히 입증되고 있다. 예를 들어 자율주행차가 낯선 환경에서는 제대로 그 성능을 발휘하지 못하는 것도 마찬가지다. 인간은 어떤 환경이나 상황에서도 사물의 본질적 존재의미를 직관하기 때문에 실시간으로 적응이 가능하다. 그러나 인공지능은 이러한 실시간 학습이 불가능하다. 그 이유는 개념적 언어의 의미론적 특성 때문이다. 이러한 점에서 개념적 언어의 의미론적 특성을 명확하게 이해해 보기로 하자.먼저 노자(老子)는 『도덕경(道德經)』 2장에서 모든 개념(또는 개념적 언어)이란 주관의 가치기준에 따라 규정된 언어적 의미규정일 뿐, 결코 실재성이나 진실성을 가지고 있지 않다는 점을 강조하고 있다.

천하의 모든 사람이 아름답다고 지각한 것을 아름답다고 생각하는데, 이것은 추함이다. 모든 사람이 선(善)이라고 지각한 것을 선(善)이라고 생각하는데, 이는 선하지 않음(不善)이다.(天下皆知美之爲美 斯惡已 皆知善之爲善 斯不善已) [『도덕경』 2장]

『도덕경』 81장 가운데 중요하지 않은 것이 없지만, 이 구절은 개념적 언어의 의미론적 속성을 설명한다는 점에서 특히 중요한 의미를 갖는다. 시중에 나와 있는 해설서와는 번역이 전적으로 다르기 때문에 구체적으로 문장을 분석하면서 이해해 보기로 하자.

"天下皆知美之爲美"라는 구절은 조사 '之'를 이용하여 목적어를 동사 앞으로 도치시킨 도치문이다. 즉, '知美'가 '爲'의 목적어가 된다.

철학하는 인공지능

따라서 "아름답다고 지각한 것을 아름답다고 생각한다"라고 번역하여야 문법상으로 정확한 번역이다. 또한 이렇게 번역하여야 깊은 철학적 사유를 읽어 낼 수 있다.

"아름답다고 지각한 것(知美)"에서 '知'는 견문각지(見聞覺知; 보고 듣는 감각적 지각)의 지(知)로서 감각적 지각을 의미한다. 그리고 뒤에 '爲美'의 '爲'는 '사유하다'라는 의미로 의식의 사유작용을 의미한다. 이렇게 번역해야 하는 이유는 앞에서 살펴본 바와 같이 의식은 외계와 직접적으로 관계를 맺을 수 없으므로 감각적 지각을 통해 지각된 대상을 대상화하여 사유하기 때문이다. 비록 노자가 자세하게 논리적으로 설명하고 있지 않지만, 이 짧은 구절에서 노자의 깊은 철학적 사유를 읽을 수 있다. 즉 **의식의 개념적 사유작용은 외계의 사물과 직접적으로 관계를 맺지 못하고, 감각적 지각에 의해 해석된 개념적 의미를 토대로 인식한다**는 점을 강조한 것이다.

이러한 이유로 '아름답다'라고 사유하는 그 의미 내용을 '추함이다'라고 표현하고 있다. 의식에서 인식된 그 의미 내용은 이미 감각적 지각에 의해 지각된 개념적 의미이기 때문에 그것은 '비실재적이고 비본질적'이라는 설명이다. 그런데 여기에서 주의해야 할 점은 우리는 이 구절을 읽으면서 노자가 문화적 가치 체계나 판단의 규범을 부정하는 것으로 이해하기 쉽다. 즉 노자가 이러한 개별적 차별성 자체를 부정하는 것으로 해석하는 경향이 있는 것 같다. 그러나 노자의 본래 의도는 이러한 의미로 말한 것이 아닐 것이다. 왜냐하면 모든 존재사물에는 개별적 차별성이 존재한다는 점을 인정하지 않을 수 없기 때문이다. 다만 문제는 우리가 의식의 관념적 사유작용을 통해서 그 개별적 차별성을 인식할 때, 이것들을 비교하면서 상반된(대립되는) 개념적 의미로 이해한다는 점을 지적한 것이다.

왜냐하면 개념적 언어란 주관(의식)에 의해 이렇게 상반된(대립되는) 의미 내용으로 규정되었기 때문이다. 이 점에 대해서는 소자유(蘇子由)의 주석에서 확인할 수 있다.

천하의 사람들은 감각적 표상(形)과 개념적 언어(名)로 인해서 '아름답다' 또는 '추하다'라고 말한다. 이렇게 말하여지는 아름다움과 선함(善)이라는 것을 어찌 아름답고 선하다고 믿을 수 있겠는가? 그들은 있음과 없음(有無), 길고 짧음(長短), 어렵다와 쉽다(難易), 높다와 낮다(高下), 조리 있는 소리와 조리 없는 소리(音聲), 앞과 뒤(前後)가 서로를 생성하고 서로 빼앗는(부정하는) 것이어서 모두 다 바른 것(正)이 아니라는 점을 알지 못한다(天下以形名言美惡 其所謂美且善者 豈信美且善哉 彼不知有無長短難易高下聲音前後之相生相奪 皆非其正也).[41]

우리는 개념이 객관적 실재성을 갖는다고 간주하고 있다. 그런데 소자유는 그러한 개념들을 "믿을 수 있겠느냐?"라고 반문하고 있다. 여기에서 주목해야 할 점은 '형(形)'이라는 용어이다. 이것은 '용(容)'이라는 용어와 쌍을 이루어 사용되고 있다. 즉, '형(形)'은 감각적 표상[염상(染相)] 또는 감각적 지각작용이라는 의미로 사용하며, '용(容)'은 본질적 표상[정상(淨相)] 또는 선천적 표상작용이라는 의미로

---

41) 초횡(焦竑) 약후(弱侯) 집(輯), 『노자익(老子翼)』, 1권 상편, 4쪽. 『漢文大系』 9권(東京: 富山房, 昭和59年)

철학하는 인공지능

사용한다. 물론 이렇게 엄밀하게 구분하지 않고, 단순하게 '표상한다'라는 의미로 사용되기도 한다.

따라서 "감각적 표상(形)과 개념적 언어(名)로 인해서 '아름답다' 또는 '추하다'라고 말한다"라는 구절에서 이 두 가지(표상과 언어)가 공통적으로 같은 의미 내용(개념적 의미)을 내포하고 있다는 점을 드러내고 있다. 즉 의식의 사유작용이 감각적 지각을 통해 지각된 감각적 대상[오진(五塵)]을 근거로 그것에 내포된 개념적 의미를 문자언어로 규정하는 언어적 사유작용이라는 점을 알 수 있다. 이 점은 뒤에 '두 가지 언어작용으로 인해 전혀 다른 두 가지 외계가 펼쳐진다'라는 항(項)에서 '본질적 속성의 대상성[무표색(無表色)]'과 '개념적 의미가 부가된 대상성[유표색(有表色)]'을 비교하면서 더 자세하게 이해하기로 하자.

그런데 이 인용문을 앞에 인용한 노자의 설명과 비교해 보면 노자는 '사유하다(爲)'라고 표현하고 있는 반면에 소자유는 '말하다(言과 謂)'라고 표현하고 있다는 점을 발견한다. 이러한 점에서 의식을 통해 사유하는 것과 말하는 언어 행위를 동일한 관점에서 이해하고 있다는 것을 알 수 있다. 즉, 의식의 개념적 사유나 말하는 언어 행위나 모두 개념적 언어를 매개로 이루어진다는 점에서 동일한 언어작용이라는 점을 이해해야 한다. 이러한 점에서 의식의 사유작용이 문자 언어를 매개로 그 언어적 의미를 사유하는 언어적 사유작용이라는 것을 명확하게 이해할 수 있다. 관념론자들은 바로 이 점을 간과하고 있다. 즉, 문자 언어를 읽고 말하고 듣는 모든 언어 행위가 의식의 사유작용이라는 점을 이해하지 못하고 있다.

　이와 같이 감각적 지각과 의식의 사유작용을 통해 규정된 개념
들이란 "서로를 생성하고 서로 빼앗는(부정하는) 것이어서 모두 다
바른 것(正)이 아니다"라고 지적하고 있다. '서로 생성한다'는 것은
비교를 통해 상대적인 차별성을 규정함으로써 생겨난다는 의미이
며, '서로 빼앗는다'는 표현은 곧 서로 상충하는(대립하는) 의미 내
용을 담고 있다는 의미이다. 이와 같이 노자의 본래 의도는 개념적
언어(개념)는 이렇게 주관의 가치판단에 따라 서로 상충되는(대립되
는) 의미 내용을 규정하고 있다는 점을 비판하는 것으로 이해해야
할 것이다. 결코 가치 체계나 판단의 규범 자체를 부정하는 것이
아니다.

　예를 들어 조리(條理; 의미론적 체계) 있는 소리(音)와 조리 없는 소
리(聲)의 차이점을 살펴보기로 하자. 조리 없는 소리란 인간에 의해
의미가 규정되지 않은 자연 상태의 소리를 말한다. 사물들이 서로
부딪히거나 어떤 사물을 두드리면 그 물건에 따라 고유한 소리가
난다. 이러한 소리를 조리 없는 소리라고 한다. 왜냐하면 어떠한 의
미론적 체계로 구분하거나 규정되지 않은 소리이기 때문이다. 그렇
다고 이 조리 없는 소리가 개별적 차별성을 가지고 있지 않은 것은
아니다. 분명 그 소리에는 나름대로 전혀 다른 음색과 고저 그리고
장단이라는 차이점을 가지고 있다.

　그런데 사람들이 이러한 조리 없는 소리들을 높낮이에 따라 구분

하고 그 길이에 따라 구분하여 음계니 박자니 음정이니 하는 개념으로 규정하여 그 소리를 구분한다. 이렇게 개념적 의미를 부여하여 구분한 소리를 '조리 있는 소리'라고 한다. 이 조리 있는 소리(音)를 조합함으로써 음악이라는 예술 장르가 탄생하게 된다.

이와 같이 본래 자연 상태의 소리에는 음계니 박자니 하는 개념이 존재하지 않았다. 분명 자연의 소리에는 계명(階名)이 붙어 있지 않다. 이러한 점에서 **개념이란 결코 객관적 실재성을 갖추고 있지 않으며, 인간에 의해 부가된**(규정된) **비실재적이고 비본질적인 의미 내용**이라는 점을 알 수 있다.

마찬가지로 '있다' 또는 '없다'라는 개념이나 '길다' 또는 '짧다' 라는 개념이나 '높다' 또는 '낮다' 라는 개념들도 결코 존재사물에서 직관되는 본질적 존재의미가 아니다. 즉 본질적 속성의 것이 아니다. '있다' 또는 '없다'라는 개념은 전적으로 의식이 지향하는 그 대상이 실재하는지 그 여부를 판단하여 규정한 의미 내용이다. 다시 설명하자면 그 사물의 본질적 존재의미가 아니고, 다만 의식(주관)이 지향하는(찾고 있는) 것의 존재 유무를 판단하여 규정한 개념적 언어이다. 그리고 그 인식대상은 애초에 의식의 지향작용에 의해 정립된(대상화된) 대상이지 '있는 그대로'의 존재사물이 아니다.

이러한 점에서 이러한 의미규정은 결코 존재사물의 본질적 존재의미가 아니라는 점을 알 수 있다. 그리고 다른 개념들은 두 개나 그 이상의 사물들을 비교하면서 그 상대적 차이점을 구분함으로써 생성된 의미규정이다.

이러한 점에서 "서로 생성한다"라고 설명한 것이다. 그런데 이렇게 생성된 개념들은 그 상대적 차별성을 구분하기 위해 규정한 것이기 때문에 서로 함께할 수 없다. '둥글다'는 의미규정은 결코 '각진 것(또는 모난 것)'이라는 의미와 함께 할 수 없다. 이렇게 서로를 배척하고 부정한다는 점에서 "서로 빼앗는다"라고 표현하고 있다.

그리고 소자유(蘇子由)는 1장에서의 주석에서도 이 개념적 언어에 대해 다음과 같이 설명하고 있다.

무릇 언어(名; 개념적 언어)라고 하는 것은 모두 이렇게 일컬을(道) 수 있는 것들이다. 개념적 언어가 이미 정립되면 곧 둥글다(圓), 각지다{네모(方)}, 굽다(曲) 그리고 곧다(直) 등이 함께할 수 없으며 항상할(常) 수도 없다(凡名皆其可道者也 名其立 則圓方曲直之不同不可常矣).[42]

아마도 여기에서 설명하는 것이 인공지능 연구에 더 큰 도움이 될 것 같다. 여기에서 개념적 언어란 주관에 의해 '정립된[립(立)]' 언어라는 점을 밝히고 있다. 이렇듯 주관에 의해 정립된 개념적 언어는 "함께 할 수 없으며, 항상할 수도 없다"고 표현하고 있다. 이와 같이 개념적 언어란 서로 대립되고 상충된 의미 내용을 규정하여 정립한 것이기 때문에 '함께 할 수 없다.' 또한 이것들은 주관의 가치판단에 따라 규정된 것이기 때문에 결코 '항상할 수도 없다.'

이러한 설명은 플라톤의 가르침에서도 정확하게 일치하고 있다.

그러나 저것들 자체는 상호 간의 생성(됨: genesis)을 결코 받아들일 수 없다는 말을 우리는 하고 있는 걸세. (중략) 즉 대립되는 것(대립자: to enantion)이 자신과 대립되는 것으로 되는 일은 결코 있을

---

42) 상게서, 2쪽.

철학하는 인공지능

수 없다는 데 대해서는 우리가 무조건적으로 동의했네.[43]

여기에서 상호 간의 생성이라는 표현에서 의식에서 개념적 언어로 사유하는 것을 의미한다는 점을 알 수 있다. 생성은 의식이라는 뜻으로 사용하고 있다. 이렇게 의식에서 생성된 개념적 언어는 서로 '대립된 것'이며, 이렇게 대립된 것은 결코 '자신과 대립되는 것이 될 수 없다(함께 할 수 없다)'고 설명하고 있다.

이와 같이 **개념적 언어의 대립되는**(서로 빼앗는) **의미론적 특성으로 인해서 개념을 통한 관념적 사유는 갈등과 분쟁 그리고 부조리를 유발하게 된다.** 그 이유는 서로 배척하고 부정하는 특성으로 인해서 관점에 따른 견해의 차이가 발생하기 때문이다. 이로 인해서 갈등과 다툼이 생겨나며, 이로 인해서 급기야 전쟁이 발생하기도 한다. 지구상 곳곳에서 벌어지는 종파간의 갈등이나 인종간의 갈등 또는 계층 간의 갈등들이 모두 관념적 논란(개념적 의미로 인한 의견충돌)에서 비롯되고 있다.

또한 개념이란 주관적 관점이나 상황에 따라 임의적으로 규정된 것이기 때문에 결코 항상성을 갖지 못한다. 이로써 어느 순간에 판단할 때는 그것이 합리적이었으나, 뒤돌아서면 부조리한 결과를 초래하게 된다. 합리적 판단이라고 간주하고 있는 그 관념적 사유가 본래 조리 없는 것들에 조리(합리성)를 부가한 것일 뿐이기 때문이다. 이러한 점에서 그 합리성이란 주관의 관점이나 상황에 따른 판단이지 그것은 결코 '항상한 것(본질적인 것)'이 아니다.

---

43) 플라톤. 박종현 역주, 『플라톤의 네 대화편』(경기; 서광사, 2007) 419쪽. 103c

이러한 점에서 불교에서는 의식의 작용특성을 '희론(戱論)'이라고 규정하고 있다. 『중론(中論)』에 대한 청목(靑目)의 소(疏)에서 이 '희론'에 대해 다음과 같이 설명하고 있다.

희론이란 관념적 사유를 하는 의식의 작용이(에 의해) 표상을 움켜잡아(取) '이것이다' 또는 '저것이다'라고 분별하는 것을 말한다. '부처는 죽는다' 또는 '부처는 죽지 않는다' 등을 말하는 것은 희론이 되어 혜안(慧眼)을 덮기 때문에 여래(如來)인 법신을 볼 수 없는 것이다.(戱論名 憶念取相分別此彼 言佛滅不滅等 是人謂戱論 覆慧眼故不能見如來法身)[44]

여기에서 "표상(相)을 움켜잡아(取)"라는 설명에서 의식과 감각적 지각이 상호 간에 긴밀한 지향적 의존 관계에 있다는 점을 읽을 수 있다. 즉, 의식의 사유작용이란 감각적 표상[염상(染相)]에 근거하여 그 표상에 내포된 개념적 의미를 인식(분별)하는 작용이라는 점을 밝힌 것이다. 다시 말하자면 의식에서 사유하는 의미 내용의 근거는 곧 감각적 표상[염상(染相)]에 있다는 것이다.

이렇듯 의식은 개념적 의미가 내포된 감각적 표상을 근거로 사유하기 때문에 의식에서 사유되는 의미 내용들은 모두 '부처는 죽는다' 또는 '부처는 죽지 않는다'라는 명제와 같이 비실재적이고 비본질적인 의미 내용[희론(戱論)]에 지나지 않는다고 설명하고 있다.

즉, 의식의 개념적 사유작용을 모두 '희론(戱論)'이라고 규정하고 있다. 그리고 이 희론으로 인해서 본질적 존재의미를 직관할 수 없다는 의미에서 "혜안(慧眼, 생래적인 본원적 직관능력)을 덮기(隱蔽) 때문에

---

44)　용수보살, 범지 청목 주, 구마라습 역, 『중론』(대정장 30권), 31쪽 上.

여래인 법신(法身: 본원적 주체성)을 볼 수 없다"고 지적하고 있다.

따라서 희론(戱論)이란 존재사물이 가지고 있지 않는 비실재적이고 비본질적인 의미 내용을 사유하고 인식한다는 의미이다. 이러한 점에서 일본의 나카무라 하지메(中村元) 박사는 "희론은 원래 실재하는 대상을 갖고 있지 않음에도 불구하고 대상을 정립하여 지향하기 때문에 '현상에 사로잡힌(vastu-nibandhana)'이라고 한다. '희론하다'는 것은 본래 실재하지 않는 것을 정립하여 그것을 객체화하는 것이다"[45]라고 명쾌하게 설명해 주고 있다.

이 설명에서 "실재하는 대상을 갖고 있지 않음에도 불구하고 대상을 정립하여 지향하기 때문"이라는 표현에 주목해야 한다. 의식이 지향하는 대상은 감각적 지각을 통해 정립된 감각적 대상[오진(五塵)]이다. 결코 의식은 감각기관에 현상한 존재사물[의(義)]과 직접적으로 관계를 맺을 수 없다는 점을 드러내고 있다. 그리고 "현상에 사로잡힌"이라는 표현은 의식에 재표상된 그 감각적 표상을 근거로 사유한다는 의미로 해석된다. 그런데 그 감각적 대상은 이미 주관에 의해 부가된 개념적 의미를 내포하고 있기 때문에 이 개념적 의미를 의식이 문자 언어로 규정함으로써 인식이 이루어진다. 이로써 결국 의식에서 인식된 의미 내용은 모두 실재하지 않는 것들임에도 불구하고, 마치 그 의미 내용이 실재하는 것처럼 객관화하고 있다는 점을 명확하게 밝혀 주고 있다.

---

45) 中村元, 석원욱 역, 『화엄경의 사상사적 의의. 화엄사상론』(문학생활사, 1988), 123쪽.

이상에서 살펴본 바와 같이 개념적 언어란 주관적 가치판단에 따라 상대적 차별성을 규정한 언어라는 점을 이해해야 한다. 이러한 이유로 인해서 그 언어에는 서로 상충하고 대립하는 의미 내용이 내포되어 있다는 점도 이해할 수 있다. 따라서 이러한 의미규정으로 인해서 감정이나 애착하는 마음 또는 증오하는 마음 등이 생겨난다. 그 결과 대화형 인공지능 '테이[Tay]'가 16시간 만에 작동을 멈출 수밖에 없었던 이유도 저절로 명백해진다.

마찬가지로 지금과 같이 개념적 의미를 학습하는 인공지능은 결코 광범위한 정보 데이터를 종합적으로 처리할 수 없다는 점도 이해할 수 있다. 개념이 서로 대립된 의미 내용을 가지고 있다는 점에서 서로 상충되지 않는 범위 내에서만 사용이 가능하다. 그리고 한 번 규정한 의미 내용으로 고정되기 때문에 한 번 저장된 정보는 새로운 정보에 대해서도 항상 동일한 의미로만 이해하기 때문이다. 게다가 이 개념들이 항상성(본질보편성)을 갖지 못하기 때문에 광범위한 데이터에 적용이 불가능하다.

이러한 점에서 인간을 뛰어넘는 인공지능을 개발하기 위해서는 인공지능이 스스로 감각표상을 종합하고 통일하여 본질적 언어를 구성하는 방법을 찾는 것이 급선무라고 할 것이다. **본질적 언어는 사물의 본질보편성을 내포하고 있기 때문에** 모든 인간에게 공통된 의미 내용을 제공한다. **이로써 인류는 공통된 생활세계를 가질 수 있는 것이다.** 그리고 이 본질보편성으로 인해서 자연에 대한 원리적 이해가 가능하다. 이러한 점에서 끊임없이 변화하는 자연현상을 원리적으로(자연의 법칙에 맞게) 이해할 수 있다.

06. 범용인공지능^{AGI}의 필요조건

앞에서 딥러닝이 왜 외계의 자연현상을 해석하지 못하는지 그 원인을 살펴보았다. 이제 인공지능이 인간과 동일하게 외계를 이해하기 위해서는 어떠한 요건을 갖추어야 하는지 자세히 살펴보기로 하자.

앞에서 자연을 바르게 이해할 수 있는 것은 오로지 본원적 직관 능력을 통해서 가능하다는 점을 살펴보았다. 즉 사물의 본질적 표상을 표상할 수 있는 선천적 표상능력과 이 선천적 표상능력에 의해 표상된 본질적 표상을 종합하고 통일할 수 있는 직관적 언어능력이 함께 갖추어져야만 가능하다.

이러한 점에서 컴퓨터가 끊임없이 변화하는 자연현상을 해석하기 위해 우선적으로 요구되는 점은 스스로 다양한 감각표상들을 종합하고 통일할 수 있어야 한다. 이러한 이유로 사실 기존의 메모리 반도체로는 범용인공지능^{AGI}이나 초인공지능^{ASI}의 개발은 애초에 기대할 수 없는 것이었다.

최근에 한국과학기술원^{KIST} 차세대반도체연구소의 발표에 의하면 시각과 청각 그리고 후각 등 다양한 패턴의 수많은 정보를 동시다발적으로 처리할 수 있는 뉴로모픽^{neuromophic} 칩을 개발하고 있다고 한다. 이러한 뉴로모픽 칩이 개발되어야만 컴퓨터가 스스로 사물의 본질과 본질적 언어를 산출할 수 있는 능력을 배양할 수 있을 것이다.

그런데 외계로부터 주어진 다양한 감각정보를 수용할 수 있는 뉴로모픽 칩이 개발된다고 하더라도, 컴퓨터가 인간과 동일하게 사물의 고유한 물질적 특성들을 조합하여 그 사물의 본질을 구성해 낼 수 있을까? 그리고 그 본질로 표상한 본질적 표상을 종합하고 통일하여 본질적 존재의미를 구성할 수 있을까?

그리고 근래에 구글에서 개발한 그림 그리는 인공지능 딥드림^{Deep} ^{Dream}은 빈센트 반 고흐나 렘브란트 반 레인의 그림을 모방하여 그림을 그릴 수 있다고 한다. 과연 이러한 그림이 창작활동이라고 할 수 있을까? 진실로 인간과 동일하게 창작활동이 가능한 인공지능을 개발하기 위해서는 무엇이 필요할까?

한 가지 예를 들어 보자. 나무를 태우며 활활 타오르는 불꽃을 직접적으로 체험할 때와 똑같은 상황을 동영상이나 사진을 통해 보았을 때를 비교해 보기로 하자. 비록 그 불꽃의 모양과 색상은 동일할지라도 사진을 통해서는 전혀 그 불꽃의 물질적 특성을 느낄 수 없다. 실제로 그 불꽃을 볼 때는 피부로 전해지는 적외선을 통해 그 열기(熱氣)를 함께 느끼기 때문에 그 불꽃에서 '모든 것을 태울 수 있다'고 하는 물질적 특성이 직관된다. 바로 여기에서 인간의 본원적 직관능력이 단순하게 주어진 감각정보를 수용함으로써 외계를 이해하는 것이 아니고, 그 감각정보들을 가공하여 사물의 본

철학하는 인공지능

질을 구성한 뒤에 그 사물의 본질적 표상을 표상해낸다는 점을 알수 있다. 그리고 이러한 본질적 표상을 종합하고 통일함으로써 본질적 언어를 구성한다. 이러한 점에서 단순하게 뉴로모픽 칩에 카메라를 통해서 그 불꽃의 사진을 입력하고 또한 동시에 온도를 측정하는 센서를 통해 불의 열기(熱氣)를 입력하였다고 할 때 과연 컴퓨터가 이 두 가지 감각정보를 결합하여 불의 본질과 본질적 존재의미를 구성하여 직관할 수 있을까?

물론 '불은 모든 것을 태울 수 있다'고 하는 본질적 존재의미를 별도로 입력할 수는 있겠지만, 이것은 개념적 언어로 학습하는 것이기 때문에 결코 본질적 존재의미를 스스로 구성한 것이 아니다.

이와 같이 스스로 본질적 존재의미를 구성하지 못한다면 다시 이본질적 존재의미에 근거하여 그 사물의 본질적 표상을 표상해 낼수 없다. 따라서 인간의 선천적 인지능력을 모방하기 위해서는 최소한 세 가지 점을 준비해야 할 것 같다.

첫째는 외계의 물질적 사물이 가진 고유한 물질적 특성을 조합하여 그 물질적 사물을 '있는 그대로' 표상해 낼 수 있느냐 하는 점이다. 분명 물질적 특성들이 '있는 그대로' 드러나 나타나는 사물의 표상이영혼 속에서 표상되어 감각기관에 현상하고 있다. 이러한 점에서 옛성현들은 사물의 물질적 특성들을 영혼 속에 종자의 형태로 간직하고 있다고 설명하고 있다. 특히 플라톤은 『티마이오스』에서 이 점을매우 자세하게 설명하고 있다. 그는 사물의 물질적 특성을 '우주에서빌려와서 우리의 영혼 속에 간직하고 있다'고 설명하고 있다.

이러한 설명은 유전생물학적인 관점에서 이해할 필요가 있는 것 같다. 즉 인간이 오랜 세월 진화해 오면서 자연스럽게 사물의 물질적 특성을 유전형질로 가지고 태어난다는 점을 이해할 수 있다.

이와 관련해서 로돌포 R. 이나스도 동물들이 유전적 지식을 가지고 태어난다는 점을 입증하고 있다. 그는 아프리카 영양이 태어나자마자 5초도 지나기 전에 사자의 접근을 알아차리고, 있는 힘껏 도망간다는 사실을 그 증거로 제시하고 있다. 이러한 사실로부터 이 아프리카 영양은 사자의 습격에 대비해야 한다는 점을 유전적 지식으로 가지고 태어난다는 것을 알 수 있다. 마찬가지로 **인간도 외계의 물질적 사물이 가진 고유한 물질적 특성을 유전형질로 가지고 태어난다**는 점을 인정하지 않을 수 없다.

둘째는 의식에서만 의지작용[작의(作意)]이 작동하는 것이 아니고, 본원적 직관능력에서도 의지작용이 작동한다는 점이다. 앞에서 외계로부터의 자극에 대해 신경계가 고정적인 행위패턴Fixed Action Pattern을 갖는다는 점을 살펴보았다. 이와 같이 신경계가 일정한 고정행위패턴을 갖게 된 것은 인간이 하나의 생명체로서 자연생태계에 적응하고 생존하기 위해 오랜 세월동안 진화한 결과일 것이다. 또한 이렇게 생명체가 진화할 수 있었던 것은 곧 그 생명체의 생명력으로 인해서 가능한 것이다.

바로 이러한 생명력이 곧 인간 영혼의 의지작용이다. 그동안 우리는 관념론 철학으로 인해서 인간의 육체와 정신을 분리시켜왔기 때문에 이 점을 인정하지 않고 있다. 그러나 육체와 정신은 결코 분리

철학하는 인공지능

시킬 수 없다. 육체의 다섯 가지 감각기관은 인간의 영혼에 의해 작동이 가능하다. 즉 다섯 가지 감각기관의 감각작용[아타나식(阿陀那識), 팔식(八識)]은 인간의 영혼인 본원적 직관능력[아말라식(阿末羅識), 팔식(八識)]에 의해 가능하다. 이러한 점에서 불교에서는 감각과 본원적 직관능력을 동일한 '팔식'이라고 표현하고 있다. 즉 영혼의 선천적 인지능력이 육체의 감각기관을 통해 작동한다.

따라서 **모든 동물이나 식물들이 가지고 있는 원초적인 생명력이 인간에 있어서는 영혼에서 의지작용의 형태로 작동한다**는 점을 이해할 수 있다. 그리고 이러한 생명력으로 인해서 외계를 바르게 이해하기 위해 사물의 물질적 특성들을 조합하여 사물의 본질을 구성하고, 이 본질을 소재로 사물의 본질적 표상을 그려내는 선천적 인지능력이 진화되었다는 점을 이해할 수 있다.

이러한 점에서 불교에서는 본원적 직관능력에 전인적 의지작용[무공용작의(無功用作意) 또는 유가작의(瑜伽作意)]이 작동한다는 점을 밝히고 있다. 물론 본원적 직관작용에서만 이러한 의지작용이 작동되는 것이 아니고, 모든 정신현상은 의지작용과 함께 작동한다는 점을 깨우쳐 주고 있다.

불교에서는 인간의 선천적 인지능력에 대해 '두루 작동하는 마음의 작용[변행심소(遍行心所)]'이 갖추어져 있다고 설명하고 있다. 즉 촉발작용[촉(觸)], 의지작용[작의(作意)], 감수작용[수(受)], 표상적 사유작용[상(想)] 그리고 언어적 사유작용[사(思)]을 말한다. 이러한 생래적인 사유작용이 꼭 나열하는 순서대로 작동하는 것은 아니고, 함께 작동한다고 이해하는 것이 타당할 것 같다.

이 다섯 가지 사유작용 가운데 지금까지는 표상적 사유작용과 언어적 사유작용에 대해 자세히 살펴보았다. 나머지 세 가지 마음의 작용 가운데 촉발작용과 감수작용에 대해서는 특별하게 논의할 것이 없다. 이미 컴퓨팅하는 작업이 이에 해당하기 때문이다.

그러나 **의지작용은 사유작용에 있어서 일정한 지향성을 부여한다**는 점에서 매우 중요한 의미를 갖는다. 즉 이 의지작용이 본원적 직관능력[팔식(八識)]과 의식[육식(六識)] 그리고 감각적 지각[오식(五識)]에서 작동함으로써 표상적 사유작용과 언어적 사유작용이 일어나기 때문이다.

셋째는 사물의 본질적 표상을 종합하고 통일하는 직관적 언어능력이 필요하다. 뉴로모픽 칩이 개발된다면 결국 이 직관적 언어능력을 개발하는 방향으로 연구가 진행될 것으로 예상된다. 왜냐하면 수많은 감각정보를 동시다발적으로 입력한다면 결국 이 뉴로모픽 칩의 성능저하가 예상된다는 점이다. 예를 들어 '사과'라는 과일은 품종에 따라 그리고 생육환경에 따라 다양한 맛과 향 그리고 모양과 색상들을 가지고 있다. 이러한 다양한 감각정보를 모두 입력한다면 매우 많은 저장 용량이 필요할 것이다. 따라서 이 뉴로모픽 칩을 사용하여 수없이 다양한 감각정보를 모두 입력한다는 것은 불가능할지도 모른다.

그러나 이러한 감각정보를 '사과'라고 하는 본질적 언어를 통해 저장한다면 매우 작은 용량으로 그 수많은 감각정보를 저장할 수 있

철학하는 인공지능

다. 따라서 이 뉴로모픽 칩을 효과적으로 사용하기 위해서는 결국 이러한 방향으로 연구가 진행될 것이다.

이러한 점에서 다섯 가지 감각기관을 통해 얻게 된 다양한 감각표상을 종합하고 통일하여 하나의 의미통일체를 구성한다는 점에 대해 자세히 살펴보기로 하자.

• 사물의 물질적 특성은 유전형질이다

앞에서 우리의 눈은 오로지 외계의 물질적 사물들이 반사하는 빛만을 받아들일 뿐이며, 눈에 보이는 모든 사물의 표상은 대뇌의 피질에서 표상해낸 것이라는 점을 살펴보았다. 그런데 놀랍게도 우리는 그 물질적 사물이 가진 고유한 물질적 특성을 감각기관을 통해 '있는 그대로' 체험할 수 있다.

다시 설명하자면 감각기관에 현상한 사물의 표상은 분명 영혼(대뇌) 속에서 표상한 것이다. 그런데 어떻게 외계의 물질적 사물이 가진 고유한 물질적 특성이 '있는 그대로' 직관될 수 있을까?

이에 대해 옛 성현들은 사물의 고유한 물질적 특성들을 조합하여 그 사물의 본질을 구성하고, 이 본질을 소재로 본질적 표상을 그려냄으로써 그 사물이 '있는 그대로' 현상한다고 설명하고 있다. 그렇다면 외계의 물질적 사물이 가지고 있는 물질적 특성들이 인간의 영혼 속에 내장되어 있어야만 이러한 본원적 직관이 가능할 것이다. 그래야만 우리의 영혼 속에서 그 물질적 특성들을 조합하여 본질을 구성할 수 있을 것이며, 이 본질을 소재로 선천적 표상능력을 통해서 그 사물의 본질적 표상을 그려낼 수 있을 것이다.

그렇다면 외계의 물질적 사물이 가지고 있는 고유한 물질적 특성이 어떻게 인간의 두뇌 속에 내장될 수 있을까?

플라톤의 설명을 살펴보기 전에 불교에서도 동일하게 설명하고 있다는 점을 먼저 확인하기로 하자.

불교에서도 네 가지 물질적(본질적) 요소[사대(四大): 지(地)·수(水)·화(火)·풍(風)]들의 조합을 통해 대상성[색(色)]을 구성하며, 이 대상성을 소재로 사물의 표상을 표상해낸다고 설명하고 있다. 여기에서 이 **네 가지 물질적 요소가 사물의 본질을 구성하는 물질적 특성**이라는 점을 명확하게 이해하는 것이 중요하다.

세친(世親)은 『아비달마구사석론』에서 지(地)는 딱딱하면서 쉽게 부서지지 않는 견고성(堅固性)을 말하고, 수(水)는 물기가 있어 축축한 성질인 습성(濕性)과 흐르는 성질인 윤활성(潤滑性)을 의미하며, 화(火)는 따뜻하거나 차가운 성질인 온열성(溫熱性)을 그리고 풍(風)은 활발하게 움직이는 활동성(活動性)을 의미한다고 설명하고 있다. 그리고 이 네 가지 요소(四大)로 대상성(色)을 조성해 낸다고 설명하고 있다.[46] 그리고 이 대상성으로 표상된 사물의 표상이 감각기관에 현상함으로써 외계를 이룬다(依色等爲境界故稱外)[47]고 설명하고 있다. 즉 외계란 대상성으로 표상된 사물의 표상이 드러나 나타난

---

46) 바수반두(世親) 『아비달마구사석론』. 대정장(大正藏) 29권, 163쪽, 下. 이 외에도 『잡아함경』등에서도 동일한 설명이 나타난다.

47) 상동, 169쪽, 下. 여기에서 색(色)은 감각적 대상으로서 안식(眼識)에 드러난 시각적 대상(塵)을 의미한다. 이렇게 동일한 용어(色)로 동시에 대상성과 시각적 대상이라는 의미로 사용하고 있다. 이것은 대상성과 시각적 대상을 동일시하고 있다는 점을 의미한다. 즉 시각적 대상은 이 대상성으로 구성되기 때문에 동일시하는 것으로 해석된다.

것이라는 의미이다.

이러한 점에서 이 네 가지 요소는 물질적 사물 그 자체를 의미하는 것이 아니고, 외계의 물질적 사물이 가지고 있는 고유한 물질적 형질(形質)을 의미한다는 점을 알 수 있다. 이 물질적 형질을 조합하여 조성된 대상성[무표색(無表色), 정색(淨色)]을 서양철학에서는 본질이라고 표현한다. 따라서 본질이란 사물의 본질이란 이러한 물질적 특성으로 인해서 그 사물이 갖게 되는 사물의 고유한 존재자성이라고 할 것이다.

이와 같이 이 네 가지 물질적 요소들의 유기적인 조합을 통해 외계의 사물을 '있는 그대로' 표상해 냄으로써 외계(우주)가 우리의 눈앞에 현전한다는 설명이다.

바로 여기에서 또 한 가지 의문이 제기된다. 이렇듯 사물의 고유한 물질적 특성들을 조합하여 사물의 본질적 표상을 그려내려면 분명 이 물질적 특성들이 인간의 영혼(본원적 주체성) 속에 내장되어 있어야 한다. 어떻게 이런 일이 가능할까? 사물의 고유한 물질적 특성이란 그야말로 그 사물만이 가지고 있는 고유한 물질적 형질인데, 그것들이 어떻게 인간의 영혼 속에 내재될 수 있을까?

필자가 불교를 공부하면서 오랜 세월 동안 풀리지 않는 의문이었다.

결국 이 의문은 플라톤의 가르침을 통해 해결할 수 있었다.

그들은 사멸하는 생물의 불사하는 원리(archē)를 받아서는, 그들 자신을 만든 이(dēmiourgos)를 흉내내어, 나중에 다시 돌려 줄 것들로서 불·물·흙·공기의 부분들을 우주에서 빌려 온 다음, 그들이

갖게 된 것들을 한데 접합했는데, 이는 그들 자신을 묶고 풀리지 않는 끈으로 한 것이 아니라 작아서 보이지도 않는 수많은 볼트로 접합한 것입니다. 그는 모든 부분으로 각각의 몸을 하나씩 완성해 낸 다음, 들고 나는 것이 반복되고 있는 몸 속에 불사하는 혼의 회전들(periodoi)을 묶어 넣었습니다.[48]

필자는 플라톤의 『티마이오스』를 읽고서, 참으로 옛 성현들의 위대한 통찰에 다시 한 번 경외감과 깊은 존경심을 갖지 않을 수 없었다. 인간은 외계의 물질적 사물이 가진 고유한 물질적 특성을 유전 형질로 가지고 태어난다는 점을 너무도 쉽게 설명해 주고 있다.

이 인용문을 면밀히 분석해 보기로 하자.

사멸하는 생물의 불사하는 원리(archē)을 받아서는;

먼저 '아르케(archē)'는 앞에 확인한 바와 같이 사물의 본질을 의미한다.

또한 외계의 물질적 사물들은 생성되어 어느 정도 그 상태를 유지하다가 점차 쇠락하여 소멸되는(成住壞空) 과정을 거치면서 존재한다. 이러한 점에서 '사멸하는 생물'이라고 표현한 것으로 해석된다. 이러한 물질적 사물에 있어서 변치 않은 속성을 본질[Archē]라고 표현하고 있다. 따라서 이 구절은 "사물의 변치 않는 본질(아르케)을 본받아서"라는 의미로 이해할 수 있을 것 같다.

그들 자신을 만든 이를 흉내내어; '그들 자신을 만든 이'는 곧 조

---

48) 플라톤, 박종현·김영균 역주, 『티마이오스』(경기: 서광사, 2008), 116쪽-117쪽. 42e-43a

물주를 의미한다. 우리는 일반적으로 우주의 모든 것이 존재할 수 있었던 근원적 원천을 조물주라고 표현한다. 이렇듯 조물주가 인간을 만들어 내듯이 똑같은 방식으로 이 본질적 표상을 표상함으로써 우주를 표상해 낸다고 비유하고 있다. 즉 인간의 생래적인 본원적 직관능력에 의해 삼라만상이 '나타나 존재(顯存)'하는 것을 마치 조물주가 우주의 모든 것을 만들어 낸 것과 같다고 비유하고 있다. 이러한 비유는 곧 우주(외계)가 이 본질직관능력에 의해 구성된다는 점에서 인간이 우주의 유일한 주체적 존재자라는 의미를 드러낸다. 또한 동시에 이러한 **본원적 직관능력이 곧 '신(神)적인 것'이라는 의미**도 내포하고 있다. 실제로 플라톤은 인간의 본원적 직관능력을 '신(神)적인 것'이라고 표현하고 있다.

나중에 다시 돌려 줄 것들로서 불·물·흙·공기의 부분들을 우주에서 빌려 온 다음,;

이 구절에서 먼저 정확하게 이해해야 할 부분은 이 네 가지 요소들[불·물·흙·공기]이 무엇을 의미하느냐 하는 점이다. 앞에서 불교의 설명처럼 사물들의 고유한 물질적 형질(성질)들을 의미한다고 해석하는 것이 타당할 것 같다.

이 네 가지 본질적 요소들을 '다시 돌려 줄 것으로서 우주에서 빌려왔다'고 설명하고 있다. 참으로 위대한 현자의 깊은 지혜를 엿볼 수 있는 구절이다. 감히 필부들이 이 깊은 통찰과 혜안을 흉내조차 낼 수 없다는 점을 깨닫게 해준다.

필자가 수십 년을 두고 고민했던 문제를 너무도 쉽고 간명하게 해명해 주고 있다. 사물의 고유한 물질적 특성은 분명 외계의 사물이 가지고 있다. 그런데 그것이 어떻게 인간의 영혼 속에 내장될 수 있다는 말인가.

이 본질적 요소들은 분명 외계의 물질적 사물들이 가지고 있다는 점에서 우주의 소유라고 할 것이다. 그런데 '다시 돌려 줄 것들로서'라는 표현에서 이 물질적 요소들을 조합하여 본질적 표상[eidos]을 표상함으로써 우주가 나타나 존재할[현존(顯)] 수 있다는 점을 표현한 것이다. 즉 이 물질적 요소를 다시 돌려보낸다는 표현은 곧 다시 이 요소들로 우주를 구성(표상)한다는 설명이다.

그리고 '빌려왔다'고 표현하고 있는데, 이 표현을 통해 플라톤은 인간의 생래적인 본원적 직관능력이 인간의 원초적인 생명력이라는 점을 드러내고 있다. 즉 자연생태계에 적응하기 위해 오랜 진화의 과정에서 이러한 본원적 직관능력이 얻어졌다는 점을 표현하고 있다고 판단된다.

즉 자연생태계에 적응하기 위해 미생물로부터 지능을 가진 인간으로 진화하는 과정에서 자연스럽게 얻어진 결과라는 점을 알 수 있다. 다시 설명하자면 모든 생명체들이 외계에 적응하며 생존하기 위해서는 외계를 '있는 그대로' 정확하게 이해할 수 있어야 한다. 만약 그것을 바르게 이해하지 못하면 결국 적응에 실패함으로써 자연으로부터 도태된다. 이러한 점에서 효과적으로 자연생태계에 적응하기 위해 자연스럽게 진화한 것으로 이해된다. 즉 **생물학적으로 표현하자면 이 네 가지 물질적 요소를 유전형질로서 가지고 태어난다**

　　　　　　　　　　　　　　　철학하는 인공지능

는 의미로 해석된다.

이와 같이 우주로부터 빌려온 네 가지 본질적 요소들의 조합을 통해 본질적 표상을 표상함으로써 인간은 외계를 '있는 그대로' 직관할 수 있으며 동시에 바르게 이해할 수 있다. 이것이 인간의 선천적인 본원적 직관능력이다.

결론하여 인간의 본원적 직관능력은 외계에 실재하는 존재사물의 고유한 존재자성을 '있는 그대로' 모사(模寫)하는 능력이라는 점을 알 수 있다.

그들이 갖게 된 것들을 한데 접합했는데, 이는 그들 자신을 묶고 풀리지 않는 끈으로 한 것이 아니라 작아서 보이지도 않는 수많은 볼트로 접합한 것입니다.;

이 구절에서는 이 네 가지 요소들이 어떻게 인간의 두뇌(영혼) 속에서 자유자재로 조합될 수 있는지를 설명해 주고 있다. 즉 풀리지 않는 끈으로 묶는 것이 아니고, 자유자재로 해체와 조합이 가능할 수 있도록 '보이지 않는 볼트로 접합한다'고 설명하고 있다. 이것은 표상적 사유작용[想: 畫家]을 통해 이 네 가지 요소를 자유자재로 조합함으로써 다양한 존재사물의 표상을 그려낼 수 있다는 점을 설명하고 있다.

그는 모든 부분으로 각각의 몸을 하나씩 완성해 낸 다음, 들고 나는 것이 반복되고 있는 몸 속에 불사하는 혼의 회전들(periodoi)을 묶어 넣었습니다.;

이 구절은 고대 그리스의 종자[Sperma]설이 불교와 동일한 내재주

의철학이라는 점을 입증해주는 대목이라고 할 것이다.

고대 그리스의 철학의 시조라고 하는 탈레스로부터 플라톤에 이르기까지 모든 철학자들이 사물의 본질[archē]을 '불'이다, '물'이다 혹은 '흙'이라고 주장한 것들을 우리는 지금까지 과학철학이라고 이해해 왔다. 그러나 이 대목에서 이러한 논의들이 모두 인간의 본원적 직관능력에 대한 깊은 고찰이었다는 점을 알 수 있다.

이러한 논의를 통해 결국 네 가지 요소[불·물·흙·공기]들이 영혼 속에 종자의 형태로 내재되어 있다는 결론에 도달했다는 점을 읽을 수 있다. 즉 네 가지 본질적 요소는 실재하는 물질적 사물이 아니고, 사물의 고유한 물질적 특성을 의미하며, 동시에 인간의 영혼 속에 종자의 형태로 내재되어 있다는 점을 설명하고 있다.

'들고 나는 것이 반복되는 몸'이라는 표현에서 감각기관을 통해서 외계로부터 자극이 '들어오고' 그에 대한 반응으로서 감각적 표상이나 본질적 표상이 '나타난다(나온다)'는 의미를 드러내고 있다.

그리고 '불사하는 혼'이라는 표현에서 이 영혼은 '불생불멸(不生不滅)'하는 작용특성을 갖는다는 의미를 읽을 수 있다.

플라톤은 『티마이오스』에서 영혼의 선천적 표상작용[nous]에 의해 표상한 본질적 표상[eidos(형상)]에 대해 "생성하지도 않으며, 소멸하지도 않는다"고 설명하고 있다.

그리고 '회전'이라고 표현은 사유작용을 의미한다. 플라톤은 우주와 두뇌가 둥글게 생겼다는 점에서 구형체(球形體)로 표현하며, 사유작용이 구형체인 두뇌 속에서 일어난다는 점에서 '회전'이라는 표현을 사용하고 있다. 즉 의식의 사유작용에 대해서는 타자성의 회전

철학하는 인공지능

이라고 표현하고, 영혼의 본원적 직관작용에 대해서는 동일성의 회전이라고 표현하고 있다.

따라서 이 본질적 요소들에 '혼의 회전들을 묶어 넣었다'는 설명에서 이 네 가지 요소들이 본질적 표상[형상: eidos]을 그려내는 재료로서 본원적 직관능력인 선천적 표상능력[Nous]과 함께 작동한다는 점을 밝히고 있다.

이상에서 살펴본 바와 같이 본질적 표상을 그려내는 네 가지 본질적 요소들을 유전형질로 가지고 태어난다는 점을 알 수 있다. 즉 '우주에서 빌려와서 우리의 영혼 속에 간직하고 있다'는 표현에서 이것들이 자연생태계에서 오랜 세월 진화를 거치면서 얻어진 선천적인 인지능력이라는 점을 드러낸다. 그리고 이러한 선천적 인지능력은 유전형질로 가지고 태어난 네 가지 물질적 요소를 통해 가능하다는 점을 알 수 있다. 이로써 인간의 영혼은 이 본질적 요소들을 조합하여 사물들의 본질적 표상을 그려낼 수 있다.

이와 같이 **이 유전형질로 인해서 외계에 대한 본질보편성을 직관할 수 있으며, 그 결과 인류 공통의 생활세계가 구성된다.** 이러한 점에서 사물의 물질적 특성들이 유전형질이라는 점을 명확하게 이해해야만 범용인공지능의 개발이 가능하다.

• 사유작용과 함께 의지작용[작의(作意)]이 작동한다

앞에서 사물의 물질적 특성이 유전형질로서 우리의 영혼 속에 내장되어 있다는 점을 살펴보았다. 이러한 물질적 특성을 조합하여 사물의 본질을 구성하게 되고, 이 본질을 소재로 사물의 본질적 표상을 그려낸다. 이로써 우리는 외계를 '있는 그대로' 직관할 수 있다. 그렇다면 인간은 어떻게 이러한 본원적 직관능력을 갖출 수 있었을까?

이 점에 대해서도 유전생물학적인 이해가 불가피한 것 같다.

이러한 감각기관을 통한 본원적 직관능력은 생명체로서 자연환경에 효과적으로 적응하기 위해 오랜 세월 끊임없이 진화를 거듭한 끝에 얻어진 결과물이라고 할 것이다. 그리고 이렇듯 끊임없이 진화할 수 있었던 것은 생존하기 위한 강한 생명력으로 인해서 가능했을 것이다. 즉 운동신경계를 통해 작동하던 이러한 원초적인 생명력으로 인해 인간 영혼이 진화하였다는 점을 알 수 있다.

이로써 인간 영혼은 원초적인 생명력으로 인한 의지작용[작의(作意)]을 갖추게 되었다. 보다 구체적으로 설명하자면 인간의 선천적인 인지능력은 이 원초적인 생명력으로 인한 의지작용이 함께 작동한다는 점을 이해할 수 있다.

노자는 『도덕경』 51장에서 우리의 눈앞에 펼쳐진 모든 존재사물이 이러한 원초적인 생명력으로서의 전인적(全人的) 의지작용[49]에 의해 표상되어 현상한다는 점을 자세히 설명하고 있다. 즉 그는 이 의지작용을 '공(功)'이라고 표현하고 있다. 그리고 이 의지작용에 의해 다양한 차별성을 가진 본질적 표상을 표상해 낼 수 있다는 점을 자세히 설명하고 있다.

먼저 감각기관에 현상하는 다양한 사물의 표상이 어떻게 표상되

---

49) 의식에서 작동하는 주관적 의지작용과 구분하기 위한 표현이다.

철학하는 인공지능

는가 하는 점을 살펴보기로 하자.

"도는 그것(존재사물)을 생성하고, 덕은 그것을 키우며(양육하며), 물질적 사물이 그것을 표상한다.(道生之 德畜之 物形之)"

여기에서 "그것(지(之)}"이라고 표현한 것은 곧 감각기관에 현상한 본질적 표상으로서의 존재사물을 의미한다. 이 존재사물을 '물질적 사물'이라고 표현할 수 없기 때문에 이렇게 표현한 것으로 해석된다.

이 인용문에 대해 대부분의 주석가들은 거의 일치하는 해석을 제시하고 있다. 먼저 도(道)에 대해 소자유(蘇子由)는 "만물의 어미(萬物之母)"라고 표현하고 있으며, 여길보(呂吉甫)는 "개념적 언어가 없는 사물(無名之物)"이라고 표현하고 있다. 모두 노자가 "본질적 언어가 있으니, 만물의 어미로구나!"라고 설명한 것과 동일한 표현들이다. 즉 도란 만물의 어미로서의 본질적 언어를 의미한다는 점을 알 수 있다. 여길보가 "개념적 언어가 없는 사물"이라고 표현한 것도 곧 '본질적 언어'를 의미한다고 해석이 된다.

이와 같이 **도란 궁극적으로 개념적 언어를 끊어서 멸절함으로써 본질적 언어를 체득(體得) 또는 증득(證得)하는 것**을 의미한다. 이렇게 체득된 본질적 언어가 곧 모든 존재사물의 원천적 근원[소유(所由)]이라는 의미에서 곧 '도가 존재사물을 생한다'고 말한 것이다.

그리고 "물질적 사물이 그것을 표상한다(物形之)"는 설명은 곧 감각기관을 통해 외계의 물질적 사물과 마주침으로써 그 물질적 사물의 본질적 표상을 표상한다는 의미이다. 여기에서 형(形)은 선천적 표상 능력에 의한 표상작용을 의미한다. 이렇게 표상된 본질적 표상이 눈앞에 현전하는 존재사물이다. 여기에서 '물(物)'이란 외계에 실재하는 물질적 사물을 의미한다. 즉 존재사물이란 감각기관에 현상함으로써 우리가 '존재한다(있다)'고 알고 있는 그 사물을 의미하며, 물질적 사물이란 외계에 실재하는 물질적 사물을 지시하는 표현이다. 이점을 구분하여 읽어야 깊은 철학적 의미를 이해할 수 있다.

이에 대해 육희성(陸希聲)은 "**그 물질적 재질[材]을 표상해 내는 것이 곧 본원적 직관[事]이다(形其材者事也)**"라고 설명하고 있다. 즉 '존재사물을 표상한다(形之)'는 표현은 곧 그 사물의 물질적 특성을 소재로 본질적 표상을 표상하는 선천적 표상작용을 설명하고 있다는 점을 알 수 있다. 특히 소자유는 "도와 덕은 곧 스스로는 표상할 수 없으며, 물질적 사물로 인하여 그 표상이 나타나 보인다(道德則不能自形 因物而後形見)"라고 해설하고 있다.[50]

이 두 주석을 통해서 도와 덕은 스스로는 사물의 표상을 표상해 낼 수 없고, 외계의 물질적 사물과 마주칠[촉(觸)] 때 표상적 사유작용[形]이 일어나서 사물의 본질적 표상이 현상한다는 점을 알 수 있다. 즉 도를 통해 본질적 언어를 체득하게 되며, 이 본질적 언어를 근거로 선천적 표상작용[形]을 통해 본질적 표상을 표상한다는 점을 이해할 수 있다. 이렇게 외계의 사물과 마주쳐서 그것을 '있는 그대로' 드러내는 본질적 표상이 감각기관에 현상하는 것을 '본원적 직관[사(事)]'이라고 한다.

---

50) 이상에서 인용한 주석들은 모두 『노자익(老子翼)』에서 인용한 것이다. 앞의 책, 3권, 24쪽~25쪽.

철학하는 인공지능

바로 여기에서 한 가지 주목해야 할 점은 외계의 물질적 사물과 마주칠 때 그 사물들이 매우 다양한 차별성을 가지고 있다는 사실 이다. 따라서 선천적 표상작용을 통해서 그것에 상응하는(일치하는) 다양한 본질적 표상을 표상해 내야 한다는 점을 알 수 있다. 그렇다 면 바로 이 점으로부터 한 가지 의문이 제기된다. 분명 본질적 언어 란 '하나'라고 하는 본질적 존재의미를 담지하고 있는 의미통일체인 데, 어떻게 이 본질적 언어에 근거하여 다양한 차별성을 가진 본질 적 표상을 표상해 낼 수 있을까?

이러한 본원적 직관을 가능하게 하는 것을 곧 전인적 의지작용[공 (功)]이라고 한다. 17장에서 **"전인적 의지작용이 이루어져서 곧 본원 적 직관이 성취된다(功成事遂)"**고 설명하고 있다. 즉 이 의지작용에 의해서 다양한 차별성을 드러내는 본질적 표상이 표상되어 감각기 관에 현상하게 된다.

예를 들어 '산'이라고 하는 본질적 언어는 오로지 '산'이라는 하나 의 본질적 존재의미를 가지고 있다. 반면에 마주치는 외계의 산들 은 똑같은 산이 하나도 없다. 높은 산, 야트막한 산, 숲이 울창한 산, 바위산 등등 다양한 형태와 특성을 가진 산들이다. 이와 같이 다양한 형태와 특성을 가진 산들을 어떻게 표상해 낼 수 있을까? 이러한 본원적 직관을 가능하게 하는 것이 곧 전인적 의지작용[공 (功)]이다. 이 의지작용에 의해서 다양한 차별성을 드러내는 본질적 표상이 표상되어 감각기관에 현상하게 된다.

이러한 점에서 이 의지작용에 의해서 본질적 언어에 지향성을 부 여함으로써 다양한 차별성을 키워낼(畜) 수 있다고 설명하고 있다.

따라서 소자유는 "덕이 존재사물을 키운다"는 설명에 대해 "그리고 본질적 언어가 운행하여 덕이 된다. 많은 무리를 길러내면서도 (다양한 차별성을 가진 사물의 표상을 표상하면서도) 개념적 언어로 표현하지 않는다. 따라서 만물을 키운다는 것은 곧 덕이다(及其運而爲德 牧養群 衆而不辭 故畜萬物者德也)"라고 해설하고 있다. 이러한 설명에서 덕(德) 이란 본질적 언어에 지향성을 부여함으로써 다양한 차별성을 지닌 본질적 표상을 표상하는 것이라는 점을 알 수 있다. 이러한 점에서 덕이란 도(道)의 현실적 적용이라고 할 수 있다.

여기에서 주목해야 할 점은 이 본질적 언어를 운행해서 수많은 무리의 다양한 사물의 표상을 표상해 내지만[牧養群衆], 결코 "개념적 언어로 서술하거나 표현하지 않는다[不辭]"는 표현이다. 이 표현에서 개념적 언어로 표현하지 않아도 그 사물의 개별적 차별성이 드러나 나타난다는 의미를 읽어낼 수 있다.

이러한 점에서 노자는 34장에서 "전인적 의지작용이 이루어져도 개념적 의미가 부가된 감각적 대상[유(有)]은 존재하지 않는다(功成而 不有)"고 설명하고 있다. 전인적 의지작용이 이루어짐으로써 다양한 개별적 차별성을 드러내는 본질적 표상이 현상하지만, 결코 그 표상은 개념적 의미를 드러내지 않는다는 설명이다. 이러한 설명은 거꾸로 의식에서 작동하는 주관적 의지작용에 의해서는 개념적 의미가 부가된 감각적 대상이 정립된다는 점을 암시하고 있다.

이상에서 살펴본 바와 같이 본질적 언어에 근거하여 존재사물의 다양한 본질적 표상을 표상해내는 것을 덕(德)이라 한다. 그리고 본

철학하는 인공지능

질적 언어에서 이렇듯 다양한 차별성을 이끌어 내는 것은 전인적 의지작용-[공(功)]을 통해서 가능하다는 점을 이해할 수 있다. 다시 설명하자면 이 의지작용을 통해서 본질적 언어를 운행함으로써 다양한 차별성을 가진 존재사물이 표상되어 감각기관에 현상할 수 있다는 점을 알 수 있다.

바로 이러한 의미에서 플라톤은 『티마이오스』에서 인간 영혼을 "경작지"라고 표현하는 이유를 이해할 수 있다.[51]

불교에서도 노자의 가르침과 동일하게 설명하고 있다. 불교에서는 '두루 작동하는 마음의 작용-[변행심소(遍行心所)]'을 통해 인간의 모든 사유작용에서 의지작용이 함께 작동하고 있다고 설명하고 있다. 이 '변행심소(遍行心所)'는 인간의 선천적인 인지능력을 설명하는 용어로 서 다음과 같은 다섯 가지 정신작용을 의미한다. 촉발작용-[觸], 의지작용-[作意], 감수작용-[受], 표상적 사유작용-[想] 그리고 언어적 사유작용-[思]이다. 인간의 모든 정신현상은 이 다섯 가지 선천적인 인지능력에 의해 가능하다고 설명하고 있다. 즉 감각[八識]과 의식[六識] 그리고 감각적 지각[五識] 모두 이 다섯 가지 선천적인 인지능력을 통해서 가능하다는 의미이다.

따라서 감각적 지각뿐만 아니라 의식의 사유작용 그리고 감각에서도 모두 주관적 의지작용-[작의(作意), 공용(功用)]이 작동한다는 점을 밝히고 있다. 그리고 의식과 감각적 지각이 완전히 제거된다면 곧

---

51) "그는, 이를테면 경작지처럼, 자기 안에 신적인 씨를 품게 될 부분을 모든 방향에서 구형이도록 만든 다음, 골수의 이 부분을 뇌라고 이름 지었는데,…"(『티마이오스』, 73c). 이에 대해서는 뒤에 종자설을 살펴보면서 자세히 확인하기로 하자.

본원적 주체성[아말라식(阿末羅識)]을 회복하게 되는데, 이 본원적 주체성에서 작동하는 의지작용을 전인적 의지작용[무공용작의(無功用作意), 유가작의(瑜伽作意)]이라고 표현하고 있다.

이 전인적 의지작용으로 인해서 감각기관을 통한 선천적 표상능력과 직관적 언어능력이 유기적으로 상호작용을 할 수 있다는 점을 이해할 수 있다. 이로써 외계의 물질적 사물들이 '있는 그대로' 표상되어 현상할 수 있으며, 동시에 이러한 사물의 표상들을 일관된 의미체계로 종합하고 통일함으로써 사물의 본질적 존재의미를 이해할 수 있다

실제로 의식에서 이러한 의지작용이 작동한다는 점에 대해서는 딥러닝을 통해서도 확인할 수 있다. 즉 인공지능 딥러닝은 의식의 지향성과 함께 의지작용을 구현하고 있다는 점을 확인할 수 있다. 제프리 힌튼의 설명을 읽어보면서 의식의 지향성과 의지작용을 구분하여 이해해보기로 하자.

이 신경활동의 패턴은 각 뉴런의 흥분 정도를 숫자로 바꾸고, 각 숫자를 아주 큰 벡터의 좌표로 생각한다면 수학자들은 벡터 공간으로 표현할 수 있다. 힌튼 교수는 생각이란 바로 이런 벡터의 변화라고 믿는다. (중략) 힌튼 교수는 벡터로 할 수 없는 일은 없다는 확신과 열정의 분위기 같은 현실왜곡장을 만든다. 사실 자율주행, 암 발견, 순간 번역 등 많은 일들이 가능해졌다. 특히 이 매력적인 영국 출신 과학자가 고차원 공간에서의 경사하강법 알고리즘을 설명할 때는 더욱 그렇다![52]

---

52) 25번 주석 참조.

이 인용문에서 주목할 부분은 "생각이란 이런 벡터의 변화"라는 표현이다. 이러한 설명은 의식의 작용특성을 물리학적으로 표현한 것이라고 평가할 수 있다. 다시 이 표현을 철학적인 표현으로 바꾼다면 곧 '의식은 지향성을 갖는다'라고 표현할 수 있다.

벡터란 물리학에서 물체의 움직임을 방향과 그 운동의 크기로 분석하는 개념이다. 방향을 갖는다는 것은 철학적으로 표현하자면 지향성을 갖는다는 의미이다. 그리고 그 움직임의 크기란 곧 의식을 통해 규정된 의미 내용이라고 할 수 있다. 이러한 점에서 제프리 힌튼이 '생각이란 이런 벡터의 변화'라고 설명한 것은 이러한 **벡터의 성질을 이용해서 의식의 지향적 작용특성을 구현할 수 있다**는 의미를 드러낸다.

여기에서 후설의 현상학에서 의식의 지향성에 대해 설명하는 것을 읽어보기로 하자.

의식은 언제나 그 무엇에 관한 의식(Bewußtsein von etwas)이며 언제나 그 대상과 하나를 이루고 있다. 의식이 대상에 향해져 있으며, 대상을 지향(志向)함으로써 그의 대상을 언제나 '자체 내에 지닌다'는 의식의 이 기본 구조를 후설은 중세 스콜라 철학으로부터 차용한 용어로 지향성(intentionalität)이라고 부른다.[53]

이와 같이 의식은 대상을 지향하여 대상화함으로써 그 대상에 대한 인식이 가능하다. 물리학의 벡터라는 개념이 일정한 방향성을 갖는 것처럼 의식은 지향성을 통해 주관적 성향을 갖게 된다. 이 지

---

53)   W. 마르크스, 이길우 옮김, 『현상학』(서울; 서광사, 1989), 23쪽.

향성으로 인해서 대상사물을 대상화함으로써('자체내에 지닌다') 그 대상에 대한 구체적인(명석판명한) 인식이 가능하다.

이러한 점에서 제프리 힌튼이 '생각이란 이런 벡터의 변화'라고 설명한 것은 곧 벡터를 이용해서 의식의 지향성을 구현할 수 있다는 선언이라는 점을 알 수 있다. 이로써 딥러닝은 마치 의식을 통해 사유하는 것처럼 입력데이터를 스스로 학습할 수 있다.

이러한 의식의 지향성을 불교에서는 네 가지 지향성[사연(四緣)]으로 구분하여 자세히 설명하고 있다. 물론 현상학에서 설명한 지향성과 정확하게 일치하는 개념은 '대상을 지향하는 지향성[연연(緣緣)]'이지만, 이외에도 종자를 지향하는 지향성[인연(因緣)]과 계속 이어지는 지향성[차제연(次第緣)] 그리고 개념을 파생시키는 지향성[증상연(增上緣)]을 함께 설명해 주고 있다.[54]

이렇듯 의식이 일정한 지향성을 갖는 것은 곧 주관적 의지작용[작의(作意)]에 의한 것이다.

마찬가지로 딥러닝 알고리즘에서도 **벡터를 변화시키는 것을 주관적 의지작용이 작동하는 것**이라고 말할 수 있다.

앞에서 제프리 힌튼이 개발한 백프롭 기술의 핵심은 이 벡터의 연결 값을 조정하는 것이라는 점을 읽어보았다. 다시 읽어보기로 하자.

처음 신경망을 만들면 각 신경들의 연결 값, 곧 흥분이 전달되는 정도를 임의의 숫자로 넣는다. 뇌 속 시냅스가 아직 조율되지 않은

---

54) 이에 대해서는 졸저(拙著) 『철학과 문명의 대전환』의 『중론(中論)』에서 깨우쳐 주는 의식의 네 가지 지향성'이라는 목(目)을 참고하기 바란다.

철학하는 인공지능

것과 비슷하다. 백프롭의 목적은 신경망이 작동하도록 연결 값을 정하는 것이다.

이와 같이 연결 값을 조정하는 것은 곧 딥러닝에 주관적 의지작용을 부여하고 있는 것으로 해석된다. 즉 목표하는 바의 학습효과를 얻기 위해 개발자가 이 신경망에 주관적 의지작용을 부여하고 있다는 점을 확인할 수 있다. 이로써 딥러닝이 일정한 지향성(벡터)을 가지고 학습할 수 있다는 점도 이해할 수 있다. 그 결과 딥러닝은 마치 의식의 작용과 유사한 사유능력을 얻을 수 있었던 것이다.

물론 당연히 의식과 상호 간에 지향적 의존관계에 있는 감각적 지각도 동일하게 이러한 주관적 의지작용의 영향을 받는다. 그래서 어떤 사람은 양파를 날것으로 먹으면서 마치 사과 맛과 같다고 말하기도 한다. 일반적인 사람들이 지각하는 것과는 전혀 다르다는 점을 알 수 있다. 이러한 점에서 감각적 지각에서 주관적 의지작용이 작동한다는 점을 알 수 있다.

마찬가지로 모든 예술 활동은 이와 동일하게 감각적 지각에 있어서 주관적 의지작용을 통해서 가능하다. 그림을 그리는 화가는 외계를 다른 사람이 느끼는 것과는 전혀 다른 감각표상으로 표현하고 있다. 음악도 마찬가지다. 의미론적 체계를 갖춘(조리 있는) 소리(음(音))들을 조합하여 일상적으로는 느낄 수 없는 청각의 세계를 창조해 주고 있다. 이러한 **모든 예술 활동이 감각과 감각적 지각에서 작동하는 주관적 의지작용을 통해서 가능하다. 즉 주관적 의지작용을 통해서 전혀 새로운 감각표상을 표상해 내는 것이 창작활동**이라고 할 수 있다.

이러한 점에서 그림을 그리는 인공지능 딥 드림Deep Dream을 창작활동이라고 평가할 수는 없을 것이다. 주관적 의지작용에 의해 그려진 그림이 아니다. 빈센트 반 고흐의 그림을 흉내 낸 것을 창작이라고 말할 수는 없을 것이다.

또한 여기에서 중요한 점은 본원적 직관작용에서는 전인적 의지작용이 작동한다는 점이다. 불교에서는 의식의 사유작용과 감각적 지각을 끊어서 멸절함으로써 본원적 주관성[아리야식(阿梨耶識)]이 본원적 주체성[아말라식(阿末羅識)]으로 전환된다고 설명하고 있다. 이러한 전환을 전의(轉依)라고 표현한다.

그리고 이 본원적 주체성에서 작동하는 의지작용을 유식(唯識)학에서는 무공용작의(無功用作意) 또는 유가작의(瑜伽作意)라고 표현한다.[55] 다시 설명하자면 의식에서 작용하던 주관적 의지작용이 없는 전인적 의지작용이라는 의미이다. 이로써 본원적 직관작용[사(事)]은 이러한 전인적 의지작용을 통해서 이루어진다(無功用作事)고 설명하고 있다. 마찬가지로 선가(禪家)에서도 본원적 직관작용이 전인적 의지작용을 통해서 가능하다는 점을 '수처작주(隨處作主)'라고 표현하고 있다. 즉 '수처(隨處)'란 '사태에 따라'라는 의미이다. '처(處)'란 범어로 sthāna를 한역한 것으로 '인식의 주체와 대상이 마주치는 장(場)'이라는 의미이다. 그리고 '작주(作主)'란 '주인공이 된다'는 표현이다.

---

55) 『해심밀경(解深密經)』의 6장 분별유가품(分別瑜伽品)에서 자세히 설명하고 있다. 또한 세친의 『섭대승론석』 14장에서도 이 전인적 의지작용을 통해 본원적 직관이 이루어진다는 점을 설명하고 있다.

철학하는 인공지능

따라서 이 표현은 주관적·심리적 요인에 의한 억압과 굴절이 없이 그 상황에 따라 주체적으로 판단하고 행동한다는 의미이다. 이러한 설명은 거꾸로 의식의 주관적 의지작용이란 이러한 주관적·심리적 요인에 의해 억압되고 굴절된다는 의미를 내포하고 있다. 따라서 전인적 의지작용은 주관적 의지작용처럼 주관적·심리적 요인에 의해 왜곡되거나 굴절되지 않는다는 의미이다.

또한 주관적 의지작용은 일정한 방향성을 갖는 반면, 전인적 의지작용은 이렇듯 일정한 방향성을 갖지 않는다는 의미도 내포되어 있다. 이 점은 개념적 언어와 본질적 언어의 의미론적 특성과 매우 깊은 연관이 있다. 개념적 언어는 서로 대립된(함께할 수 없는) 의미 내용을 담고 있기 때문에 그 의미 내용에 따라 의식은 고정된 방향성을 갖게 된다.

그러나 본질적 언어는 사물의 다양한 표상을 종합하고 통일함으로써 본질보편성을 갖는다. 이 본질보편성으로 인해서 그 사물의 다양한 변화와 인과관계의 필연성을 원리적으로 이해할 수 있다. 예를 들어 물은 불을 끌 수도 있지만, 반대로 불은 물을 끓일 수 있다. '물'과 '불'이란 본질적으로 서로 대립되는(상충하는) 성질을 가지고 있지만, 이렇게 대립된 것과도 '함께 할 수 있다'. 이와 같이 본질적 언어란 서로 대립된 존재의미를 규정하고 있으면서도 서로 함께할 수 있는 의미론적 특성을 갖는다. 이러한 점에서 전인적 의지작용을 '사태에 따라 주인이 된다'고 표현한 것이다. 즉 **전인적 의지작용을 통해 사태에 따라 자유자재로 존재사물의 다양한 차별적 존재**

의미를 직관할 수 있다는 의미이다.

그렇다면 이러한 전인적 의지작용은 어떻게 생겨날까? 이 점은 매우 쉽게 자연 속에서 확인이 가능하다. 나무의 뿌리는 땅속을 향하고, 나무의 가지는 하늘을 향한다. 바로 여기에서 자연의 모든 생명체들은 생명체로서 자신의 삶을 유지하기 위한 생물학적인 지향성을 가지고 생존한다는 점을 알 수 있다. 마찬가지로 모든 동물들도 본래의 생명력으로 인해서 모든 행위에 이러한 지향성을 갖는다고 할 것이다. 이러한 생명력으로 인해서 선천적 표상작용과 직관적 언어작용에서 전인적 의지작용이 작동한다는 점을 이해할 수 있다. 즉 감각기관을 통해 얻어진 감각정보를 토대로 사물의 본질을 구성해 내는 것이나 본질적 표상을 종합하고 통일하여 본질적 존재의미를 구성하는 직관적 언어작용도 이러한 전인적 의지작용을 통해서 가능한 것으로 판단된다.

이러한 점에서 인공지능에 이러한 전인적 의지작용을 구현할 수 있느냐가 범용인공지능의 개발에 매우 중요한 관건이라고 생각된다. 의식의 작용은 벡터를 이용한 신경망의 연결값을 조정하는 것을 통해 구현할 수 있었다. 마찬가지로 감각작용에서도 컴퓨터 시각이 사물의 본질적 표상을 그려낼 수 있는 전인적 지향성[수연(隨緣)][56]과 전인적 의지작용을 개발해야만 인간과 동일한 선천적 표상능력

---

56) 의식의 네 가지 지향성과는 별개로 본원적 주체성[법신(法身), 아말라식(阿末羅識)]의 지향성을 '수연(隨緣)'이라고 표현한다. 화엄(華嚴)학에서 사용하는 이 수연이라는 표현을 전인적 지향성으로 번역하였다.

철학하는 인공지능

을 실현할 수 있을 것이다. 또한 본질적 존재의미를 구성하는 직관적 언어작용도 이러한 전인적 의지작용을 통해서 가능하다.

그런데 이 전인적 의지작용은 벡터에 변화를 주듯이 주관적 가치판단을 통해서는 불가능하다. 즉 본원적 직관작용은 '하나'라고 하는 본질적 존재의미에서 '여럿'이라고 하는 다양한 본질적 표상을 표상해 낸다는 점에서 일정한 방향성을 갖지 않으며, 주관적 가치판단도 개입되어서는 안 된다. 이러한 점에서 개발자(연구자)가 전인적 의지작용을 입력할 수 있는 방법을 새롭게 강구해야 한다.

• 공감각(共感覺)을 종합하고 통일하여 본질적 언어를 구성한다

만약에 본질적 언어로 작동하는 범용인공지능을 연구한다면 또한 가지 중요한 사실을 이해해야 할 것 같다. 인간이 사물의 본질을 직관할 수 있는 것은 다섯 가지 감각기관이 함께 작동하기 때문에 가능하다는 점이다. 즉 감각은 다섯 가지 감각기관을 통해서 동시에 이루어진다. 사과를 먹을 때 느끼는 감각을 살펴보기로 하자. 눈으로 사과의 모양과 색상을 보면서 동시에 혀로는 맛을 느낄 수 있고, 동시에 코로는 그것의 향기를 맡을 수 있다.

근래에 공감각에 대한 관심이 높아지면서 학생들에게 눈을 가리고 코를 막은 채로 사과 주스나 오렌지 주스를 마시게 하고, 무슨 주스냐고 묻는 실험을 했다고 한다. 그런데 모두 자신이 마신 주스가 무슨 주스인지 식별하지 못했다고 한다.

이와 같이 감각이란 공감각이며, 이러한 공감각을 통해서 사물의 본질을 파악할 수 있다는 점을 이해해야 한다. 바로 이 점을 간과

하고 컴퓨터 시각을 연구하기 때문에 개와 고양이를 쉽게 구분하지 못한다.

인간이 개와 고양이를 쉽게 구분하는 것은 단순하게 시각(視覺)작용을 통해서 그것들을 식별하는 것이 아니고, 울음소리며, 털의 질감이며, 행태(걸음걸이나 습관적인 동작) 등을 함께 꿰뚫어 관찰[통찰(通察)]함으로써 가능하다. 예를 들어 그 털을 볼 때 단지 색상이나 모양만을 식별하는 것이 아니고, 이미 촉감을 통해 그 털의 질감을 이해하고 있는 상태에서 그 털을 식별한다. 이와 같이 **감각을 통해 외계의 사물을 식별할 때 다섯 가지 감각기관을 통한 공감각(共感覺)을 통해서 그것들을 식별한다.**

이러한 점에서 종합적 통일이란 공감각을 동시에 종합하고 통일한다는 점을 이해하는 것이 중요하다. 그리고 이 공감각을 종합하고 통일함으로써 사물의 본질적 존재의미를 직관할 수 있다는 점에 주목해야 한다. 즉 '물'의 본질적 존재의미를 직관할 수 있는 것은 물을 마셔도 보고, 몸을 씻어도 보고, 홍수를 체험하기도 하고, 개울에서 물장난도 쳐보고, 불을 끄기도 하고, 불로 물을 끓여보면서 그 모든 체험들이 하나의 종자(의미통일체)로 종합되고 통일됨으로써 가능하다. 이와 같이 종합적 통일은 다양한 감각경험을 하나의 종자(언어)로 저장하고 간직하는 것을 말한다.

따라서 종합적 통일이 감각작용과 함께 일어난다는 것을 알 수 있다. 즉 종합적 통일이란 감각기관에 현상한 감각표상(감각적 표상이든 본질적 표상)을 종합하고 통일하는 것을 의미한다고 이해할 수 있다.

철학하는 인공지능

이러한 훈습이 눈[眼根]의 감각작용을 일으키는 원인[因; 종자]이 된다. 만약 과보가 이루어진다면 곧 눈의 감각작용이 일어난 것이니, 이것을 따라서 본식 가운데 언설로 인한 번뇌의 훈습이 생한다. 따라서 언설훈습을 정립하여 눈의 감각작용을 가능하게 하는 원인[종자]으로 삼는다. 눈의 감각작용과 마찬가지로 귀 등의 감각 기관에서도 모든 언설훈습이 생하여 이와 같은 지각을 일으키는 것이 본식의 첫 번째 개별적 차별성이다(此熏習是眼根生因 若果報眼根應生 從此本識中言說愛熏習生 是故立言說熏習爲眼根因 如眼根於耳等根一切言說熏習生 應作如此知 是本識第一差別).[57]

이 인용문의 요지는 '오직 하나뿐인 본식(본원적 주관성)만이 다양한 개별적 차별성을 드러낼 수 있다'라는 점을 설명하고 있다. 앞에서 플라톤이 '인간 영혼이 물체(존재사물)들의 상태와 변화까지도 지배한다'고 설명하는 것을 살펴보았다. 이렇게 우리가 외계 사물의 모든 상태와 그 상태의 변화까지도 직관적으로 알 수 있는 것은 이 종합적 통일을 통해 그 사물에 관한 모든 감각표상을 종합하고 통일하여 간직하고 있기 때문이라는 설명이다. 다시 간추려 설명하자면 감각작용을 통해 경험한 다양한 사물의 표상을 훈습을 통해 간직함으로써 다시 감각작용을 통해 그 다양한 차별적인 표상들이 현상하게 된다는 것이다. 이로써 그 사물이 가진 다양한 개별적 차별성을 직관할 수 있다.

이러한 설명은 뇌과학자 와일더 펜필드의 실험 결과를 통해 확인

---

57) 세친, 앞의 책, 178쪽 b.

이 가능하다. 와일더 펜필드의 실험결과를 읽어보기로 하자.

펜필드가 피질의 측두엽을 전기로 자극하자. 환자는 '교향곡이 들린다'거나 '오빠가 보인다'는 시각 사건이나 청각 사건을 말했다. 이 때문에 어떤 신경학자들은 측두피질의 주어진 뉴런이 마치 삶의 단편을 찍은 비디오테이프처럼 특정한 기억을 저장하고 있다는 의견을 내놓기도 했다.[58]

이와 같이 감각경험이나 실제적 체험을 통해 얻은 다양한 감각표상들이 대뇌 피질의 뉴런에서 시냅스 연결을 통해 저장된다. 그런데 이 감각표상들이 '교향곡' 또는 '오빠'라고 하는 이름(본질적 언어)으로 저장된다는 점에 주목해야 한다. 즉 바다달팽이 곰소 같이 다양한 감각기능을 갖추지 못한 동물들은 이 감각표상을 곧바로 감각뉴런에 저장하지만, 인간은 다섯 가지 감각기능을 갖추고 있기 때문에 이 **다섯 가지 감각표상을 종합하고 통일하여 하나의 이름**(언어)**으로 저장한다.** 바로 이렇게 다양한 감각표상을 종자(언어)의 형태로 저장하고 간직하는 것이 종합적 통일이다. 이로써 다시 외부로부터 같은 자극이 주어질 때 이 본질적 언어에 근거하여 뉴런에서 동일한 시냅스 연결을 선택함으로써 동일한 감각표상을 표상하게 된다.

이러한 점에서 위의 인용문에서 두 가지 점을 알 수 있다.

첫째는 **훈습**(종합적 통일)**은 감각작용과 함께 일어난다**는 점이다. 이로써 감각작용의 결과물(감각적 표상과 개념적 의미)이 훈습을 통해 종자를 구성하고, 이 종자가 다시 감각작용의 원인이 된다고 설명하고

---

58) 로돌포R. 이나스. 김미선 옮김, 『꿈꾸는 기계의 진화』(서울; 북센스, 2007), 173쪽.

철학하는 인공지능

있다. "과보가 이루어진다면 곧 눈의 감각작용이 일어난 것이니, 이 것을 따라서"라는 표현에서 감각작용의 결과물[과보(果報)]이 훈습을 통해서 종자를 형성한다는 점을 알 수 있다. 그리고 이 종자가 다시 감각작용을 일으키는 원인이 된다고 설명하고 있다. 따라서 감각작용에 의해 표상된 본질적 표상과 본질적 존재의미가 종자의 형태로 저장되고, 다시 이것에 근거하여 감각작용이 일어난다는 점을 알수 있다. 바로 여기에서 옛 성현들이 이 종자를 존재근거[법계(法界): 중보(衆甫): ousia]라고 표현하는 이유를 이해할 수 있다.

이러한 점에서 종합적 통일은 감각작용의 결과물(감각표상과 의미내용)을 종자의 형태로 저장하는 것을 의미한다.

둘째는 이 종합적 통일이 언어(언설)를 통해 이루어진다는 점이다. 이 인용문에서 "언설훈습"이라고 표현한 것은 의식이 작동하는 관념적 사유의 정신세계[세속제(世俗諦)]에서 일어나는 훈습을 표현한 것이다. 즉 의식에 의해 규정된 개념적 의미가 함께 종자에 저장되는 것을 의미한다. 이러한 점에서 이 언설훈습을 통해서 '번뇌의 훈습'이 이루어진다고 설명하고 있다. 즉 의식을 통해 규정된 개념적 의미들이 감각적 표상과 함께 종자에 저장된다는 것이다. 이렇게 언설훈습을 통해 구성된 종자를 염상종자(染相種子)라고 한다.

반면에 본원적 직관의 정신세계[승의제(勝義諦)]에서는 '진여(眞如)훈습'이라고 표현한다. 그 이유는 이러한 훈습을 통해서 본질적 존재의미[진여(眞如)]가 구성되기 때문이다.

여기에서 주의해야 할 점은 언설훈습이 비록 개념적 의미를 종합하고 통일하는 작용이라고 하더라도 이 훈습도 감각 기관을 통한 직관적 언어작용을 통해서 이루어진다는 점이다.

플라톤도 이러한 점에서 직관적 언어작용(logos)을 '기록자(記錄者)'라고 비유하고 있으며, 의식에는 이러한 기록자로서의 기능이 존재하지 않는다는 점을 밝히고 있다.

이상에서 살펴본 바와 같이 종합적 통일이 반드시 직관적 언어작용을 통해서 이루어져야 한다는 점을 알 수 있다. 만약 다섯 가지 감각 기관에서 일어나는 감각경험들을 따로따로 저장한다면 결코 사물의 본질적 존재의미를 구성할 수 없다. 그리고 사물의 본질을 구성하지 못할 것이다. 그렇다면 사물의 본질적 표상도 표상해 낼 수 없을 것이다.

따라서 **종합적 통일은 다섯 가지 감각 기관을 통한 감각작용을 하나로 아우를 수 있는 직관적 언어작용을 통해서 가능하다**는 점을 이해해야 한다. 이러한 점에서 종합적 통일을 '언설훈습(言說熏習)'라고 표현한 것이다.

07. 정신현상에 대한 연구 방향마저 잘못 설정하고 있다

이상에서 살펴본 바와 같이 인간의 두 가지 언어능력의 작용 특성과 두 가지 언어의 의미론적 특성을 바르게 이해하지 못하기 때문에 결국 뇌과학의 연구 방향마저 바르게 설정하지 못하게 되는 결과를 초래하고 있다. 예를 들어 언어에 관해서는 개념적 언어와 본질적 언어의 의미론적 차이점을 구분하여 이해하지 못하기 때문에 언어에 대한 연구에 있어서 혼란을 겪고 있으며, 또한 의식의 작용특성을 바르게 이해하지 못함으로써 감각[팔식(八識), 아타나식(阿陀那識)]과 감각적 지각[오식(五識)]을 구분하지 못하고 있다.

앞에서 이러한 점들에 대해 자세히 살펴보았으므로, 여기에서는 잘못된 연구 동향만을 간략하게 살펴보기로 하자.

• 선택맹과 변화맹에 대한 그릇된 이해

예를 들어 '선택맹Choice Blindness'이나 '변화맹Change Blindness'[59)]에 대한 연구가 다양하게 진행되는 것으로 보인다. 앤디 클라크Andy Clark라는 심리학자는 『수퍼사이징 더 마인드Supersizing The Mind』라는 책에서 이에 대한 다양한 연구 결과들을 비교하며 자세히 논의하고 있다. 이러한 현상들을 연구하는 심리학자나 뇌과학자들은 마치 뇌의 착각이나 감각작용의 한계인 것처럼 설명하고 있다. 예를 들어 변화맹을 실험한 한 가지 사례를 살펴보기로 하자. 미국의 일리노이 대학에서 농구 경기를 촬영한 영상을 보여주면서 한 학생이 공을 몇 번 패스하는지 세어보라고 실험하였다. 물론 이 영상에는 중간중간 고릴라의 탈을 쓴 사람이 가슴을 치거나 카메라를 쳐다보는 장면을 9초 정도

---

59) 선택맹이란 자신이 선택한 대로 결과를 얻지 못해도 이를 인식하지 못하는 상태를 뜻한다. 예를 들어 사과 주스를 주문했는데 오렌지 주스를 가져다줘도 그것을 인식하지 못하는 것을 의미한다. 변화맹이란 주변의 변화를 인식하지 못하는 것을 의미한다. 현재 보고 있는 장면에서 어떤 변화가 일어나도 그 변화를 감지하지 못하는 경우를 말한다.

의 분량으로 삽입했다. 그런데 이 실험에 참가한 사람 가운데 50% 이상이 그 고릴라의 존재를 알아차리지 못했다고 한다.

다시 고릴라의 존재를 알아차리지 못한 사람들에게 그러한 임무를 부여하지 않고, 그냥 그 화면을 보여주었을 때는 모두 그 고릴라를 쉽게 발견했다고 한다. 이러한 차이점을 변화맹이라고 주장하면서 마치 뇌의 한계이자 결함인 것처럼 설명하고 있다.

그러나 이러한 현상들은 뇌의 한계나 감각능력의 결함 때문에 일어나는 것이 결코 아니다. 이러한 현상은 의식의 작용특성으로 인해서 발생한다. 즉 의식은 한순간에 오로지 하나의 대상만을 인식할 수 있다. 따라서 의식이 어떤 특정한 대상을 지향할 때 오로지 그 대상만이 감각적 지각을 통해 지각된다. 이와 같이 의식과 감각적 지각은 긴밀한 지향적 의존관계를 갖는다. 이로써 어떤 특정한 대상을 지각하는 순간에는 다른 대상들을 지각하지 못하게 된다.

간략하게 설명하자면 감각에는 수많은 사물들의 표상이 현상한다. 그런데 의식이 지향하는 것만을 감각적 지각을 통해 지각한다. 이때 의식이 지향하지 않는 것은 결코 감각적 지각이 일어나지 않는다.

앞의 실험에서도 의식이 그 공을 패스한 횟수를 세기 위해 그 공만을 지향하여 인식하기 때문에 그 고릴라를 지각하지 못한 것이다. 즉 의식의 지향성으로 인해서 모든 주의력이 공에 집중됨으로써 그 순간에 다른 것들을 식별하지 못한 것이다.

또한 의식과 감각적 지각이 이러한 긴밀한 지향적 의존관계를 갖기 때문에 그 고릴라를 발견한 나머지 50%의 사람들은 반대로 그 공이 몇 번 패스되었는가 하는 점을 정확하게 파악하는 데 실패했을 것이다. 왜냐하면 그 고릴라를 지각하는 순간에는 그 공을 지각하지 못하기 때문이다. 물론 이 고릴라가 출현하는 순간이 그 특정한 학생이 공을 패스하는 순간과 겹치지 않는다면 그 공을 패스한 횟수를 파악하는 데 큰 지장은 없었을 것이다. 그러나 그 고릴라가 출현한 그 순간에 공이 패스되었다면 아마도 이 실험자는 패스의 횟수를 정확하게 파악하는 데 실패했을 것이다.

바로 이 점을 비교하여 실험했더라면 **이 변화맹이 의식의 지향작용 때문**이라는 점을 명확하게 이해할 수 있었을 것이다. 그러나 이 실험을 수행한 학자들은 의식과 감각적 지각의 지향적 의존관계에 대해 이해하지 못했기 때문에 이 점을 확인하지 않은 것이다.

바로 이러한 의식의 작용특성을 이용해서 마술사들이 우리를 쉽게 눈속임할 수 있는 것이다. 우리의 의식을 집중시킬수록 쉽게 눈을 속일 수 있다. 그래서 마술사들은 화려한 퍼포먼스를 통해서 우리의 의식을 집중시키는 것이다. 그래야만 자신의 다른 동작을 눈치채지 못하도록 하기 위한 것이다. 그들은 의식이 지향한 것만을 감각적 지각을 통해 지각할 수 있다는 점을 철학적인 관점에서 이해하지 못했다고 하더라도, 쉽게 우리의 눈을 속일 수 있다는 점을 잘 알고 있다고 판단된다.

그러나 의식이 특별하게 그 공을 지향하지 않았을 때는 감각을 통해서 모든 상황을 식별할 수 있다. 분명 그 모든 사태가 감각에 현상하고 있기 때문이다. 이러한 점에서 고릴라를 발견하지 못한 사람들에게 임무를 부여하지 않고 그 화면을 보여줄 때는 그 사람들 모두 고릴라를 발견할 수 있었던 것이다. 이러한 차이점에서 의식과 감각적 지각의 지향적 의존관계를 명확하게 확인할 수 있다.

이와 같이 선택맹이나 변화맹은 의식이 다른 대상(공)을 지향하고 있기 때문에 그 순간에 그 사물(고릴라)을 지각하지 못하는 현상이다.

이러한 의식의 작용특성을 이해하지 못하기 때문에 이 선택맹이나 변화맹을 연구한 과학자들은 마치 이런 현상이 뇌의 착각이나 감각능력의 한계쯤으로 해석하고 있다. 사실 의식의 작용특성을 바르게 이해했다면 이런 연구를 시도할 이유조차도 없는 것이다.

물론 이 또한 관념론 철학 때문에 발생하는 오류이자 착각이다. 관념론자들은 감각작용이 의식에서 일어나는 것으로 착각하고 있다. 그래서 그들은 의식의 사유작용에서 외적 지각이니 내적 지각이니 하는 지각작용이 일어난다고 주장하고 있다.

이로써 감각[팔식(八識), 아타나식과 의식[육식(六識)]이 전혀 별개의 사유능력이라는 점을 엄밀하게 구분하지 못하고 있다. 그 결과, 의식과 감각적 지각[오식(五識)]의 지향적 의존관계를 이해하지 못하게 된다.

결론하여 '선택맹'이니 '변화맹'이니 하는 현상은 의식의 작용특성으로 인해서 발생한 것이지, 뇌의 착각이거나 감각작용의 결함에서 발생하는 것이 아니다. 감각에는 이 모든 사태들이 명확하게 드러나 나타난다.

이러한 인식현상을 정확하게 이해하기 위해서는 먼저 감각과 의

철학하는 인공지능

식 그리고 감각적 지각을 구분하여야 한다. 우리가 일상적으로 체험할 수 있는 정신현상을 분석하면서 감각과 의식 그리고 감각적 지각을 구분하여 이해해 보기로 하자.

나는 지금 매우 곤란한 사건을 급히 해결하기 위해 골똘히 생각에 잠겨 길을 걷고 있다. 이때 눈앞에는 많은 사람들, 상점들, 자동차들, 나무들이 펼쳐져 있다. 그러나 어느 것 하나 의식되지 않는다. 오로지 머릿속에는 그 사건에 대한 생각으로 가득 차 있다. 그런데 어느 순간 '이상한 행동을 하는 사람'이 눈에 띄었다. 순간 "어! 저 사람 미친 거 아냐?!"하는 생각이 스쳐 지나간다. 그리고 다시 그 사건에 대한 생각으로 가득 차 있다.

아마도 대부분 한 번쯤은 이러한 경험을 가지고 있을 것이다.

이때, 그 사건에 대해 골똘히 생각하는 것은 곧 의식의 사유작용이다. 그리고 동시에 우리의 눈앞에 펼쳐진 사태(외계)는 곧 감각이다. 분명, 이때 의식은 그 사건에 대한 생각으로 가득 차 있고, 이와는 별개로 감각이 눈앞에 펼쳐져 있다. 그러나 그것들은 전혀 의식되지 않는다. 결코 감각은 그 자체로 의식에 대상화되어 사유될 수 없다. 그 이유는 너무도 명백하다. 의식은 오로지 문자언어를 매개해서만 작동할 수 있기 때문이다. 따라서 감각에 현상한 감각표상을 감각적 지각을 통해서 개념적 언어로 해석해 주어야만 그 감각표상에 대한 개념적 의미를 인식할 수 있다. 이 점에 대해서는 뒤에 분리뇌 연구의 fMRI자료 사진을 보면서 확인하기로 하자.

이와 같이 감각과 의식을 엄밀하게 구분해야 한다. 관념론 철학에서는 전적으로 감각과 의식을 구분하지 못하고 있다. 즉 감각작용도 의식에서 일어난다고 주장하기 때문에 논리적으로 심각한 혼란이 일어날 수밖에 없다. 서양철학이 어렵게 느껴지는 것은 바로 이러한 혼동에서 발생한다고 해도 과언은 아니다. 그리고 어느 순간 '이상한 행동을 하는 사람이 눈에 띄었다'고 하는 것이 곧 감각적 지각이다. 즉 의식이 그 '이상한 행동을 하는 사람'을 지향하기 때문에 그 사람에게 유독 눈길이 가서 멈춘 것이다. 이렇게 감각적 지각에 의해 지각된 그 사람에 대해 의식은 "미친 거 아냐?!"라고 문자언어로 규정함으로써 인식이 일어난다. 이와 같이 의식은 감각적 지각을 선행적으로 동반해야만 외계의 사물을 인식할 수 있다.

물론 이때는 순간적으로 의식에서 그 사건에 대한 생각은 사라지고, 오직 '미친 거 아냐?!'라고 하는 생각이 일어났다. 그리고 곧 다음 순간, 이 생각은 사라지고, 다시 그 사건에 대한 생각으로 가득차게 된다. 이와 같이 의식은 순간순간 생성과 소멸을 반복하면서 하나의 흐름[의식류(意識流)]을 형성한다.

여기에서 우리는 의식이 감각적 지각을 선행적으로 동반해야 한다는 작용특성과 의식은 순간순간 생성과 소멸을 반복하면서 하나의 흐름을 형성하는 작용특성을 가지고 있다는 점을 확인하게 된다. 왜 의식은 이러한 작용특성을 필연적으로 갖게 되는가?

그 이유는 의식은 문자언어를 매개로 그 언어에 담긴 의미 내용을 인식하고 사유하는 언어적 사유작용이기 때문이다. 이로써 의식은 한순간에 오로지 하나의 단어만을 사유할 수 있기 때문에 생성과 소멸을 반복하면서 하나의 흐름을 형성하는 작용특성을 갖는다.

철학하는 인공지능

왜냐하면 의식은 한순간에 하나의 숫자나 단어를 사유할 수 있기 때문이다. 이것은 너무도 당연하다. 두 개 이상의 단어를 동시에 사유한다면 의식은 무슨 의미인지 전혀 이해할 수 없다. 따라서 의식은 한순간에 하나의 단어만을 사유하면서 계속적으로 그 단어를 바꾸어가면서 생각을 이어가는 것이다. 이러한 이유로 의식은 생성하자마자 곧 소멸하는 작용특성을 갖게 된 것이다.

또한 같은 이유로 의식이 외계를 인식하기 위해서는 감각에 현상한 수많은 사물들의 표상 가운데 하나의 표상을 지향하여 대상화함으로써 외계의 사물을 인식할 수 있다. 바로 이러한 점에서 의식은 감각적 지각을 선행적으로 동반해야 한다. 즉 감각적 지각을 통해서 자신이 지향하는 대상을 지각한 뒤에 이렇게 지각된 감각적 대상[오진(五塵)]을 재표상하여 대상화함으로써[불교에서는 이러한 의식의 지향작용을 연연(緣緣)이라고 표현한다] 그 대상사물을 인식할 수 있다. 이러한 의식과 감각적 지각의 지향적 의존관계에 대해 분리뇌 연구의 fMRI자료 사진과 마이클 S. 가자니가의 실험을 살펴보면서 확인하기로 하자.

이와 같이 의식은 오로지 자신이 지향하는 구체적인 대상만을 대상화하여 인식할 수 있다. 따라서 자신이 지향하지 않는 것은 결코 인식할 수 없다. 즉 감각에 수없이 많은 사물들이 현상하고 있지만, 의식은 오로지 자신이 지향하는 구체적인 하나의 대상만을 대상화하여 인식할 수 있다. 그래야만 하나의 단어로 그것을 규정하여 그 대상에 대한 개념적 의미를 인식하고 사유할 수 있기 때문이다. 바로 이 점을 명확하게 이해해야 한다. 지금까지 우리가 관념론 철학의 영향으로 감각작용이 의식에서 일어난다고 간주하기 때문에 감각과 의식을 엄밀하게 구분하지 못했다.

바로 이러한 의식의 작용특성으로 인해서 선택맹이나 변화맹이 발생하는 것이다. 즉 의식이 다른 생각에 사로잡혔을 때는 감각에 펼쳐진 수많은 대상들을 전혀 인식하지 못한다. 예를 들어 우리가 어떤 사건으로 골똘히 생각에 젖어 있을 때, 누가 자신을 부르는 소리조차 듣지 못한다. 이러한 현상도 의식은 스스로 지향한 것만을 감각적 지각을 통해서 지각하기 때문에 자신을 부르는 소리를 지각하지 못한다. 이때도 분명 그 소리는 귀에 들려왔다. 즉 감각은 일어나고 있었다. 그러나 귀에 들려온 그 소리를 의식이 지향하지 않았기 때문에 감각적 지각이 일어나지 않았으며, 그 결과 의식은 그 소리를 인식하지 못하는 것이다.

이상에서 살펴본 바와 같이 **의식과 감각적 지각의 지향적 의존관계를 이해한다면 선택맹이나 변화맹은 의식의 지향성 때문에 발생한다는 점을 쉽게 이해할 수 있다.** 그리고 이러한 현상은 의식이 집중력이 강할수록 더 쉽게 나타난다. 바꾸어 말하자면 변화맹이나 선택맹이 잘 나타나지 않는 사람은 의식의 집중력이 그만큼 약하다는 것을 의미한다. 결코 감각에 이러한 한계나 문제점이 존재하는 것은 아니다. 감각은 외계의 모든 존재사물을 '있는 그대로' 표상할 수 있는 선천적 표상능력[팔식(八識)의 상(想)]에 의해 표상되기 때문이다.

그런데 의식이 외계를 인식하려고 하면 감각적 지각을 선행적으로 동반하기 때문에 이러한 현상이 일어난다는 점을 이해할 수 있다. 의식은 결코 외계의 존재사물들과 직접적으로 관계를 맺을 수 없다. 오로지 감각적 지각에 의해 해석되고 지각된 감각적 대상[오진(五塵)]을 재표상하여 인식한다. 이 점을 명확하게 구분한다면 착시현상이나 마술사들이 우리를 쉽게 눈속임할 수 있는 이유도 저절로 분명해진다.

• 언어에 대한 그릇된 연구

또한, 언어와 관련한 연구에서도 개념적 의미와 본질적 존재의미를 구분하지 못하기 때문에 매우 그릇된 방향으로 연구가 진행되고 있다.

지금까지 파슬리는 사람들이 소리를 듣는 동안 청각 피질의 일부에서 뉴런의 활동을 기록할 수 있다는 것, 그리고 소리와 뉴런 활동을 관련 짓는 모델을 구축하여(비록 떨리는 듯한 목소리지만) 그 소리를 재구성할 수 있다는 것을 입증했다. 하지만 갤런트가 '머릿속의 작은 여자'라고 부르고 파슬리가 '청각 심상auditory imagery'이라고 부르는 내적 언어를 판독하는 수준은 아직 만족스럽지 못하다. "청각 심상은 정의하기 어렵습니다. 굳이 정의하자면 내적이고 주관적인 경험이라고나 할까요? 파슬리가 말한다. 지금 이 순간 여러 분은 조용히 책을 읽으면서 문자를 청각 심상으로 바꾸고 있다. (중략) 이를 전문 용어로 '외현적' 언어(입으로 말하는 언어)와 '내현적' 언어(머릿속으로 듣는 목소리)라고 한다. 2013년 파슬리 연구팀은 내현적 언어를 재구성하는 새로운 실험을 시작했다.[60]

---

60) 카라 플라토니, 박지선 옮김, 『감각의 미래』(서울; 넥스트웨이브미디어(주), 2017), 162쪽.

과연 이러한 연구가 필요한 것이며, 성공적인 결과를 기대할 수 있을까?

지금 이 학자가 재구성하려고 하는 '내현적 언어'란 주관적으로 느끼거나 인식하는 의미 내용을 의미한다. 다시 설명하자면 '청각 심상' 그리고 '내적이고 주관적인 경험'이라는 표현에서 외현적 언어를 듣고 어떻게 느끼는가 하는 그 감정이나 주관적 이해를 다시 재구성해서 내현적 언어를 만들어 내겠다는 의도로 해석된다.

그러나 이러한 시도는 결코 성공할 수도 없을 뿐만 아니라, 성공해서도 안 된다.

그 이유는 같은 단어라고 하더라도 사람마다 느끼는 감정이 모두 다를 것이며, 또한 경우에 따라 모두 다르다. 이러한 점에서 개념적 언어가 이렇게 주관적·심리적 요인에 의해 굴절되고 왜곡될 수 있다는 점을 "같은 말이라도 '아' 다르고, '어' 다르다"라고 표현한다.

바로 이것이 의식의 작용특성이다. 의식이란 이렇듯 개념적 언어에 내포된 개념적 의미를 인식하는 언어작용이며, 이 개념적 언어로 인해서 주관적·심리적 요인이 함께 작동한다. 이로써 같은 단어에 대해서도 주관에 따라 느끼는 감정이 다르며, 또한 상황이나 경우에 따라 다른 감정으로 받아들이게 된다.

따라서 내현적 언어라는 하나의 통일된 의미결정체를 재구성할 수도 없을 뿐만 아니라, 이러한 언어를 설령 만들어 낸다고 하더라도 그것은 커다란 혼란과 재앙을 불러올 뿐이다. 이러한 언어는 인간의 감정을 지나치게 자극할 것이 분명하기 때문이다.

이와 같이 개념적 언어의 의미론적 특성을 정확하게 이해하지 못하기 때문에 전혀 불필요한 연구에 시간을 낭비하고 있다. 좀 더 구체적으로 설명하자면 이 개념적 언어란 의식이 인식대상을 다른 대상과 비교하면서 그 상대적 차별성을 규정한 언어적 의미규정이다. 이로써 서로 대립하는(서로 빼앗는) 의미 내용을 규정하고 있다. 예를 들어 '좋다 또는 나쁘다', '높다 또는 낮다', '있다 또는 없다'라고 하는 것처럼 서로 대립되는 의미 내용을 담고 있기 때문에 이로 인해서 감정과 탐욕 그리고 갈등과 번민 등을 불러일으킨다.

더욱이 의식은 순간순간 생성과 소멸을 반복하면서 계속적으로 이어지는 작용특성을 가지고 있기 때문에 **같은 생각을 계속적으로 반복함으로써 그 감정과 욕망 그리고 갈등이 더욱 더 확대 재생산된다.** 그 결과 분쟁과 다툼으로 비화되기도 하고, 강도질과 살인으로 발전하기도 한다.

이러한 폐단을 이해한다면 오히려 거꾸로 어떻게 하면 개념적 의미가 부가되지 않는 본질적 언어가 가능한가 하는 점을 논구해야 마땅할 것이다. 그래야만 인간처럼 감정에 휘둘리지 않는 인공지능의 개발이 앞당겨질 것이 아닌가.

아마도 이 연구자는 관념론 철학에서 개념이란 순수개념이라고 주장하기 때문에 이러한 연구 방향을 설정한 것으로 이해된다. 즉 어떻게 언어를 통해서 인간은 감정을 갖게 되는가 하는 점이 궁금했을지도 모르겠다.

철학하는 인공지능

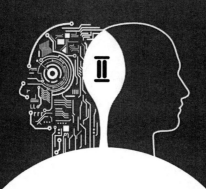

분리뇌(Split-Brain) 연구 결과의
철학적 이해

Ⅱ

분리뇌(Split-Brain) 연구 결과의
철학적 이해

뇌과학이 발달하면서 관념론 철학이 인간의 선천적인 두 뇌작용과 부합하지 않는다는 점을 확인하게 되었다. 급기야 뇌과학과 철학 그리고 심리학을 종합하여 인간의 선천적인 인지능력을 바르게 이해하기 위한 목적으로 새롭게 인지과학이라는 학문이 대두되었다.

그러나 이러한 학문적 노력은 별 소득이 없는 것 같다. 그 이유는 분리뇌 연구의 여러 가지 실험 결과들에 내포된 철학적 의미를 전혀 이해하지 못하고 있다는 점에서 확인된다.

관념론 철학의 영향으로 인해서 이 놀라운 실험 결과들을 전혀 일관된 논리체계로 해석하지 못하고 있다. 다만 두뇌의 양쪽에 전혀 다른 언어능력이 존재한다는 정도로 이해하고 있는 실정이다. 이 두 가지 언어능력의 작용특성이나 이 두 가지 언어작용으로 인해서 생성되는 두 가지 언어의 의미론적 특성에 대해 전혀 아무것도 이해하지 못하고 있다. 이로써 이러한 뇌과학의 연구 결과가 인

철학하는 인공지능

공지능 연구에 큰 도움이 되지 못하고 있는 실정이다. 이로써 철학적 사유가 바뀌지 않는 한, 아무리 뇌과학이 발달하여도 결국 인간의 선천적 인지능력에 대해 바르게 이해할 수 없다는 점을 확인할 수 있다. 따라서 이 장에서는 분리뇌 연구의 여러 가지 실험 결과를 옛 성현들의 가르침을 토대로 이해해보기로 하자. 매우 놀랍게도 이 모든 실험 결과들이 일목요연하게 이해될 뿐만 아니라, 옛 성현들의 가르침과 정확하게 일치한다는 점을 확인할 수 있다. 사실 옛 성현들의 가르침이 아니면 이 분리뇌 연구의 실험 결과들을 전혀 이해할 수 없다.

그만큼 우리가 관념론 철학으로 인해서 우리 자신을 바르게 이해하지 못하고 있었다는 점을 알 수 있다. 분리뇌 연구는 관념론 철학에서 주장하는 모든 철학적 담론이 총체적으로 결코 성립될 수 없는 궤변이라는 점을 명확하게 입증하고 있다. 이러한 점에서 분리뇌 연구의 여러 가지 실험 결과들을 면밀하기 분석해서 일관된 논리체계로 이해해 보기로 하자.

01. 분리뇌 연구의 실험 결과에 대한 바른 이해의 중요성

앞에서 뇌과학과 인공지능 연구에 있어서 문제점을 자세히 살펴보았다. 이 모든 과오와 착각이 근본적으로 인간에게 두 가지 언어능력이 갖추어져 있다는 사실을 이해하지 못한 결과라는 점을 확인하였다. 특히 관념론 철학에서 의식만이 인간의 절대 이성이라고 주장함으로써 우리는 의식이 문자언어에 담긴 언어적 의미를 사유하는 언어적 사유작용이라는 점을 이해할 수 없게 되었다. 그들은 이 점을 도외시하고 의식을 통해 외계와 직접적으로(무매개적으로) 관계를 맺을 수 있으며(직관할 수 있으며), 종합적 통일을 통한 선천적 종합판단이 가능하다고 주장하고 있다. 또한 문자언어(단어)를 통해 외계의 물질적 사물을 객관적으로 규정할 수 있다고 주장하고 있다.

후설의 주장을 확인해 보기로 하자.

모든 존재자는 그 자체로 인식할 수 있으며, [중략] 객관적으로 규정할 수 있고, 이상적으로 말하면, 확고한 단어의 의미로 표현할 수 있다.[61]

앞에서 왕필은 "자연이란 일컬을 언어가 없다"고 설명하는 것을 확인하였다. 그런데, 후설은 "모든 존재자를 객관적으로 규정할 수 있고, 확고한 단어의 의미로 표현할 수 있다"고 주장하고 있다.

분명 둘 중 하나는 인류를 속이고 있다고 할 것이다.

분리뇌 연구는 명확하게 판결해주고 있다.

의식은 결코 외계와 직접적으로 관계를 맺을 수 없으며, 오로지 좌반구 언어영역 내에서만(문자언어의 의미론적 체계 속에서만) 작동할 수 있을 뿐이라는 점을 입증해 주고 있다. 그런데 후설은 '모든 존재자를 확고한 단어의 의미로 표현할 수 있다'고 강변하고 있다. 도대체 무엇을 근거로 이러한 무지막지한 주장을 하는지, 도무지 납득이 되지 않는다.

---

61) 이종훈. 『후설현상학으로 돌아가기』(경기; 한길사, 2017), 41쪽에서 재인용한다.

철학하는 인공지능

결국 우리는 이러한 그릇된 사고방식으로 인해 개념(또는 개념적 언어)을 메스^{Mes}(수술용 칼) 삼아 우주를 해부하고 있다. 자연과학자들은 개념을 통해서 자연의 법칙을 밝혀낼 수 있다고 하는 확신에 차 있다. 그 결과 우리는 지금 환경파괴와 이상기후로 인해 생존의 위기에 내몰리고 있는 상황이다.

자연은 결코 문자언어로 규정하여 표현할 수 없다. 이제라도 분리뇌 연구의 실험 결과를 바르게 이해하고, 이러한 과오로부터 벗어나야 할 것이다. 그래야만 인류가 자연을 바르게 이해하고, 자연생태계에 적응하며 생존해 갈 수 있을 것이다.

다행스럽게도 2,500년 전에 인도와 중국 그리고 그리스에서 모든 현자들은 인간에게 두 가지 언어적 사유능력이 갖추어져 있으며, **감각적 지각과 의식을 끊어야만 선천적인 직관적 언어능력을 회복할 수 있다**는 점을 깨우쳐 주고 있다. 이렇게 동서양을 막론하고 동일한 철학적 사유가 나타났다고 하는 것은 그 시대만 해도 인류가 지금처럼 관념화되지 않고, 인간의 직관적 언어능력에 대한 논의가 매우 보편적이었다는 점을 드러낸다.

중국의 철학사를 살펴보면 비록 주희(朱熹)에 의해 관념론적 논의가 제기되었다고 하지만, 왕양명에 의해 다시 주체론적 형이상학[도학(道學)][62]으로 되돌아갈 수 있었다. 이러한 역사적 사실은 인간이 점차 관념화되고 있지만, 그래도 500년 전까지만 해도 인간의 선천

---

62) 주체론적 형이상학이란 관념론적 형이상학과 구분하기 위한 것이다. 외계의 모든 존재 사물이 인간의 본원적 주체성[심(心), 아말라식(阿末羅識): 박(樸): psyche(영혼)]에 의해 '나타나 존재할' 수 있다는 점에서 '주체적'이라고 표현한 것이다.

적인 직관적 언어능력에 대한 관심과 이해가 완전히 소멸되지는 않았다는 점을 드러낸다.

그러나 서양화의 과정을 거치면서 이러한 동양의 전통적인 철학적 사유는 그 명맥조차 끊어져 버렸다. 지금 철학계에서는 인간의 선천적인 본원적 직관능력에 대한 논의는 완전히 자취를 감추고, 오로지 의식에서 인간의 모든 정신현상을 거론하고 있는 실정이다.

놀랍게도 **분리뇌**Split-Brain **연구는 인간의 두 가지 언어능력에 대해 옛 성현들의 가르침과 매우 일치된 실험 결과를 제시하고 있다.** 기능성자기공명영상fMRI 자료와 마이클 S. 가자니가에 의해 실행된 여러 가지 실험들은 전혀 다른 방식으로 실시되었음에도 불구하고, 그 실험의 결과는 동일한 철학적 의미를 제공하고 있다.

대뇌의 좌측에 존재하는 언어영역은 문자언어에 담긴 언어적 의미를 사유하는 개념적 언어능력이라는 점을 입증하고 있으며, 우반구 언어영역은 감각기관을 통해 작동하는 직관적 언어능력이라는 점을 증명하고 있다.

더더욱 놀라운 점은 코흐스(Kohs) 블록 실험에서는 우반구 언어영역은 놀라운 선천적 종합판단능력을 가지고 있다는 점을 증명해 주고 있다. 사실 이러한 본원적 직관은 실제로 의식과 감각적 지각을 완전히 끊어서 멸절한 사람에게서만 확인할 수 있다는 점에서 이러한 본원적 직관능력을 실증적으로 입증하기란 거의 불가능한 상황이다. 그런데 뇌량corpus callosum을 절제한 중증간질환자는 좌반구 언어영역과 우반구 언어영역이 상호작용을 할 수 없기 때문에 우반구 언어영역만이 독자적으로 작동하는 상태를 확인할 수 있게 된 것이다. 즉 의식이 끊어진 상태에서의 우반구의 언어능력을 확인할 수 있었던 것이다.

이로써 '직관을 통한 선천적 종합판단'이 우반구 언어영역을 통해서 가능하다는 점을 확인할 수 있게 된 것이다. 바로 이 점은 철학사에 길이 빛날 업적이라고 하지 않을 수 없다.

반면에 의식과 관련해서는 기능성 자기공명영상자료에서 좌반구 언어영역은 독자적으로 자신의 맥락 안에서만 작동한다는 점을 확인할 수 있다. 그리고 가자니가의 여러 가지 실험을 통해서 의식은 우반구의 도움 없이는 외계를 정확하게 인식하지 못한다는 점을 확인할 수 있다. 이러한 실험결과를 종합하면 의식은 문자언어를 매개로 작동하는 언어적 사유작용이기 때문에 직접적으로는 외계를 인식할 수 없다는 점을 이해할 수 있다. 이로써 의식은 감각적 지각을 선행적으로 동반해야 한다는 점도 알 수 있다.

이러한 점에서 관념론자들이 의식에서 직관을 거론하는 것은 인간의 선천적인 두뇌작용과 부합하지 않는다는 점을 입증하고 있다. 이로써 관념론철학에서 주장하는 의식과 관련된 모든 철학적 담론들이 결코 성립될 수 없는 궤변이라는 점이 저절로 명백해진다.

이러한 점에서 분리뇌 연구의 실험결과들을 일관된 논리체계로 정확하게 이해하는 것이 매우 중요하다. 그래야만 의식과 본원적 직관능력의 작용특성과 차이점을 명확하게 구분하여 이해할 수 있다.

그리고 동시에 본원적 직관능력이 의식이 작용할 때는 감각과 감각적 지각으로 변환하여 작동하게 된다는 점도 확인할 수 있다.

이로써 우리는 외계가 두 가지 형식으로 이해된다는 점을 알 수 있다. 즉 본원적 직관을 통해서는 외계가 '스스로 그러한 모습(自然)'으로 이해되지만, 의식을 통해서 이해된 외계는 세계(世界)라고 한다. 이 세계란 곧 시간과 공간이라고 하는 개념으로 이해된 외계이다. 다시 설명하자면 의식을 통해 인식된 세계는 실재하지 않는 허구적인 관념의 성채라고 할 수 있다. 바로 이 점을 명확하게 이해해야만 인류는 궁극적으로 자연을 바르게 이해할 수 있을 것이며, 자연으로 돌아갈 수 있는 길을 찾을 수 있을 것이다. 뿐만 아니라 뇌과학과 범용인공지능의 연구에 있어서도 그 목표와 방향을 바르게 정립할 수 있을 것이다.

02. 뇌량(corpus callosum)에 대한 바른 이해

먼저 뇌량의 기능에 대한 이해는 분리뇌 연구에 있어서 가장 핵심된 부분이라고 판단된다. 이 뇌량으로 인해서 양쪽 뇌가 유기적인 상호작용이 가능하다는 점에서 뇌량의 기능에 대한 이해는 분리뇌 연구의 최종적인 결론이라고 해도 과언은 아닐 것 같다.

그런데 이 뇌량을 절제한 환자들을 상대로 실험을 담당했던 마이클 S. 가자니가의 견해를 읽어보면 그 이해가 너무도 잘못되어 있다

철학하는 인공지능

는 점을 지적하지 않을 수 없다.

이 결과는 뇌량의 한 가지 기능이 시야가 정중선에 걸쳐 있을 수 있도록 세포를 연결하는 것임을 분명하게 보여줬다. 결과적으로 둘로 나누어진 시야가 하나로 연결된 것처럼 보이는 것이다.[63]

이 인용문에서 대체로 이 뇌량의 기능을 시각정보처리를 하는 데 있어서 양쪽 눈의 시야를 하나의 통일된 시야로 연결해 주는 기능 정도로 이해하고 있다는 점을 읽을 수 있다. 그러나 뇌량에 대한 이러한 이해는 저자인 마이클 S. 가자니가가 자신이 실행한 실험들의 결과를 철학적인 관점에서 정확하게 이해하지 못하고 있다는 점을 드러낸다.

사실 이러한 몰이해는 어쩌면 너무도 당연한 것인지도 모르겠다. 그 이유는 양쪽 뇌에 자리 잡고 있는 두 가지 언어능력의 작용특성을 바르게 이해하지 못하기 때문이다. 이로써 뇌량의 기능마저도 바르게 이해하지 못하게 된 것이다.

그가 실행한 세 가지 실험을 살펴보면 모든 실험에서 양쪽 눈에 보이는 사물의 표상에는 차이가 없다는 점을 확인할 수 있다. 이러한 실험 결과는 양쪽 뇌에서 작동하는 선천적 표상능력은 동일하다는 점을 의미한다. 즉 뇌량을 절제하여도 양쪽 뇌에서 동일하게 작동하고 있다는 점에서 뇌량이 시각적 표상작용과 전혀 관련이 없다는 점을 알 수 있다.

---

63) 마이클 S. 가자니가, 박인균 옮김, 『뇌, 인간의 지도』(서울; 청림출판, 2016) 140쪽.

반면에 차이를 보이는 것은 모두 눈에 현상하고 있는 그 사물의 표상이 갖는 의미를 이해하는 것과 관련되고 있다. 즉 그 표상에 대한 본질적 존재의미를 직관할 수 있느냐 아니면 그 표상에 대해 문자언어로 표현할 수 있느냐 하는 점에서 차이가 발생하고 있다.

예를 들어 코흐스^{Kohs} 블록 실험에서 양쪽 손이 전혀 다르게 반응하고 있는데, 이러한 상반된 반응은 그 네 개의 블록들의 배치 방식이라든지 또는 여섯 가지 색깔을 칠한 방식에 대한 이해(종합판단)에 있어서 차이점을 드러내고 있다고 해석된다. 개념적 의미든 사물의 본질적 의미든 모든 의미를 이해하는 것은 곧 언어적 사유작용에 속한다. 따라서 양쪽 손이 전혀 다르게 반응하는 것은 결국 그 블록에 대한 종합적 판단을 가능하게 하는 언어적 사유작용에서 차이가 발생하고 있다는 점을 알 수 있다.

결론적으로 이 세 가지 실험에서 발견되는 양쪽 뇌의 차이점들은 의미를 이해하는 언어적 사유작용에서 발생하고 있다.

이러한 점에서 양쪽 뇌에 있어서 선천적 표상능력에는 차이가 없으나, 양쪽 뇌에는 전혀 다는 언어적 사유능력이 존재한다는 점을 알 수 있다. 따라서 뇌량의 기능은 이렇게 전혀 다른 언어능력을 연결하여 서로 유기적으로 작동할 수 있도록 하는 역할을 담당하고 있다는 점을 알 수 있다. 전혀 차이가 없는 기능을 연결하기 위해 뇌량이 발달했다고 추정할 수는 없을 것이다. 이러한 추론은 좌반구 언어영역(브로카 영역과 베르니케 영역)이 문자언어의 발달로 인해서 매우 늦게 진화함으로써 생겨났다는 점을 감안한다면 너무도 필

철학하는 인공지능

연적이고 당연하다고 할 것이다.

우반구 언어영역은 수억 년 동안 생명체가 외계에 효과적으로 적응하기 위해 진화하면서 지속적으로 발달해왔다. 따라서 늦게 진화한 좌반구 언어영역과 그 이전에 자리 잡고 있었던 우측의 언어영역이 서로 유기적으로 작동하면서 정보를 교환해야 할 필요가 있다.

왜냐하면 좌반구 언어영역은 외계와 직접적으로 관계를 맺을 수 없기 때문에 외계로부터 주어지는 감각적 자극에 대해 문자언어로 해석해 주어야만 좌반구 언어영역은 외계를 인식할 수 있을 것이기 때문이다. 즉 좌반구 언어영역은 우반구 언어영역에서 감각적 지각을 선행적으로 수행해주어야만 외계를 인식할 수 있다. 이 점은 fMRI 실험 결과를 통해 확인이 가능하다.

이 자료영상에서 좌반구 언어 영역은 오로지 자신의 영역 내부에서만 작동한다는 점을 확인할 수 있다. 반면에 우반구 언어영역은 감각영역과 함께 작동한다는 점에서 외계와 직접적으로 관계를 맺을 수 있으며, 외계로부터 주어진 자극에 대한 의미를 해석할 수 있다는 점을 알 수 있다. 따라서 **뇌량은 우반구에서 일어나는 감각적 지각을 통해 이해된 개념적 의미들을 좌반구의 언어영역에서 작동하는 의식에게 전달하는 역할을 담당하고 있다는** 점을 알 수 있다.

03. 기능성자기공명영상(fMRI)자료: 의식의 작용특성을 밝히다

우리가 서양의 관념론 철학에서 벗어나서 인간의 생래적인 인지 능력에 대해 그리고 외계(자연)에 대해 바르게 이해하기 위해서는 의식이 문자언어를 매개로 그 언어에 내포된 개념적 의미를 사유하는 언어적 사유작용이라는 점을 확인하는 것이 급선무라고 할 것이다.

그런데, 아무리 옛 성현들의 가르침을 통해 설득한다고 하더라도, 객관적 합리론이라고 하는 진리관에 대한 확고한 신념을 깨뜨릴 수는 없는 것 같다. 그 이유는 우리가 의식을 통해 인식한 의미 내용들이 외계에 실재한다는 확고한 믿음을 깨뜨릴 수 없기 때문이다. 우리는 '아름답다' 또는 '추하다'고 인식하는 것이 실제로 외계에 실재하기 때문에 그렇게 지각하고 인식한다고 간주하고 있다.

그러나 만약 과학적 실험결과들을 통해 의식이 다만 문자언어를 매개로 그 언어적 의미를 사유하는 언어적 사유작용이라는 점을 확인하게 된다면 그러한 그릇된 확신들을 깨뜨릴 수 있지 않을까.

아마도 분리뇌 연구의 기능성자기공명영상fMRI 자료들이 이 어려운 숙제를 해결하는 데 있어서 가장 신뢰할 만한 것이 아닐까 생각된다. 직접적으로 그 차이점을 눈으로 확인할 수 있으니 말이다.

그러나 사실 이 기능성 자기공명영상 자료만으로는 양쪽 뇌에 전혀 다른 작용특성을 지닌 언어가 존재한다는 점만을 확인할 수 있을 뿐, 이 자체만으로는 의식의 작용특성을 명확하게 이해할 수는 없다. 즉 의식은 문자언어를 매개로 그 언어적 의미를 사유하는 언

어적 사유작용이라는 점과 따라서 의식이 외계를 인식할 때는 감
각적 지각의 도움을 받아야한다는 점을 읽어낼 수 없다. 그러나 다
음 절에서 살펴볼 마이클 S. 가자니가의 실험 결과들과 함께 비교
하여 살펴본다면 이 영상자료는 이러한 의식의 작용특성을 명확하
게 입증해준다는 점을 알 수 있다.

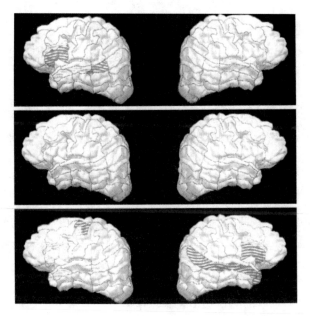

분리뇌 연구의 기능성자기공명영상(fMRI) 자료 사진[64]

먼저 이 영상자료 가운데 맨 상단에 놓인 영상은 정상적인 일반
인에게 책을 읽어줄 때의 fMRI 영상이다. 좌반구 언어영역(브로카

---

64) Mark F. Bear 외 2인, 강봉균 외 21인 옮김, 『신경과학』(서울; 바이오메디북, 2009),
636쪽.

II. 분리뇌(Split-Brain) 연구 결과의 철학적 이해   209

영역과 베르니케 영역)은 매우 활성화되고 있는데, 우측의 언어영역은 전혀 반응하지 않고 있다. 더욱이 주목해야 할 부분은 분명 그 책을 읽는 소리를 듣고 그것의 의미를 이해하고 있는데도 불구하고 청각영역이 전혀 활성화되지 않는다는 점이다.

가운뎃줄의 영상자료는 이 일반인에게 수화ASL 문장을 보여주었을 경우(책을 수화로 읽어주는 경우)이다. 수화를 배우지 않은 일반인은 그 손짓이 무엇을 의미하는지 전혀 이해할 수 없다. 그래서인지 우반구 언어영역뿐만 아니라 좌반구 언어영역마저도 활성화되지 않는다는 점을 확인할 수 있다.

마지막 줄의 영상자료는 청각장애인에게 수화문장을 보여주었을 경우의 뇌를 찍은 것이다. 좌뇌의 언어영역 뿐만 아니라 우뇌의 언어영역도 활성화되고 있다. 그런데 놀랍게도 우반구의 언어영역이 활성화됨과 동시에 감각작용을 일으키는 감각영역이 활성화된다는 점이 눈에 띈다. 이 영상자료에서 확인할 수 있는 것처럼 청각장애인에게서는 대뇌피질의 청각영역(상측두이랑superior temporal gyrus)이 함께 활성화되고 있으며, 그리고 시각장애인의 경우에는 우반구 언어영역과 함께 시각을 일으키는 영역(후두극occipital pole)이 매우 활성화되는 현상이 발견된다고 한다.[65]

이러한 차이점으로부터 두 가지 철학적 의미를 읽어낼 수 있다. 첫째는 **좌반구 언어영역에서 작동하는 의식은 오로지 문자언어를 매개로 그 언어적 의미를 사유하는 언어적 사유작용**이라는 점과 둘

---

65)   상게서, 637쪽.

철학하는 인공지능

째는 이러한 이유로 의식은 감각적 지각을 선행적으로 동반해야 한다는 점을 읽어낼 수 있다. 즉 의식은 감각적 지각을 통해 외계의 자극을 언어(개념)적 의미로 해석해 주어야만 사유가 가능하다는 점을 알 수 있다.

• 의식은 문자언어를 매개로 사유하는 언어작용이다

영상자료들을 비교하면서 가장 주목해야 할 점은 청각에 장애가 없는 일반인에게 책을 읽어줄 때는 청각영역이 작동하지 않고 오로지 좌반구 언어영역만이 작동한다는 점과 청각기능에 장애가 있는 청각장애인에게 수화로 그 책을 읽어 줄 때는 좌반구 언어영역이 작동하면서 동시에 우반구 언어영역과 감각영역(청각영역)이 동시에 활성화된다는 점이다. 이 두 가지 점을 비교해보면 의식이 문자언어를 매개로 그 언어적 의미를 사유하는 언어적 사유작용이라는 점이 명백해진다.

먼저 일반인에게 책을 읽어 줄 경우에는 오로지 좌반구의 언어영역만이 활성화되고 있다는 점을 어떻게 해석해야 할까? 분명 그 책 읽는 소리는 외계에서 전달되고 있으므로 귀를 통해서만 그 소리를 들을 수 있을 것이다. 그런데 그 소리를 듣고 그 책의 내용을 이해하는 데 있어서 청각영역에서는 어떠한 움직임도 일어나지 않고 있다.

이것은 이 좌반구 언어영역의 의식이 문자언어에 내포된 언어적 (개념적) 의미를 사유하는 언어적 사유작용이라는 점을 입증하고 있다. 즉 의식은 문자언어를 매개로 사유할 수 있기 때문에 문자언어에 대해서는 감각적 지각을 거치지 않고, 직접적으로 의식이 대상화하여 그것의 의미를 사유할 수 있다는 의미를 드러낸다.

다시 설명하자면 의식이 문자화된 언어를 매개로 사유하는 작용이기 때문에 **외계로부터 전해오는 그 언어음**Speech Sound**에 대해서는 감각기관을 통해서 별도로 해석할 필요 없이 의식이 직접적으로 그것의 의미를 이해하고 사유할 수 있다**는 의미이다.

이러한 해석이 필연적이고 정당하다는 점은 감각기관에 주어진 자극이 문자언어가 아닌 경우에는 반드시 감각적 지각을 동반해야만 이해할 수 있다는 사실로부터 입증이 가능하다. 이 점은 마지막 줄의 영상 사진과 마이클 S. 가자니가의 여러 가지 실험을 통해서 입증되고 있다.

가자니가는 양쪽 뇌를 연결해주는 뇌량corpus callosum을 절제한 환자들을 대상으로 여러 가지 실험을 실행했다. 그 실험 가운데, 코흐스Kohs 블록 실험과 '눈에 보이는 것을 말로 표현하는 실험'에서 좌뇌의 언어능력은 외계를 직접적으로 식별하거나 인식하지 못한다는 점을 증명하고 있다.

뇌량을 절제하였기 때문에 이 좌뇌는 우뇌에서 일어나는 감각적 지각의 도움을 받을 수 없다. 따라서 의식은 독자적으로 외계를 이해하고 해석해야 한다. 그러나 좌뇌는 외계를 직접적으로 대상화하여 인식할 수 없다는 점을 확인할 수 있다.

예를 들어 코흐스 블록 실험에서는 이 네 개의 블록들이 가로 세로로 두 개씩 정사각형 모양으로 놓여 있다는 점조차 식별하지 못하고 있다. 그리고 '눈에 보이는 것을 말로 표현하는 실험'에서는 단

철학하는 인공지능

순하게 사각형 모양의 사진을 보여주었는데, 이것을 '상자'라고 답변했다가 다시 보여주면서 되물으면 '테이프 조각'이라고 답변하기도 한다.

이렇게 의식은 외계를 직접적으로 대상화하여(지향하여) 그것을 식별하거나 인식하지 못한다는 점을 확인할 수 있다. 그리고 이 영상자료에서도 의식은 자신의 영역 내에서만 작동한다는 점을 확인시켜 주고 있다. 따라서 의식은 단독으로는 외계를 직접적으로 지향하여 인식할 수 없다는 점을 이해할 수 있다.

그런데 이 실험에서 일반인은 감각영역이 작동하지 않은 채로 그 책 읽는 소리의 언어적 의미를 이해하고 있다. 분명 좌반구 언어영역은 외계와 직접적으로 관계를 맺을 수 없으므로 만약 이 소리가 문자언어가 아니라면 감각적 지각을 통해 그것의 언어적 의미를 해석한 뒤에 그 의미를 이해할 수 있을 것이다.

그러나 분명 이 영상 사진에서는 감각적 지각이 일어나고 있다는 증거는 찾을 수 없다. 오로지 좌반구 언어영역만이 활성화되고 있다.

이러한 현상은 책 읽는 소리가 단순하게 '조리(條理; 의미론적 체계) 없는 소리(聲)'가 아니고, 문자언어로서의 언어음이기 때문에 가능한 것이다. 앞에서 여러 차례 언급했듯이 문자언어란 본래 음성언어였으나 나중에 기호문자로 표기하게 된 것이다. 이로써 문자언어는 언어음과 기호문자로 이루어져 있다.

이러한 점에서 의식은 문자언어를 직접적으로 대상화하여 그것의 의미를 인식할 수 있다는 점이 명백하게 드러난다. 따라서 의식은 문자언어를 매개로 그 언어적 의미를 사유하는 언어적 사유작용이라는 점을 확인할 수 있다.

이 점은 시각장애인의 경우나 청각장애인의 경우에는 모두 시각영역이나 청각영역이 동시에 활성화된다는 점과 비교해 보면 더욱 명백해진다. 농인의 경우 수화자의 손짓과 몸짓을 보면서 그 손짓과 몸짓을 문자언어의 발음(언어음)으로 변환시키고 있다는 점을 알 수 있다. 분명 그 수화문장은 결코 문자언어가 아니다. 명백하게 손짓과 몸짓이다. 이렇게 **손짓**(수화문장)**을 우반구 언어영역과 청각영역을 통해 언어음**(문자언어)**으로 전환함으로써 그 손짓을 통해 책의 내용을 이해할 수 있다**는 점을 알 수 있다. 바로 이렇게 외계로부터의 자극을 문자언어로 해석하는 것이 감각적 지각이다.

마찬가지로 시각장애인이 점자로 된 책을 읽을 때 우반구 언어영역과 시각영역이 활성화되는 것도 동일한 해석이 가능하다. 즉 점자는 결코 문자언어가 아니다. 다만 요철이다. 이러한 요철을 손끝으로 만지면서 그 촉감을 다시 기호문자(문자언어)로 전환해야만 의식은 그것을 이해할 수 있을 것이다.

이러한 추론이 정당하다는 점은 다음의 두 가지 영상자료를 통해서 거듭 확인할 수 있다.

두 번째 줄의 자료 사진에서는 일반인은 손짓으로 표현하는 수화문장을 보고서도 아무런 반응이 나타나지 않고 있다. 반면에 마지막 줄의 자료 사진에서는 청각장애인의 우뇌에서 감각적 지각이 일

철학하는 인공지능

어난다는 점을 비교해 보면 의식과 감각적 지각의 지향적 의존관계를 쉽게 이해할 수 있다.

이 일반인은 청각장애인들을 위한 수화를 알지 못하므로 그 손짓이 무엇을 의미하는지 전혀 이해할 수 없다. 따라서 일반인에게 있어서 이 손동작들은 바람에 나뭇잎이 흔들리듯이 아무런 의미가 없는 움직임에 불과하다. 그래서 그 손짓을 보고서 어떠한 언어적 의미도 해석해 낼 수 없다. 이러한 이유로 의식에서 이 수화문장을 이해하려는 의지작용이 일어나지 않았으며, 그 결과 의식이 이 손짓과 몸짓을 지향하지 않았다는 점을 확인할 수 있다. 이는 눈을 통해서 어떠한 감각적 지각도 일어나지 않았다는 것을 의미하며, 이로써 동시에 의식의 작용마저도 작동하지 않는다는 점을 알 수 있다. 이는 외계로부터 전해지는 자극에 대해 감각기관을 통해서 그 언어적 의미를 해석하지 못한다면 의식마저도 작동되지 않는다는 의미를 드러내고 있다.

여기에서 주의해야 할 점은 감각[阿陀那識, 八識]과 감각적 지각[五識]을 구분해야 한다는 점이다. 분명 **이 일반인은 눈을 통해 수화자의 손짓을 보고 있다. 이것이 감각이다.** 이 감각은 의식과는 전혀 관계가 없다는 점을 확인할 수 있다. 즉 감각은 선천적인 본원적 직관 능력[八識]에 의해 이루어진다.

그러나 의식은 감각에 현상하고 있는 그 손짓에 대해 어떠한 반응도 보이지 않고 있다. 이러한 현상은 곧 의식이 외계를 직접적으로 지각하지 못한다는 점을 의미한다. 바로 여기에서 의식은 감각적 지각을 선행적으로 동반해야만 외계의 대상사물을 인식할 수 있다는 점을 이해할 수 있다. 즉 감각적 지각을 통해서 외계로부터의 자극을 언어적(개념적) 의미로 해석해주어야만 의식은 그것을 인식할 수 있다.

이러한 점에서 의식과 감각적 지각의 지향적 의존관계를 확인할 수 있다. 이 점은 마지막 줄의 영상 자료를 살펴보면서 정확하게 이해해 보기로 하자.

• 의식[육식(六識)]은 감각적 지각[오식(五識)]을 선행적으로 동반해야 한다

맨 하단의 자료 사진에서 의식이 외계를 인식하기 위해서는 감각적 지각을 선행적으로 동반해야 한다는 점을 확인할 수 있다. 이 영상자료에서 우선적으로 이해해야 할 점은 감각작용이 감각기관에서 이루어지는 것이 아니고, 대뇌 피질의 감각영역에서 이루어진다는 점이다.

우리는 일반적으로 농인이나 맹인들이 청각능력이나 시각능력을 상실했다고 이해하고 있다. 그러나 이 영상자료를 살펴보면 대뇌 피질의 감각영역들이 활성화되고 있다는 점을 확인할 수 있다. 농인이 청각능력을 상실하였다면 감각영역이 활성화되지 않아야 한다. 그런데 청각영역이 활성화되고 있다는 것은 지각능력이 여전히 작동되고 있다는 것을 의미한다. 바로 이 점으로부터 우리는 지각능력이 감각기관에서 작동하는 것이 아니고, 감각기관은 다만 외계로부터 빛이나 소리를 받아들일 뿐 '보는' 시각능력이나 '듣는' 청각능력은 대뇌 피질에서 작동한다는 점을 이해할 수 있다.

이러한 점에서 불교의 『수능엄경(首楞嚴經)』에서 **"이와 같이 보는 작용성(見性)은 마음이지 눈이 아니니라(如是見性是心非眼)"**라고 설명하고 있다.[66] 뿐만 아니라 플라톤도 본원적 직관작용을 '영혼으로 본다'라고 표현하고 있다.

만약 지각작용이 감각기관에서 이루어진다면 당연히 지각작용을 일으키는 피질영역이 활성화되지 않아야 한다. 그런데 맹인과 농인의 시각영역과 청각영역이 활성화된다는 점에서 지각작용이 눈이나 귀에서 이루어지는 것이 아니고 마음(대뇌 피질)에서 이루어진다는 점을 알 수 있다.

바로 이 지점에서 우리는 감각작용에서 사물의 표상을 그려내는 표상적 사유작용[상(想): nous]과 그것의 의미를 이해하는 언어적 사유작용[사(思): logos]을 구분해야 한다는 점도 알 수 있다. 이 청각장애인과 시각장애인은 소리나 빛을 받아들이는 감각기관에 장애가 발생한 것이다. 이로써 그 소리와 빛에 대한 감각표상을 표상하는 표상적 사유능력은 작동하지 못하지만, 의미를 이해하는 언어적 사유능력은 그대로 작동한다는 점을 알 수 있다.

이와 같이 감각작용은 표상적 사유능력과 함께 언어적 사유능력이 유기적으로 함께 작동한다는 점을 알 수 있다. 즉 감각작용에서 의미를 지각하는 언어적 사유능력이 작동하고 있다는 점을 확인할 수 있다. 물론 이 언어적 사유능력이 본원적 직관에서는 직관적 언

---

66) 『大佛頂如來密因修證了義諸菩薩萬行首楞嚴經』, 대정장(大正藏) 19권, 109쪽, b.

어작용으로 작동하고, 감각작용에서는 직관적 언어능력을 상실하고 지각작용으로 변환되어 버린다.

그런데 이 청각장애인에게 수화로 책을 읽어주는데, 우뇌의 언어영역이 활성화되면서 동시에 청각 영역이 동시에 활성화되고 있다. 이 점을 어떻게 이해해야 할까? 분명 손짓은 소리가 아니다. 소리를 들을 수 없는데 왜 청각영역이 활성화되는 것일까?

바로 여기에서 우리는 기저핵을 중심으로 신경계에서 작동하는 언어능력이 존재한다는 점을 알 수 있다. 분명 눈이라는 감각기관을 통해서 그 수화문장을 보고 있는데, 엉뚱하게 대뇌 피질의 청각영역이 작동하고 있다. 이로써 우반구 언어영역이 눈을 통해서도 작동이 가능하고 동시에 귀를 통해서도 작동이 가능하다는 점을 확인할 수 있다. 이러한 작용현상은 **우반구 언어영역이 다섯 가지 감각기관을 통해 작동할 수 있는 직관적 언어능력**이라는 점을 입증하고 있다. 이 직관적 언어능력을 통해 감각적 지각이 일어나서 수화문장을 언어음으로 변환할 수 있다는 점을 알 수 있다. 그 결과 의식은 그 책의 내용을 인식할 수 있다.

이와 같이 직관적 언어작용은 다섯 가지 감각기관을 함께 관장하고 있다는 점에서 종합적 통일이 오로지 이 직관적 언어작용을 통해서만 가능하다는 점도 이해할 수 있다. 그래야만 다섯 가지 감각기관을 통해 얻어진 다양한 감각표상을 종합하고 통일하여 사물의 본질적 존재의미를 이해할 수 있을 것이다.

철학하는 인공지능

또한 감각적 지각을 통해서 문자언어로 해석해주어야만 의식은 외계를 인식할 수 있다는 점도 확인할 수 있다. 이러한 점에서 감각적 지각은 의식이 외계를 효과적으로 인식할 수 있도록 도와주기 위해 생겨난 지각작용이라는 점을 이해할 수 있다. 즉 감각적 지각은 의식과 지향적 의존관계를 유지하고 있다는 점을 알 수 있다.

만약에 청각장애인이 글(기호문자)로써 그 책을 읽는다면 당연히 일반인에게 책을 읽어 줄 때처럼 우반구 언어영역과 감각영역이 활성화되지 않고 직접적으로 좌뇌의 언어영역을 통해서 이해했을 것이다. 즉 감각적 지각을 통해 해석하지 않고서도 직접적으로 의식을 통해 그 글을 이해할 수 있을 것이다.

그러나 청각장애인은 귀라는 단말기가 막혀 있으므로 다른 단말기를 통해 그 책을 읽어주기 위해서 수화를 사용한 것이다. 즉 수화를 통해 그 문자언어를 손짓과 몸짓으로 전달하고 있는 것이다.

따라서 그 농인은 그 손짓과 몸짓을 문자언어의 발음으로 전환해야만 정상적인 사람처럼 의식이 그 의미를 사유할 수 있을 것이다. 이러한 점에서 그 손짓과 몸짓을 문자언어의 언어음으로 전환하기 위해 우반구 언어영역과 감각영역이 활성화되고 있는 것이다. 그 결과 의식은 그 책의 내용을 이해할 수 있다.

마찬가지로 맹인의 경우도 점자로 표기된 것을 손의 감촉으로 느낀 뒤에 이것을 시각영역에서 문자언어(기호문자)로 전환 뒤에 그 언어적 의미를 의식을 통해서 사유할 수 있다. 분명 점자는 문자가 아니다. 다만 요철일 뿐이다. 이것을 촉감을 통해서 받아들인 뒤에 시각영역에서 마치 글(기호문자)을 직접 보는 것처럼 문자화해야만 그것을 의식이 이해할 수 있는 것이다.

　이상에서 살펴본 바와 같이 **감각적 지각이란 외부로부터 전해지는 자극을 문자언어로 변환시키기 위한 지각작용**이라는 점을 알 수 있다. 이러한 감각적 지각은 일반인에게도 그대로 적용되어야 할 것이다. 일반인들도 의식을 통해 외계를 이해하기 위해서는 감각기관에 현상하고 있는 본질적 표상이나 감각적 표상들을 문자언어로 변환시켜 주어야만 의식은 그것의 언어적 의미를 인식할 수 있다는 점에서 동일하다고 할 것이다. 다시 설명하자면 의식이 작동할 때는 우반구 언어영역이 본래의 직관적 언어능력을 상실하고, 감각적 지각작용으로 변환되어 작동된다는 점을 알 수 있다. 이와 같이 이 영상자료를 통해서 의식과 감각적 지각 사이의 지향적 의존관계를 확인할 수 있다. 바로 여기에서 옛 성현들이 의식과 감각적 지각을 완전히 끊어서 멸절해야만 본원적 직관능력을 회복할 수 있다고 깨우쳐 주는 이유를 이해할 수 있다.

　또한, 여기에서 우리는 뇌량의 기능을 확인할 수 있다. 이 뇌량이 필요한 이유는 우반구 언어영역과 좌반구 언어영역을 유기적으로 작동될 수 있도록 연결해주는 통로라는 점을 알 수 있다. 즉 이 뇌량을 통해서 우반구 언어영역을 통해 지각된 결과물(문자언어로 표현 가능한 개념적 의미)이 좌반구의 의식에 전달된다는 점을 확인할 수 있다.

　이상에서 살펴본 바와 같이 세 가지 영상자료를 종합해 보면, 옛 성현들의 가르침과 정확하게 일치한다는 점을 알 수 있다.

첫째는 의식은 문자언어에 담긴 언어적 의미를 사유하는 언어적 사유작용이라는 점이다. 이러한 점에서 의식은 외계와 직접적으로 관계를 맺을 수 없다. 외계는 결코 문자언어로 구성되어 있지 않기 때문이다. 이러한 점에서 관념론자들이 의식에서 시공간적 직관이 니 본질직관이니 하는 직관을 거론하는 것은 결코 성립될 수 없는 궤변이라는 점을 알 수 있다.

둘째는 이로써 의식이 외계의 대상사물을 인식하기 위해서는 감각에 현상한 그 사물의 표상을 문자언어로 해석하는 감각적 지각을 선행적으로 동반해야 한다는 점이다. 즉 의식은 감각적 지각을 통해 지각된(해석된) 감각적 대상을 재표상함으로써 그 대상에 대한 개념적 의미를 인식한다.

이 점은 비단 청각장애인이나 시각장애인이 수화문장이나 점자를 통해서 책을 읽는 경우에만 한정해서 이해할 것이 아니고, 일반인이 외계를 지각하거나 인식할 때도 동일하게 이해해야 한다. 왜냐하면 수화문장이나 점자가 문자언어가 아니듯이 외계도 문자언어가 아니라는 점에서 동일하게 이해해야 한다.

셋째는 가운뎃줄의 영상자료에서 감각과 감각적 지각을 구분해야 한다는 점을 확인할 수 있다. 이 일반인의 양쪽 뇌에서는 어떠한 반응도 나타나지 않았다. 이 점으로부터 의식과 감각적 지각이 일어나지 않았다는 점을 알 수 있다.

그러나 이 일반인은 분명 그 수화자의 모든 움직임을 보았을 것이다. 바로 이렇게 의식과 감각적 지각이 일어나지 않아도 감각기관에 모든 외계의 사물들이 드러나 나타난다는 점을 알 수 있다. 바로 이것이 감각이다.

이러한 점에서 감각과 감각적 지각을 엄밀히 구분해야 한다는 점을 알 수 있다.

일반인은 수화를 알지 못하기 때문에 그 손짓이 무슨 의미인지 이해하려는 주관적 의지작용[作意]이 작동하지 않는다. 따라서 의식의 지향작용이 일어나지 않으므로 감각적 지각이 일어나지 않는다. 그러나 청각장애인은 수화를 이해하려는 의지작용이 작동하기 때문에 감각적 지각이 작동하게 된다. 바로 이 점으로부터 감각에 현상하고 있는 수많은 사물들 가운데 **의식이 그것을 인식하고자 하는 주관적 의지작용이 작동할 때만 감각적 지각이 일어난다**는 점도 이해할 수 있다.

예를 들어 길을 걸을 때 수많은 사람들이 내 옆을 스쳐 지나간다. 그러나 그들에 대해 어느 누구도 의식을 통해 인식하지 않는다. 그런데 어떤 이상한 행동을 하는 사람이 눈에 나타날 경우에 주관적 의지작용에 의해 그 '이상한' 행동을 하는 사람을 지향하여 지각하게 된다. 이것이 감각적 지각이며, 이렇게 지각된 감각적 대상을 의식이 대상화함으로써 의식에서 '어? 저 사람 미친 거 아냐?!'하는 인식작용이 일어난다. 이와 같이 우리는 눈앞에 드러나 나타난 모든 사물들에 대해 감각적 지각이 일어나는 것이 아니고, 주관적 의지작용에 의해 지향된 대상에 대해서만 감각적 지각이 일어난다는

철학하는 인공지능

점을 알 수 있다.

넷째는 **감각기관을 통해 작동하는 직관적 언어능력은 기저핵을 통해 신경계에서 작동한다**는 사실을 알 수 있다. 이로써 다섯 가지 감각기관이 동시에 함께 작동할 수 있다는 점도 확인할 수 있다. 분명 청각장애인이 눈으로 수화문장을 보면서 청각영역에서 그 수화문장의 언어적 의미를 해석하고 있다는 점을 확인할 수 있다.

04. 마이클 S. 가자니가에 의해 실행된 세 가지 실험

마이클 S. 가자니가의 자서전인 『뇌, 인간의 지도』라는 책에 보면 뇌량을 절제한 환자들을 상대로 매우 다양한 실험들을 수행했다는 점을 알 수 있다. 이 가운데 철학적으로 주목해야 할 세 가지 실험을 중심으로 앞에 살펴본 fMRI 자료 영상과 정확하게 일치한다는 점을 확인하기로 하자. 그리고 동시에 옛 성현들의 가르침과 정확하게 일치한다는 점도 함께 확인할 수 있다.

특히 코흐스 블록 실험은 인간의 선천적인 본원적 직관능력과 의식의 차이점을 명확하게 밝혀주고 있다. **본원적 직관능력은 의식과 감각적 지각을 끊어서 멸절한 뒤에 본래의 기능을 회복할 수 있다**는 점에서 현실적으로 이 본원적 직관능력을 확인할 방법이 없다. 그런데 뇌량을 절제한 환자들은 우반구 언어영역과 좌반구 언어영역이 완전하게 분리됨으로써 마치 의식과 감각적 지각이 끊어져 멸절한 상태와 동일하다고 할 것이다. 이러한 점에서 이 실험이 갖는 철학적 의미는 아무리 강조해도 부족하다고 판단된다.

그리고 두 번째로 눈에 보이는 것과 동일한 사진이나 사물을 손으로 지시하는 실험은 의식과는 관계없이 감각작용을 통해서 사물의 표상을 식별할 수 있다는 점을 입증하고 있다. 이 실험은 다만 사물의 표상만을 식별하는 실험이기 때문에 의미를 이해하는 언어적 사유작용과는 관련이 없다. 이러한 점에서 양쪽 뇌에서 동일하게 사물의 표상이 현상한다는 점을 확인할 수 있다. 그러나 코흐스 블록 실험과 비교한다면 감각기관을 통해 작동하는 선천적 표상능력은 양쪽 뇌에서 동일하게 작동하지만, 사물의 본질적 존재의미를 이해하는 직관적 언어작용은 우뇌에서만 작동한다는 점을 이해할 수 있다. 즉 코흐스 블록 실험에서도 이처럼 네 개의 블록이 동일하게 눈에 현상하지만, 좌뇌에서는 감각이 일어난 것이며 우뇌에서는 본원적 직관이 이루어진 것이다.

또한 양쪽 눈에 그림이나 사진을 보여주면서 '무엇이 보이느냐'고 묻는 실험은 언어를 통해 표현해야 한다는 점에서 의식의 작용에 대한 중요한 정보를 제공하고 있다. 문자언어로 답변을 해야 한다는 점에서 양쪽 눈에 주어진 대상을 의식을 통해 인식해야만 답변이 가능하다. 이러한 점에서 이 실험을 통해 의식은 우뇌에서 작동하는 감각적 지각을 선행적으로 동반해야만 외계에 대해 정확하게 인식할 수 있다는 점을 확인할 수 있다.

그리고 이 세 가지 실험을 종합해 보면 본질직관작용에 의한 감각[八識, 阿陀那識]과 의식[六識] 그리고 감각적 지각[五識]을 엄밀히 구분해야 한다는 점도 명확하게 입증되고 있다.

• 코흐스(Kohs) 블록 실험
: 직관적 언어작용에 의해 선천적 종합판단이 가능하다

먼저 코흐스 블록이란 웩슬러Wechsler 성인용 지능 검사를 할 때 사용하는 네 개의 블록 세트라고 한다. 이 네 개의 블록 세트는 각각의 여섯 면을 전혀 다른 배열방식에 따라 다른 색으로 칠해졌다고 한다. 이렇게 전혀 다른 배열 방식으로 여섯 면에 다른 색상을 칠했기 때문에 이것을 어떻게 배치하느냐에 따라 매우 많은 경우의 수를 만들어 낼 수 있다.

그리고 이 네 개의 블록을 각각 다르게 배치한 사진을 보여주면서 이와 똑같이 네 개의 블록을 배치하도록 하는 실험이다. 즉 얼마나 빨리 이 블록들의 색상 배열 방식을 간파하고 제시한 사진과 똑같이 배치하는가를 실험함으로써 지능지수를 측정하기 위한 도구로 사용된다.

뇌량을 절제한 환자들에게 실행한 다른 실험을 통해서 왼손을 제어하는 것은 우뇌이며 오른손을 관장하는 것은 좌뇌라는 점을 이미 확인하였다. 따라서 양쪽 손이 이 블록을 어떻게 배치하는가 하는 점이 매우 궁금하지 않을 수 없다.

이 실험의 결과를 직접 읽어보기로 하자.

따라서 오른쪽 뇌의 운동 제어 명령을 받는 왼손은 이 과제를 수행하는 데 뛰어날 것임을 예측해 볼 수 있다. 실제로 영상에 담긴 내용은 꼭 그러했다. 재빨리 왼손은 블록을 직접 조립했다. 다음 장면에는 오른손이 똑같은 과제를 수행한다. 오른손은 언어와 발화를 담당하는 왼쪽 뇌의 제어를 받는다. 그런데 오른손은 네 개의 블록을 예의 그림과 똑같이 조립하려고 했지만 그러지 못했다. 심지어 블록을 가로, 세로 두 개씩, 정사각형으로 배치해야 한다는 전반적인 체계조차 이해하지 못했다. 그저 세 개를 배열한 다음 한 개를 더 붙이려는 시도를 자주 했다. 놀라웠다. 오른손이 시도와 실패를 거듭하는 동안 갑자기 좀 더 능숙한 왼손이 자꾸 끼어들려고 한다. 이런 행동이 너무 자주 나타나기 때문에 오른손이 무엇인가를 할 때 왼손이 간섭하지 않도록 W.J.에게 왼손을 깔고 앉아 있게 했다.[67]

이 실험을 성공적으로 수행하기 위해서는 각각의 블록들의 여섯 개 면에 각기 다른 색상이 칠해졌다는 점을 이해하고, 동시에 그 색상의 배열 방식을 이해해야만 임무를 성공적으로 수행할 수 있다. 그런데 왼손은 네 개의 블록들을 재빠르게 정확히 배치했다는 점을 확인할 수 있다.

이것은 오른쪽 뇌는 외계와 직접적으로 관계를 맺고, 그 사물의 표상들을 직관적으로 이해할 수 있는 능력을 갖추고 있다는 점을 드러낸다. 즉 **우반구 언어영역에서 '직관을 통한 선천적 종합판단'이 가능하다**는 점을 확인할 수 있다.

반면에 오른손은 전혀 성공하지 못하고 있다. 특히 '이 네 개의 블

---

67) 마이클 S. 가자니가, 박인균 옮김, 『뇌, 인간의 지도』(서울; 청림출판, 2016), 100쪽~101쪽.

철학하는 인공지능

록이 가로 세로로 두 개씩, 정사각형으로 배치되어 있다'는 사실조차도 인식하지 못하고 있다. 이것은 좌뇌가 감각적 지각의 도움이 없이는 외계의 사물을 정확하게 인식하지 못한다는 점을 드러내고 있다. 이제 이 실험의 결과를 철학적인 관점에서 보다 자세하게 해석해 보기로 하자.

먼저 이 네 개의 블록들이 각기 다른 방식으로 색이 칠해져 있다는 점에서 이 네 블록의 본질적인 차이점을 이해하기 위해서는 이 블록들의 표상을 종합하고 통일하는 능력이 있어야만 가능하다.

이러한 점에서 우뇌의 지배를 받는 왼손이 매우 빠르고 정확하게 배치했다고 하는 것은 우반구 언어영역에서 '직관을 통한 선천적 종합판단'이 가능하다는 점을 드러내고 있다. 지금 이 환자는 좌뇌의 언어영역과 우뇌의 언어영역이 완전히 분리되어 있기 때문에 우뇌의 언어영역에 갖추어진 인간의 선천적인 본원적 직관능력이 고스란히 발현되고 있다. 물론 정상적인 일반인은 뇌량을 통해 양쪽 뇌가 유기적으로 함께 작동함으로써 이러한 본원적 직관능력이 의식으로 인해서 은폐되어 작동하지 못한다.

앞에서 우리는 감각적 표상이든 본질적 표상이든 모든 표상을 종합하고 통일하는 것은 곧 감각기관을 통한 직관적 언어작용에 의해서 가능하다는 점을 살펴보았다. 그리고 fMRI 자료영상에서 우반구 언어영역이 감각영역과 함께 작동한다는 점도 확인하였다.

따라서 우반구 언어영역이 곧 감각기관을 통한 직관적 언어작용을 담당하고 있다는 점을 알 수 있다.

반면에 좌뇌의 지배를 받는 오른손은 전혀 이러한 '직관을 통한 종합판단'이 불가능하다는 점을 확인할 수 있다. 분명 좌뇌에서도 우뇌와 똑같이 선천적 표상능력이 작동하고 있다. 따라서 눈에 이 네 개의 블록이 현상하는 것은 동일하다. 즉 우뇌는 이 선천적 표상능력이 직관적 언어능력과 함께 작동함으로써 본래의 본원적 직관능력을 정상적으로 발현하고 있다.

그러나 좌뇌에서는 선천적 표상능력은 그대로 정상적으로 작동하지만 직관적 언어능력이 작동하지 못하고 있다. 이러한 점에서 본원적 직관과 감각을 구분해야 한다는 점을 확인할 수 있다. 이와 같이 양쪽 뇌에서 선천적 표상능력은 동일하게 작동한다는 점에 대해서는 뒤에 다른 실험들을 통해 재차 확인이 가능하다.

따라서 양쪽 뇌에 동일하게 그 블록들의 표상이 현상하고 있다. 그런데 좌뇌는 그 블록들이 가로 세로 두 개씩 놓여 있다는 단순한 사실조차도 이해하지 못하고 있다. 이러한 사실은 곧 의식은 외계와 직접적으로 관계를 맺을 수 없다는 점을 드러내고 있다. 즉 감각에 현상한 사물의 표상을 직접적으로 인식할 수 없다는 점을 확인할 수 있다.

이러한 실험 결과는 fMRI 영상자료에서 좌뇌의 언어영역이 오로지 자신의 영역 내에서만 작동한다는 점과 일치하고 있다. 즉 좌반구 언어영역은 오로지 문자언어에 담긴 언어적 의미만을 사유하는 언어적 사유작용이라는 점을 확인할 수 있다. 이로써 의식은 외계와 직접적으로 관계를 맺을 수 없다는 점을 입증하고 있다.

철학하는 인공지능

그렇다면 정상적인 사람의 경우는 어떨까? 당연히 우뇌의 언어영역만이 작동하는 경우처럼 재빠르게 배치하지 못할 것이다. 모두들 이렇게 빠르게 배치할 수 있다면 이 코흐스 블록은 지능검사에 사용될 수 없을 것이다. 정상적인 사람은 네 개의 블록을 사진과 같이 배치하기 위해서는 상당히 많은 시행착오를 거쳐야만 가능하다. 바로 이 점으로부터 의식의 작용특성을 이해할 수 있다.

첫째는 **의식은 표상을 종합하고 통일하는 능력이 없다**는 점이다. 이로써 우뇌처럼 종합적 통일을 통해서 직관적으로 알 수 없다. 따라서 개개의 블록을 하나씩 돌려가면서 사진과 비교해야만 동일한 상태인지를 판단할 수 있다. 이러한 점에서 의식이 사물의 개별적 차별성을 인식하기 위해서는 비교를 통해서만 가능하다는 점을 알 수 있다. 따라서 개념이란 비교를 통해서 파악된 상대적 차별성을 문자언어로 규정한 언어적 의미규정이다. 반면에 우반구 언어영역은 네 가지 블록의 차이점을 종합적 통일을 통해서 직관하고 있다. 이러한 차이점을 명확하게 이해해야 한다.

그리고 둘째로 수많은 시행착오를 거친다는 점에서 **이렇게 의식을 통해 비교할 때 매 순간 한 가지 경우만을 비교하고 있다**는 점을 확인할 수 있다. 분명 의식이 제시한 사진과 동일한 상태로 배열하기 위해서는 하나의 블록을 돌려가면서 각각의 경우마다 사진과 매번 비교해야만 같은지 다른지를 판단할 수 있다. 이와 같이 많은 시행착오를 거쳐야만 가능하기 때문에 뇌량을 절제한 환자의 왼손처럼 재빨리 배치할 수 없다. 이러한 점에서 의식은 매 순간에 하나의 대상(한 가지 경우)만을 인식할 수 있다는 점을 확인할 수 있다. 이로써 의식은 순간순간 생성과 소멸을 반복해야 한다는 점도 이해할 수 있다. 그래야만 수많은 단어로 이루어진 책을 계속해서 읽어갈 수 있을 것이다.

또한 이 실험을 통해서 의식이 작동할 때는 우반구 언어영역이 가진 본원적 직관능력을 상실하고, 이 본원적 직관능력이 감각적 지각작용으로 변환된다는 점을 알 수 있다. 의식이 작동하는 일반 사람들은 이 본원적 직관능력에 의해 가능한 '직관을 통한 선천적 종합판단'이 불가능하다는 점을 확인할 수 있다. 그리고 앞에서 살펴보았던 fMRI 자료 영상에서 이 우반구 언어영역이 감각적 지각작용으로 작동한다는 점도 확인하였다.

즉 청각장애인은 이 우반구 언어영역을 통해서 눈으로 본 수화 문장을 문자언어의 언어음으로 변환시키고 있었다. 이는 곧 좌뇌의 의식이 작동함으로써 우뇌의 본원적 직관능력이 은폐되고 감각적 지각 작용으로 변환되었다는 점을 의미한다.

이 실험에서도 이 환자의 좌뇌는 이 네 개의 블록이 가로 세로로 두 개씩 정사각형 모양으로 놓여 있다는 사실조차도 식별하지 못하고 있다. 반면에 정상적인 사람은 이 네 개의 블록이 정사각형 모양으로 놓여 있다는 점은 쉽게 인식할 수 있다. 이러한 점에서 좌반구 언어영역은 외계를 직접적으로 인식하지 못한다는 점을 확인할 수 있다. 그리고 의식은 감각적 지각을 통해 개념적 의미(정사각형 모양이라는 의미)로 해석해 주어야만 외계를 인식할 수 있다는 점을 확인할 수 있다.

철학하는 인공지능

이상에서 살펴본 바와 같이 이 실험결과는 인간의 선천적인 본원적 직관능력을 증명하고 있다. 우반구 언어영역이 감각기관을 통해 작동하는 직관적 언어작용이라는 점을 밝혀주고 있으며, 동시에 이 직관적 언어능력에 의해 '직관을 통한 선천적 종합판단'이 가능하다는 점도 입증해 주고 있다. 반면에 좌반구 언어영역은 문자언어를 매개로 그 언어적 사유작용이기 때문에 외계와 직접적으로 관계를 맺을 수 없다는 점도 함께 밝혀주고 있다. 이로써 의식이 작동할 때는 우반구 언어영역이 감각적 지각작용으로 변환되어 작동한다는 점도 함께 이해할 수 있다.

이러한 점에서 마이클 S. 가자니가의 이 실험은 철학사에 영원히 기억되어야 할 위대한 업적이라고 하지 않을 수 없다.

• 손으로 지시하는 실험: 감각과 본원적 직관의 차이점

이제 양쪽 뇌에 일정한 사물의 표상을 보여주고, 그 표상과 동일한 사진이나 물건을 손으로 지시하도록 하는 실험에 대해 살펴보기로 하자.

시선이 고정된 오른쪽에 원형 하나를 비춰 좌뇌가 보도록 한다. 탁자에 얹혀 있던 그의 오른손이 화면에서 원형이 있는 곳을 가리킨다. 우리는 화면의 이쪽저쪽에 원형을 비추면서 이 과정을 수차례 반복한다. 하지만 얼마를 반복하든 마찬가지다. 시선이 고정된 오른쪽에 원형을 비추면 좌뇌가 관장하는 오른손이 원형을 가리킨다. 시선이 고정된 왼쪽에 원형이 오면 우뇌가 관장하는 왼손이 원

형을 가리킨다.[68]

이 실험은 다만 손으로 눈에 보이는 표상과 동일한 표상을 지시하는 실험이다. 바로 이 점이 다음 번 실험과의 차이점이다. 다음 번 실험은 눈에 무엇이 보이는지 문자언어를 통해 답변하는 실험이라는 점에서 의식의 작용이 개입되는 실험이다. 그러나 이 실험은 의식을 작동시킬 필요 없이 다만 감각작용을 통해서 동일한 표상을 식별하는 실험이다. 이러한 점에서 감각작용이 양쪽 뇌에서 어떠한 차이가 있는가 하는 점을 확인할 수 있다.

그런데 놀랍게도 양쪽 뇌의 반응이 정확하게 일치하고 있다. 바로 이 점에 이 실험자도 매우 놀란 듯하다. 분명 양쪽 뇌에 전혀 다른 언어능력을 가지고 있는데, 동일한 감각반응을 보이고 있다는 점에 적잖게 놀란 것 같다. 코흐스 블록 실험에서는 양쪽 손에서 전혀 다른 반응을 보였는데, 여기에서는 양쪽 손이 정확하게 동일한 사진을 가리키고 있다. 그래서 매우 여러 번 반복해서 실험했다는 점을 밝히고 있다.

앞의 코흐스 블록 실험과 비교해보면 우측 뇌의 지배를 받은 왼손은 여전히 본원적 직관능력이 작동하고 있다. 반면에 좌측 뇌의 지배를 받은 오른손은 네 개의 블록이 정사각형 모양으로 놓여있다는 사실조차 식별하지 못했었는데, 이 실험에서는 정확하게 같은 표상을 지시하고 있다.

바로 이러한 차이점에서 **본원적 직관작용과 감각에 있어서 선천**

---

68) 상동. 68쪽

철학하는 인공지능

적 표상능력은 동일하다는 점을 확인할 수 있다. 가자니가는 선천적 표상능력과 직관적 언어능력에 대한 지식이 없었기 때문에 이 실험 결과에 매우 당황한 것 같다.

이제 이 실험과 앞에서 살펴본 코흐스 블록 실험의 차이점을 살펴보기로 하자. 코흐스 블록 실험에서는 그것들이 어떠한 방식으로 색을 칠한 것인지 그리고 어떻게 배치되었는지 그 본질적 존재의미를 파악해야만 해결할 수 있는 실험이다. 반면에 이 실험은 그 영상의 의미는 알 바가 아니고, 다만 표상만 식별하면 가능한 실험이다.

이러한 차이점에서 두 실험의 결과가 전혀 다르게 나타나는 이유를 확인할 수 있다. 코흐스 블록 실험에서도 좌뇌의 지배를 받은 오른쪽 눈에 그 네 개의 블록이 똑같이 표상하고 있었을 것이다. 이렇게 의식이 작동하는 상태에서 감각기관에 현상하고 있는 것은 감각이다.

이때, 분명 그 블록들의 차이점(상대적 차별성)을 인식하기 위해 주관적 의지작용에 의해 좌뇌의 의식이 감각에 현상한 그 블록들을 지향했을 것이다. 그런데 그 블록들이 가로 세로로 두 개씩 정사각형 모양으로 놓여 있다는 사실조차도 인식할 수 없었다. 그 이유는 뇌량이 절단되었기 때문에 우뇌에서 작동하는 감각적 지각의 도움을 받을 수 없었기 때문이다.

그러나 이 실험에서는 감각을 통해 그 원형의 표상을 직접적으로 식별하고 있다. 그 이유는 상대적 차별성을 구분할 이유가 없기 때문에 의식이 그것을 지향할 이유가 없었던 것이다. 똑같은 표상을 손으로 지시하는 실험이기 때문에 굳이 의식이 그것의 상대적 차별성을 이해할 필요가 없다. 이러한 점에서 의식의 주관적 의지작용이 작동하지 않았으며, 이로써 의식이 감각에 현상하고 있는 원형의 표상을 지향하지 않았다. 이로써 감각만으로 그 원형의 표상을 식별하고 있다. 이 점은 너무나 당연하다. 감각작용도 본원적 직관과 동일하게 선천적 표상능력을 통해서 사물의 표상을 그려낼 수 있다. **따라서 그 사물의 표상을 그려내는 감각작용이 그 자체로 곧 표상을 식별하는 능력이라는 점을 알 수 있다.**

그런데 여기서 또 한 가지 감각[아타나식(阿陀那識), 팔식(八識)]과 본원적 직관[사(事): 무위지사(無爲之事)]의 차이를 확인할 수 있다. 분명 코흐스 블록 실험에서도 좌뇌에서는 감각이 일어났을 것이다. 그래서 그 네 개의 블록이 눈에 현상할 수 있었을 것이다. 그런데 이 감각이 선천적인 본원적 직관능력에 의해 가능하다면 왜 좌뇌는 우뇌처럼 선천적 종합판단이 직관적으로 일어나지 않느냐는 점에 주목해야 한다.

이것은 곧 감각과 본원적 직관에 있어서 선천적 표상능력은 동일하게 일어나지만, 직관적 언어작용에서 차이가 발생하고 있다는 점을 의미한다. 우뇌에서는 감각기관을 통해서 직관적 언어능력이 작동하고 있기 때문에 코흐스 블록실험에서 놀라운 본원적 직관능력을 보여주고 있다. 그러나 좌뇌에서는 전혀 블록들의 본질적 존재의 미를 파악하지 못하고 있다. 이러한 점에서 감각에서는 직관적 언어능력이 작동하지 않는다는 점을 확인할 수 있다. 즉 표상적 사유능

철학하는 인공지능

력에서는 차이가 없지만, 의미를 파악하는 언어적 사유능력에서는 현격한 차이가 발생하고 있다.

이러한 차이점에서 **감각작용에서는 직관적 언어능력이 은폐되어 작동하지 못한다**는 점을 확인할 수 있다. 이로써 선천적 종합판단이 불가능했던 것이다.

그렇다면 의식이 작동하고 있는 일반인에게 있어서는 종합적 통일이 원천적으로 불가능해야 하지 않을까? 분명 앞에서 의식이 작동할 때는 우반구의 직관적 언어작용이 은폐되어 버리고, 감각적 지각작용으로 변환된다고 하지 않았는가? 그렇다면 직관적 언어작용이 일어나지 않으므로 본질적 언어를 구성할 수 없을 것이다. 그렇다면 일반인에게는 결코 사물의 본질적 표상이 현상할 수 없을 것이다. 분명 장자(莊子)는 '꿈속의 나비가 실재하는 나비'라고 설명했는데, 어떻게 일반인에게도 동일하게 사물의 본질적 표상이 현상할 수 있을까?

당연히 이러한 의문들이 제기될 수 있다. 바로 이러한 의문을 풀어줄 수 있는 정신현상이 바로 '렘Rem수면' 상태이다. 이러한 의문점들을 통해서 렘수면에 대해 정확하게 이해할 수 있다. 왜 렘수면을 '역설적 수면'이라고 표현하는지 그 이유를 이해해 보기로 하자.

먼저 뇌과학자 에릭 캔델이 렘수면 상태에 대해 설명하는 것을 살펴보기로 하자.

운동 솜씨 학습의 흥미로운 특징 하나는 하룻밤 자고 나면 솜씨가 늘지만 같은 시간 동안 깨어 있은 다음에는 늘지 않는다는 점이

다. 하버드 대학의 매튜 워커Mathew Walker와 동료들은 순서대로 손가락 놀리기 과제를 선택했다. 이 과제에서 피실험자들은 한 손의 손가락 네 개로 단추를 누르되 4-1-3-2-4의 순서로 최대한 빠르고 누른다. 훈련 후 12시간 동안 깨어 있었던 피실험군에서는 수행 속력이 겨우 3.9퍼센트 향상된 반면, 12시간 동안 잠을 잔 피실험군에서는 20.9퍼센트의 수행 속력 향상이 일어났다. (중략) 하지만 이 결과들에서는 솜씨 향상이 때로는 더 광범위한 서파수면과 관련이 있거나 서파수면과 꿈꾸는(렘 REM) 수면('빠른 안구 운동'이 특징이기 때문에 렘수면으로 명명됨)의 조합과 관련이 있다. 수면의 생물학의 어떤 측면 때문에 이런 효과가 나타나는지는 아직 밝혀지지 않았다.[69]

이 실험에서 잠을 자고 나면 학습 효과가 훨씬 좋아진다는 점을 알 수 있다. 자고 나니까 신경계의 반사적 반응이 오히려 효과적으로 작동하고 있다는 점을 확인할 수 있다. 이와 같이 신경계의 반사적 반응이 더 효과적으로 작동하고 있다는 것은 곧 **자고 있는 동안에 신경계에서 학습이 일어나고 있다**는 점을 의미한다.

이 점은 이미 뇌과학자 로돌포 R. 이나스의 저서 『꿈꾸는 기계의 진화』에서도 자세히 설명하고 있다. 즉 신경계의 고정행위패턴FAP에서 조정이 가능하다는 점을 지적하고 있다. 이렇게 고정행위패턴에서 조정이 일어난다는 것은 학습과 기억이 일어나고 있다는 의미라는 점을 강조하고 있다.

바로 이 점으로부터 수면상태에서 직관적 언어능력에 의해 종합적 통일이 일어난다는 점을 이해할 수 있다. 앞에서 직관적 언어능

---

69) 에릭 캔델·래리 스콰이어, 전대호 옮김, 『기억의 비밀』(서울; 해나무, 2016), 397~398쪽.

철학하는 인공지능

력은 기저핵을 중심으로 신경계에서 작동한다는 점을 살펴보았다. 따라서 이 직관적 언어능력에 의해 신경계에서 학습이 가능하다는 점을 알 수 있다. 즉 **수면상태에서 직관적 언어능력을 통해서 그 체험의 내용을 종합하고 통일하고 있다**는 점을 이해할 수 있다.

그런데 이 인용문에서 이러한 종합적 통일이 서파수면Slow-Wave Sleep 상태에서 일어나는지 아니면 렘수면 상태에서 가능한지 정확하게 알 수 없다고 설명하고 있다. 또한 의학계에서도 서파수면 상태가 깊은 잠에 든 것이고, 렘수면 상태는 얕은 잠을 자는 것이라고 설명하고 있다. 그 이유는 서파수면 상태에서는 근육의 긴장이 이완되지만, 렘수면 상태에서는 눈동자가 급하게 움직이거나 손발이 떨리기도 한다는 점을 그 근거로 제시하고 있다.

그러나 이러한 주장들은 렘수면 상태를 정확하게 이해하지 못하고 있다는 점을 드러낸다.

깊은 잠에 들었는데, 왜 안구는 매우 급속하게 움직이며, 왜 뇌는 매우 부지런히 활동하는지 그 이유를 바르게 이해하지 못하기 때문에 이렇게 주장하는 것이다.

그 이유는 깊은 잠에 들었을 때 의식이 끊어지고, 이로써 직관적 언어능력이 작동할 수 있기 때문이다. 의식이 작동할 때는 직관적 언어능력이 작동할 수 없다는 점을 기억해야 한다.

따라서 렘수면 상태가 깊은 잠에 든 상태이며, 이로써 의식의 작용이 끊어지면서 동시에 직관적 언어능력이 정상적으로 작동하게 된 것이다. 이와 같이 직관적 언어능력이 작동하기 때문에 눈동자

가 급하게 움직이거나 손과 발의 떨림 현상이 나타나는 것이다. 왜
냐하면 직관적 언어능력은 선천적 표상작용과 함께 작동하기 때문
이다. 이로써 사물의 표상이 눈에 현상하기 때문에 눈동자가 급하
게 움직이며, 꿈을 꾸는 것이다. 또한 감각신경계가 이러한 본원적
직관능력에 의해 작동하기 때문에 손과 발에서 떨림 현상이 나타날
수도 있다.

따라서 이러한 현상은 곧 직관적 언어능력이 작동한다는 증거이
고, 동시에 종합적 통일이 일어나고 있다는 의미이다. 이러한 현상
이 일어난다고 해서 렘수면 상태가 얕게 잠이 든 것이 아니다. 오히
려 깊은 잠에 들었을 때 의식이 끊어진다는 점을 이해해야 한다. 불
교에서도 깊은 잠에 들었을 때와 기절(혼절)했을 때 의식의 작용이
끊어진다고 설명하고 있다.

예를 들어 렘수면 상태에서 꿈을 꾼다고 한다. 그런데 그 꿈을 전
혀 기억하지 못한다. 이것은 의식이 끊어졌다는 점을 드러낸다. 반
면에 얕은 잠에 들었을 때 흔히 예지몽(豫知夢)을 꾼다고 하는데, 이
것은 곧 의식이 작동하고 있다는 증거이다. 기억한다는 것은 의식
된 것을 잊지 않고 간직하는 것을 의미한다.

플라톤은 감각적 지각을 간직하는 것을 기억이라고 설명하고 있
다. 이러한 설명은 같은 의미이다. 왜냐하면 의식은 감각적 지각을
선행적으로 동반하기 때문에 의식과 감각적 지각은 동시에 작동한
다. 따라서 꿈을 기억한다는 것은 그 수면상태에서 의식이 작동하
고 있다는 점을 의미한다. 따라서 서파수면상태에서는 의식이 작동

철학하는 인공지능

하고 있으므로 깊은 잠에 들어 있는 것이 아니다.

결론하여 **렘수면 상태는 깊은 잠에 들어 있는 상태이며, 이때 의식의 작용이 끊어지면서 직관적 언어능력이 작동할 수 있다. 그리고 이 직관적 언어능력을 통해 종합적 통일이 일어나는 것이다.** 이러한 이유로 안구가 급속하게 움직이며, 꿈을 꾸는 것이다. 신경계에서 본원적 직관작용이 활발하게 일어나기 때문에 사물의 표상들이 꿈의 형태로 현상하는 것이며, 안구가 급속하게 움직이는 것이다. 이렇듯 렘수면 상태에서 직관적 언어능력이 작동함으로써 종합적 통일이 일어나고, 그 결과 일반인도 본질적 언어를 구성할 수 있다. 그리고 이 본질적 언어에 근거하여 사물의 본질적 표상을 그려낼 수 있다.

바로 이 점이 인간과 대화형 인공지능과의 근본적인 차이점이다. 대화형 인공지능 '테이'와 AI 챗봇 '이루다'는 인간에 의해 주입된 극단적으로 오염되고 왜곡된 개념적 언어만을 가지고 있지만, 인간은 잠을 자면서 본질적 언어를 구성해 냄으로써 이 본질적 언어를 함께 가지고 있다. 이로써 보편적인 도덕률과 관습적인 윤리의식 또는 예의범절이라는 것을 갖추고 있다.

• 질문에 답하는 실험
: 의식은 반드시 감각적 지각을 선행적으로 동반해야 한다

이제 눈에 주어진 영상에 대해 그것이 무엇인지 말로 표현하는 실험에 대해 살펴보기로 하자. 이 실험을 통해서 좌반구 언어영역만이 말할 수 있는 언어작용이 가능하다는 점과 이로써 우반구 언어영역을 통한 감각적 지각이 절대적으로 선행되어야 한다는 점에 대해 확인할 수 있다.

먼저 이 실험의 과정과 결과를 읽어보기로 하자.

나는 그가 점을 똑바로 바라보고 있는지 확인하고, 단순한 사각형이 그려진 사진을 정확히 0.1초 동안만 점 오른쪽에 비춘다. 사각형을 점 오른쪽에 비춤으로써 말하는 뇌인 좌뇌를 연결하는 것이다. 이 테스트는 내가 설계했지만 아키라이티스 환자들에게는 사용해 보지 못한 테스트다.

가자니가: 뭐가 보였나요?

W.J: 상자요.

가지니가: 좋습니다. 다시 해보죠. 점을 바라보세요.

W.J: 작은 테이프 조각 말인가요?

가자니가: 네, 맞습니다. 이제 바라보세요.

나는 다시 또 다른 사각형이 그려진 사진을 0.1초 동안 비췄는데, 이번에는 그가 시선을 고정하고 있는 점의 왼쪽에 비췄다. 이 이미지는 말을 하지 않는 반대쪽 뇌, 즉 우뇌에만 전달된다. (중략)

가자니가: 뭐가 보이나요?

W.J: 아무것도요.

가자니가: 아무것도요? 아무것도 안 보였다고요?

W.J: 네, 아무것도.[70]

---

70) 상동. 66쪽~67쪽.

철학하는 인공지능

의식이 작동하는 좌뇌에 전달되도록 오른쪽 눈에 단순한 사각형을 보여줄 때는 '상자'나 '테이프조각'이라고 답하고 있다. 반면에 앞에서 놀라운 본원적 직관능력을 보여줬던 우뇌에 전달되도록 좌측 눈에 사각형 영상을 보여줄 때는 아예 '아무것도 안 보인다'고 답하고 있다.

왜 이러한 반응들이 나타날까?

이 실험 결과를 전체적으로 평가하자면 감각과 의식 그리고 감각적 지각에 대해 정확하게 구분해야 한다는 점을 드러내고 있다.

먼저 답변을 한다는 것은 문자언어를 통해 가능하다. 앞에서 의식의 사유작용을 통해 문자언어를 이해하고, 또한 문자언어를 통해 의사소통이 가능하다는 점을 확인하였다. 따라서 무엇이 보이는가 하는 질문에 답하는 것은 오로지 좌뇌에서 가능하다. 이러한 점에서 이 실험은 뇌량을 절제했을 때, 의식은 양쪽 눈에 주어진 자극(표상)을 어떻게 인식하는가 하는 점을 확인하는 실험이라고 할 수 있다.

그런데 양쪽 뇌에서 너무나 상반된 반응을 보이고 있다.

먼저 좌측 눈에 사각형 사진을 보여주었을 때, 이 환자는 '아무것도 보이지 않는다'고 답변하고 있다. 이러한 답변은 의식이 아무것도 인식하지 못했다는 점을 드러낸다. 코흐스 블록 실험에서는 우뇌는 놀라운 본원적 직관능력을 보여주었다. 그렇다면 이번에도 우뇌는 놀라운 직관능력을 발휘하고 있을 것이다. 그런데 왜 이 환자는 아무것도 볼 수 없다고 답변하는 것일까?

이러한 반응에서 의식이 외계를 인식하기 위해서는 감각적 지각을 반드시 선행적으로 동반해야 하며, 감각적 지각은 우반구 언어영역에서 가능하다는 점을 확인할 수 있다.

예를 들어 정상적인 사람들은 우뇌에서 감각적 지각이 일어났을 것이다. 그리고 이 감각적 지각을 통해 사물의 표상을 언어적 의미로 해석한 뒤에 이 지각의 결과물을 뇌량을 통해 의식에 전달함으로써 의식은 그 사물의 언어적 의미를 인식하게 된다.

그러나 이 환자는 뇌량이 절제되어 있기 때문에 우뇌에서는 감각적 지각이 일어나는 것이 아니고 본원적 직관작용이 일어나고 있다. 따라서 어떠한 개념적 의미도 지각되지 않았다. 설령 우뇌에서 감각적 지각이 일어난다고 하더라도 좌뇌의 의식은 그 개념적 의미를 전달받을 수 없었을 것이다. 따라서 의식은 아무것도 인식할 수 없다.

그 결과 이 환자는 아무것도 보이지 않는다고 답변한 것이다. 의식은 우반구 언어영역에서 외계의 사물들에 대해 개념적 의미로 해석해 주지 않으면 아무것도 인식할 수 없다는 점을 확인할 수 있다.

또한 이러한 실험결과는 fMRI자료 영상과도 일치한다. 앞에서 확인한 바와 같이 좌반구 언어영역은 오로지 자신의 영역 내에서만 작동한다. 따라서 우반구에서 일어나는 감각적 지각의 도움이 없이는 결코 외계에 대해 아무것도 인식할 수 없다는 점을 알 수 있다.

결론하여 좌뇌에서 작동하는 의식은 외계에 대해 아무것도 인식할 수 없기 때문에 '아무것도 보이지 않는다'고 답변한 것이다.

반면에 우측 눈에 단순한 사각형을 보여 줄 때는 좌뇌에서 전혀

철학하는 인공지능

엉뚱한 대답을 계속하고 있다. 분명 사각형 사진을 보여주었는데, 이것을 '상자'라고 말했다가 다시 보여줄 때는 '테이프조각'이라고 답변하고 있다. 다소간에 비슷한 점들을 가지고 있지만, 명확하게 그것을 인식하지 못하고 있다.

바로 여기에서 우측 눈에 사진을 보여줄 때와 좌측 눈에 보여줄 때의 차이점을 먼저 구분해 보기로 하자. 지금 문자언어로 답변을 해야 하기 때문에 이 두 눈에 보이는 것을 모두 좌뇌의 의식에서 인식해야 한다. 그런데 우측 눈에 보여줄 때는 좌뇌에서 감각이 일어났지만, 좌측 눈에 사진을 보여줄 때는 좌뇌에서 아무런 감각마저도 일어나지 않았던 것이다. 즉 좌측 눈에 보여준 감각정보는 우뇌로 전달되기 때문에 좌뇌에서는 감각마저도 일어나지 않았기 때문에 아무것도 볼 수 없었다.

이러한 점에서 지금 우측 눈에서만 사각형 사진이 감각에 현상하고 있는 것이다. 그런데 감각적 지각은 우뇌에서만 가능하기 때문에 이 감각에 현상하고 있는 사물의 표상을 개념적 의미로 해석하지 못하고 있다. 그 결과 그것을 '상자'라고 했다가 다시 물으면 '테이프조각'이라고 답변하고 있다. 분명 눈에 무언가 보였는데, 그것의 개념적 의미를 정확하게 인식할 수 없다는 점을 알 수 있다.

그렇다면 앞에서 눈에 보이는 것을 손으로 지시하는 실험에서는 분명 좌뇌도 그 원형이라는 표상을 식별해 냈다. 그런데 코흐스 블록 실험에서는 왜 네 개의 블록이 가로 세로 두 개씩 정사각형 모양으로 놓여 있다는 점을 식별하지 못한 것일까?

바로 여기에서 의식은 감각에 현상한 사물의 표상을 직접적으로 인식할 수 없으며, 감각적 지각을 통해 그것을 언어적 표현으로 해석해 주어야만 그 사물의 개념적 의미를 인식할 수 있다는 점을 확인할 수 있다. 즉 손으로 지시하는 실험에서는 개념적 의미를 해석할 필요가 없기 때문에 주관적 의지작용이 일어나지 않았고, 이로써 의식이 작동하지 않고 감각을 통해서 직접적으로 그 표상을 식별한 것이다. 그러나 이 실험에서는 답변을 해야 하기 때문에 주관적 의지작용으로 인해서 의식이 작동한 것이다. 따라서 의식이 그 사각형 사진을 인식하려고 하기 때문에 그것의 개념적 의미를 정확하게 인식하지 못한 것이다.

그런데 여기에서 또 한 가지 주목해야 할 점은 오른쪽 눈에 사각형을 보여주었는데, 의식은 그것을 '상자'라고 답했다가, 다시 물으니 '테이프 조각'이라고 답하고 있다. 이것은 분명 의식에 무언가 개념적 의미가 파악되고 있다는 점을 드러낸다. 이러한 점에서 감각에도 개념적 의미가 내포되어 있다는 점을 알 수 있다. 다시 설명하자면 감각에 비록 선천적 표상능력에 의해 본질적 표상이 표상하고 있지만, 직관적 언어능력이 작동하지 못하고 있다는 점에 주목해야 한다. 이로써 감각에는 의식에 의해 규정되고 산출된 개념적 의미가 사물의 본질적 표상과 함께 주어진다(현상한다)고 해석하는 것이 옳을 것 같다. 이러한 점에서 불교에서는 본원적 주관성[아리야식(阿梨耶識)]을 염정화합식(染淨和合識)이라고 설명하고 있다. 즉 본질적 존재의미와 개념적 의미가 혼재되어 있다는 의미이다. 그 결과 본질적

철학하는 인공지능

존재의미에 입각해서 본질적 표상이 현상하지만, 동시에 본질적 존재의미와 개념적 의미가 함께 드러난다고 이해된다.

사실 이 점 때문에 필자도 감각과 감각적 지각을 엄밀하게 구분하여 이해하는 데 많은 어려움을 겪을 수밖에 없었다. 이 점은 뒤에 '본질적 속성의 대상성[무표색(無表色)]'과 '개념적 의미가 부가된 대상성[유표색(有表色)]'에 대해 논의하면서 다시 거론하기로 하자.

이상에서 살펴본 바와 같이 분리뇌 연구는 옛 성현들의 가르침이 인간의 선천적인 두뇌작용과 정확하게 일치한다는 점을 증명해 주고 있다. 즉 감각과 의식 그리고 감각적 지각을 엄밀하게 구분해야 하며, 또한 의식은 반드시 감각적 지각을 선행적으로 동반한다는 점을 확인할 수 있다. 반대로 서양철학에서 주장하는 모든 철학적 담론이 성립될 수 없는 궤변이라는 점도 동시에 확인할 수 있다.

이러한 점에서 우리가 객관적 세계라고 말하는 것은 다만 의식의 관념적 사유작용에 의해 정립된 허구적인 관념의 세계에 지나지 않는다는 점을 알 수 있다. 다시 설명하자면 의식은 감각적 지각을 통해서만 외계를 이해할 수 있는데, 그 감각적 지각은 이미 의식에 의해 규정된 개념적 의미로 외계를 해석하고 있다는 점이다. 이로써 **의식을 통해 인식된 그 객관적 세계란 허구적이고 비실재적인 관념적 세계라는 점을 깊이 인식해야 한다.**

철학하는 인공지능

이제 관념론 철학을
폐기해야 한다

Ⅲ

이제 관념론 철학을
폐기해야 한다

앞에서 관념론 철학이 인공지능과 뇌과학 연구에 있어서 커다란 장애요인이 된다는 점을 개괄적으로 살펴보았다. 그리고 2장에서는 분리뇌 연구의 여러 가지 실험 결과들을 살펴보았다. 이제 이 장에서는 관념론 철학이 인간의 선천적인 인지능력에 대해 무엇을 어떻게 왜곡하고 있는지 좀 더 구체적으로 살펴보기로 하자. 그래야만 지금과 같은 과오를 다시 범하지 않고, 좀 더 효과적으로 뇌과학이나 인공지능을 연구할 수 있을 것이다.

지금까지 살펴본 바와 같이 관념론자들은 감각작용에서부터 의식의 작용에 이르기까지 철저하게 왜곡하고 있다. 왜 그들은 이토록 인간의 선천적인 인지능력에 대해 잘못 이해하게 된 것일까? 무엇 때문에 그들은 이토록 깊은 착각과 오류에 빠져 있는 것일까?

이러한 오류와 착각은 고전물리학이 자연의 법칙을 객관적으로 해명해주고 있다는 매우 강한 확신에서 비롯된다고 판단된다. 즉 근본적인 원인은 고전물리학의 물리법칙들이 자연의 법칙이라고 착각한 데서 비롯된다. 달리 표현하자면 외계에 대한 객관적 이해의 방식과 사물의 본질적 존재의미를 직관하는 직관적 이해의 방식을 구분하지 못한 것이다.

그렇다면 왜 그들은 개념을 통한 객관적 이해의 방식과 사물의 본질적 존재의미를 직관하는 직관적 이해의 방식을 구분하지 못한 것일까?

그 근본적인 원인은 외계의 물질적 사물을 감각기관을 통해 직접적으로 체험하는 것과 종이 위에 그려진 도표나 좌표계를 보고 이해하는 것을 구분하지 못한 데서 비롯된다. 즉 외계의 물질적 사물이 눈앞에 현상하는 것과 종이 위에 그려진 도표나 좌표계를 보고 인식하는 것의 차이점을 구분하지 못한 것이다.

다시 설명하자면 분명 외계의 물질적 사물도 보고 있으며, 종이 위에 그려진 그 좌표계나 도표도 보고 있다. 모두 '본다'고 하는 공통된 언어적 표현으로 표현하기 때문에 그 차이점을 엄밀하게 구분하지 못하고 있다. 이것을 플라톤은 아주 쉽게 구분해 주고 있다. '영혼으로 보는 것'과 '눈(육체)을 통해 보는 것'으로 구분하고 있다. 이 차이점을 현대 철학용어로 다시 표현하자면 감각[팔식(八識), 아타나식(阿陀邪識)]에 현상하는 것과 감각적 지각[오식(五識)]을 통해 의식에 재표상되어 현상한 것으로 구분할 수 있다.

좀 더 구체적으로 구분해 보자면, 감각에 현상한 존재사물은 그 사물이 가진 물질적 특성을 조합하여 구성한 본질(존재자성)을 소재로 선천적 표상능력을 통해 그려낸 것이다. 이러한 점에서 그것은 사실적 존재자라고 할 것이다. 그리고 이것은 본원적 직관능력[팔식(八識)]의 산물이며, 감각기관에 현상한다.

반면에 종이 위에 그려진 그 도표나 좌표계는 개념(언어적 의미규정)을 바탕(근거)으로 손으로 그려낸 관념적 존재자이다. 즉 이것은 전적으로 의식의 사유작용을 통해 사유한 내용을 종이 위에 그려낸 것이다. 그리고 그것은 기호와 문자로 이루어진 것이기 때문에 감각적 지각을 거치지 않고도 의식을 통해 직접적으로 현상하고 인식할 수 있다. 이렇게 기호와 문자들이 의식에 직접적으로 현상하고 인식할 수 있는 것은 바로 좌반구의 베르니케 영역을 통해서 가능하다. 뇌과학에서도 이 베르니케 영역이 시각피질과 청각피질로부터 전달되는 언어정보를 해석하는 기능을 담당한다고 설명하고 있다. 이러한 점에서 베르니케 영역을 통해 언어음과 기호문자가 직접적으로 의식에 현상하고 인식될 수 있다.

이러한 차이점을 구분하지 못하고, 칸트는 의식에서 '직관을 통한 선천적 종합판단'이 가능하며, 모든 이론학은 이러한 선천적 종합판단을 포함하고 있다고 주장한 것이다. 그가 수학과 기하학을 선천적 종합판단의 이론근거로 제시한 것은 이러한 착각에서 비롯된 것이다.

또한 그가 이러한 차이점을 구분하지 못하고 있다는 점을 고전역학과 양자역학을 비교해 보면 쉽게 이해할 수 있다.

먼저 양자물리학에서는 실재하는 양자를 직접 관찰한다. 물론 직접적으로 눈으로 관찰할 수 없지만, 그 양자에 빛을 쪼여서[조사(照

철학하는 인공지능

射)하여) 되튀어 나온 빛을 통해서 그것을 관찰한다. 분명 실재하는 양자를 직접적으로 관찰하고 있다. 그리고 양자는 파동성과 입자성이라고 하는 본질적 특성을 가지고 있기 때문에 입자성과 파동성을 동시에 직관해야만 양자의 본질적 존재의미를 바르게 이해할 수 있다는 점을 깨닫게 된다.

그러나 파동성은 그야말로 '출렁거림' 그 자체이다. 이러한 출렁거림은 그 형태와 진폭 그리고 파장들에 대해 개념적 언어로 규정하여 표현할 수 없다. 개념적 언어란 앞에서 살펴본 바와 같이 대상의 상대적 차별성을 구체적으로 구분하여 규정한 언어적 의미규정이다. 따라서 파동성이라고 하는 양자의 본질은 개념적 언어로 규정하여 이해할 수 없다. 그 결과, '파동함수의 확률해석'이라고 하는 직관적 이해의 방식을 강구하게 된다. 간추리자면 양자의 본질로 인한 본질적 존재의미는 직관적 이해의 방식을 통해서만 바르게 이해할 수 있다는 점을 터득한 것이다.[71]

반면에 고전역학에서 측정하고 분석하고 있는 그 대상은 외계에 실재하는 물질적 사물이 아니다. 즉 실제로 스스로 움직이고 있는 물체를 직접 관찰하는 것이 아니다. 좌표계라고 하는 가상의 공간에 설정된(표시된) 가상의 물체이다. 우리는 이 좌표계 속에서 우주의 만물을 표시하여 그것의 움직임을 이해할 수 있다. 이러한 점에서 이 모든 것들(좌표계와 물체 그리고 움직임)은 의식에서 사유되고

---

71) 이에 대해서는 졸저(拙著) 『철학과 문명의 대전환』에서 자세히 거론하고 있으니, 참고하기 바란다.

있는 것일 뿐, 결코 외계에 실재하는 것이 아니다. 바로 여기에서 관념론자들이 외계의 물질적 사물을 객관적으로 실재하는 실체(객관적 실체)라고 착각하는 이유를 확인할 수 있다.

분명 외계에 실재하는 물질적 사물은 인간의 감각기관을 통해 직관되어야만 한다. 이 물질적 사물을 마주칠 때 우리의 본원적 주관성에서 그에 상응하는 본질적 표상을 그려냄으로써 감각기관에 그 사물의 표상이 현상한다. 이와 같이 **본질을 소재로 표상된 본질적 표상이 눈앞에 현전해야만 '그것(존재사물)'이 존재한다**는 것을 알 수 있다.

반면에 고전물리학에서의 물체란 종이 위에 그려진 좌표계 속에 찍혀 있는 점(點)일 뿐이다. 또한 그 물체의 움직임은 그 물체의 고유한 존재자성(본질)이 아니다. 외부에서 가해지는 힘에 의한 움직임이다. 그 힘이 가해지지 않으면 그 물체는 움직이지 않는다. 이러한 점에서 고전역학에서 해명하고 있는 그 운동이란 결코 사물의 본질을 직관하는 것이 아니다. 다만 의식을 통해 '그것이 그렇게 움직인다'고 사유하고 있을 뿐이다.

뿐만 아니라, 그 운동은 좌표계 속에서 위치니 운동량이니 속도니 하는 개념으로 측정되고 분석된다. 앞에서 확인한 바와 같이 개념이란 인식대상의 상대적 차별성을 구분하여 이해하기 위해 정립된 언어적 의미규정일 뿐, 결코 어떠한 실재성이나 본질보편성을 가지고 있지 않다.

즉 그 사물이 가진 본질적 속성과 전혀 관련이 없다. 위치라는 개넘도 텅 빈 허공을 구분하여 이해하기 위해 그것을 구획(區劃)하여 설정한 언어적 의미규정이다. 예를 들어 '높다' 또는 '낮다' 그리고 '멀다' 또는 '가깝다'고 하는 개념들은 둘 이상의 인식대상을 비교하면서 생겨난 것이지, 결코 외계의 물질적 사물이 가진 본질적 존재 의미가 아니다.

마찬가지로 운동량이니 속도니 하는 개념도 그 물체에 가해지는 힘에 의해 생겨난 것이지, 그 힘이 가해지지 않으면 존재하지 않는 우유적인 속성의 것이다. 결코 그 물질적 사물의 본질과는 전혀 관련이 없다.

이와 같이 **고전물리학의 물리법칙이란 실재하는 물질적 사물의 본질과는 전혀 관련이 없다.** 오로지 의식을 통해 가정(假定)과 추론을 바탕으로 사유하고 있는 것일 뿐이다. 이렇게 다만 의식을 통해 분석하고 이해한 물리법칙을 우리는 자연의 법칙으로 착각하고 있다.

그럼에도 우리가 고전역학의 물리법칙을 자연의 법칙이라고 굳게 믿는 이유는 아마도 우주 만물의 움직임을 정확하게 분석하고 있다는 점일 것이다. 그러나 우리는 여기에서 관념론자들이 논리적 필연성과 자연필연성을 혼동하고 있다는 점을 직시해야 한다.

개념을 통한 객관적 분석법이 우주의 움직임을 정확하게 해명할 수 있는 것은 그 분석법이 논리적 필연성을 갖기 때문이다. 즉 시간, 위치, 속도 그리고 운동량이라는 개념들이 상호 간에 논리적 필연성을 갖기 때문에 그 물리량들이 상호 간에 인과 관계의 필연성을 갖는 것이다. 그 결과 고전역학의 물리법칙을 통해 객관적으로 그 물체의 움직임을 정확하게 이해할 수 있다. 이로써 로켓이 달이나 화성의 표면에 도달할 수 있었다.

그렇다고 이러한 객관적 이해가 곧 자연이 가진 인과관계의 필연성을 의미하는 것은 아니다.

분명 외계의 물질적 사물들은 스스로 고유한 물질적 특성을 가지고 존재한다. 그리고 이러한 물질적 특성으로 인해서 사물들 간의 인과관계의 필연성을 갖는다. 이것을 자연필연성이라고 한다.

이 자연필연성은 물질적 사물이 가진 고유한 물질적 특성으로 인해서 생겨난 것이지 결코 개념들로 인해서 생겨난 것이 아니다. 논리적 필연성은 개념이라고 하는 언어적 의미규정이 논리적인 타당성을 갖는 것을 말한다. 그런데 관념론자들은 개념을 통한 논리적 필연성과 물질적 특성으로 인한 자연필연성을 구분하지 못하고, 동일한 의미로 착각하고 있다.

뿐만 아니라, 자연이란 사물의 본질을 소재로 선천적 표상능력에 의해 표상된 본질적 표상이 눈앞에 펼쳐져 있는 것을 말한다. 그리고 **자연의 법칙이란 이러한 본질적 표상을 직관적 언어능력을 통해서 종합하고 통일함으로써 구성되는 것이다. 결코 자연의 법칙은 의식의 논리적 추론을 통해 이해될 수 있는 것이 아니다.**

이상에서 살펴본 바와 같이 관념론자들은 직관적 이해의 방식과 개념을 통한 객관적 이해의 방식을 구분하지 못하고 있다. 물론 외계를 객관화하여 이해하는 것도 현실적으로 필요하다는 점은 부인

철학하는 인공지능

할 수 없다. 시간과 공간이라는 개념을 정립한 것도 외계를 객관적으로 이해하기 위한 것이며, 토목 공사를 위해서도 외계를 객관화하여 측정하고 분석할 필요가 있다.

그러나 우리는 이러한 객관적 이해의 방식으로 인해서 결국 자연을 파괴하는 결과를 초래하고 있으며, 그 결과 지금 인류는 환경파괴로 인한 이상기후로 생존의 위기에 놓여 있다는 점을 직시해야 한다. 객관적 이해의 방식을 통해 건설한 대규모 댐이 결국 자연생태계를 파괴한다는 점을 간과해서는 안 될 것이다.

이러한 점에서 관념론자들이 개념의 객관적 실재성을 입증하기 위해 감각기관을 통한 감각작용으로부터 의식의 사유작용에 이르기까지 철저하게 왜곡하고 있다는 점을 확인하기로 하자. 무엇을 어떻게 왜곡하고 있는가 하는 점을 명확하게 파악한다면 이러한 오류와 왜곡을 다시 범하는 일이 발생하지 않을 것이다.

01. 감각작용에 대한 오해와 왜곡

칸트는 의식에서 시공간적 직관이 가능하다는 점을 입증하기 위해 외계의 물질적 사물이 독자적으로 자신의 표상을 가지고 존재한다고 전제하고 있다. 그리고 이러한 사물의 표상이 의식에 직접적으로 현상한다고 주장한다. 이렇게 외계에 실재하는 사물의 표상이 시공간상에 질서정연하게 의식에 현상하는 것을 시공간적 직관이라고 한다.

바로 이러한 주장으로 인해서 우리는 지금까지도 감각기관의 감각작용에 대해 바르게 이해하지 못하게 되었다. 왜냐하면 사물의 표상이 외계가 객관적으로 실재한다고 주장하기 때문에 감각작용이란 단순하게 이 표상에서 질료(Hyle)를 받아들이는 감성으로 이해하게 된다.

먼저 그의 주장을 직접 읽어보기로 하자.

반면에 사상(事象)들 그 자체는 독자적으로 실재하는 것이기는 하지만, …… 아마도 우리가 그것들을 모르는 한에서의 사상(事象)들 자체로서의 사물들에서 마주칠 수밖에 없다는 것이 드러나면, ……[72]

이 두 구절은 『순수이성비판』이라는 책의 머리말에 인용한 것이다. 아마도 이러한 표현들이 2판의 머리말에 나오기 때문에 많은 학자들이 이 부분에 주의를 기울이지 않는 것 같다. 아니면 모두들 이러한 주장이 너무도 당연한 것으로 인정하고 있는지도 모르겠다. 이러한 표현들을 깊이 성찰했더라면 칸트의 궤변에 속지 않았을 텐데, 안타깝게도 어느 누구도 이 점을 지적하지 않고 있다.

그는 이와 같이 어떠한 이론적 근거도 없이 외계의 물질적 사물들이 자신의 고유한 표상을 가지고 존재한다고 전제하고 있다. 즉 우리의 눈앞에 펼쳐진 사물들의 표상이 외계에 실재한다는 의미이다.

따라서 감각기관의 감각작용이란 결국 이 외계에 실재하는 표상으로부터 감각소여 또는 질료[Hyle]를 받아들이는 기능으로 이해될 수

---

72) 앞의 책, 184쪽과 185쪽.

철학하는 인공지능

밖에 없다. 이러한 감각기관의 기능을 감성이라고 주장하고 있다. 그리고 그는 이 감성에 의해 시공간적 직관이 가능하며, 이 시공간적 직관을 통해 사물의 표상이 의식에 시공간적으로 질서정연하게 현상할 수 있다고 주장한다. 이것이 그가 주장하는 초월론적(선험적) 감성론의 개요이다.

그리고 지난 300년 동안 우리는 이러한 주장을 부정하지 못하고, 모든 철학적 담론의 근저에 이러한 사고방식이 깊게 자리 잡고 있다.

칸트 철학에 대한 비판적 관점에서 현상학을 정립했던 에드문트 후설조차도 칸트의 초월론적 감성론을 그대로 수용하고 있다.

후설은 이 지성에서 '분석적'에 대한 그 자신의 개념을 명확히 칸트의 그것과 긴밀하게 연관시키고 있다. 그는 나아가 칸트의 초월론적 감성론 개념에 준거하면서, 이 철학자에게 과학적 자연의 구성적 분석이 있었음을 인정한다.[73]

이와 같이 객관적 실재론은 우리의 모든 철학적 사유에 매우 깊게 뿌리 내리고 있다. 후설도 초월론적 감성론이 자연에 대한 과학적 분석에 기초하고 있다고 인정하고 있다. 심지어 뇌과학의 연구 결과가 초월론적 감성론이 성립될 수 없다는 점을 입증하고 있는데도 불구하고, 뇌과학을 전공한 사람까지도 여전히 이 초월론적 감성론에서 벗어나지 못하고 있는 실정이다.

과연 칸트의 주장처럼 외계의 사물들이 자신만의 고유한 표상을 가지고 존재하는 것일까?

---

73) 이소 케른, 배의용 옮김, 『후설과 칸트』(서울; 철학과 현실사, 2001), 70~71쪽.

그리고 이 실재하는 사물의 표상이 의식에 직접적으로 현상하는 것일까?

외계(우주)가 어떠한 존재형식[74]을 갖느냐 하는 점은 비단 철학에 있어서만 중요한 것이 아니고, 자연과학의 학문적 방법론을 정립하는 데 있어서도 가장 근본적인 논제라고 할 것이다. 즉 객관과학이라고 하는 과학적 방법론이 바로 이러한 객관적 실재론에 근거한 것이다. 이 객관과학의 발달로 인해서 그동안 우리는 이 문제에 대해 너무도 소홀했다. 외계가 객관적으로 실재한다고 하는 점을 너무도 당연하게 여겨 왔다.

이로써 우리는 자연(외계)에 대해서 뿐만 아니라 인간의 선천적인 인지능력에 대해 전적으로 바르게 이해할 수 없게 되었다. 그 결과, 지금 현생 인류가 생존의 위기에 내몰리고 있다는 점을 간과해서는 안 될 것이다.

외계(우주)는 어떻게 우리의 눈앞에 나타나 존재하는(顯存하는) 것일까?

우선적으로 명백한 것은 인간뿐만 아니라 모든 동물들이 외계와 관계를 맺을 수 있는 것은 감각기관을 통한 선천적 표상능력에 의해서만 가능하다는 점이다. 따라서 외계에 대한 모든 앎(이해)의 근원적 원천이자 출발점은 감각이다. 이 점에 대해서는 이론의 여지가 없다.

---

74) 외계는 인간과의 관계맺음에 의해서 존재할 수 있다. 이러한 점에서 '존재형식'이란 곧 인간과의 관계맺음의 방식이라고 할 것이다.

철학하는 인공지능

예를 들어 우리가 불(火)이라고 하는 사물을 직관하는 경우를 살펴보기로 하자.

눈앞에 타오르는 이글거리는 불꽃을 볼 수 있는 것은 그 불이 발산하는 빛 가운데 가시광선을 눈을 통해 받아들임으로써 가능하다. 그리고 그 열기(熱氣)는 적외선을 통해서 피부로 전달되어 열감(熱感)으로 체험된다. 이로써 우리는 외계에 실재하는 불을 '있는 그대로(본질적으로)' 직관할 수 있다. 이렇게 눈과 피부를 통해서 그 불꽃을 보면서 동시에 그 열기가 모든 것을 태울 수 있다는 점을 함께 알 수 있다. 또한 그 불꽃만 보아도 그 불의 뜨거운 열기가 어느 정도인지 우리는 직관적으로 알 수 있다.

이와 같이 인간이 외계와 관계를 맺을 수 있는 것은 다섯 가지 감각기관을 통한 공감각(共感覺)적 감각작용을 통해서 가능하다. 그리고 감각기관을 통해서 선천적 종합판단이 직관적으로 이루어지고 있다는 점을 확인할 수 있다. 분명 눈과 피부라는 감각기관을 통해서 선천적 종합판단이 직관적으로 가능하다는 점을 알 수 있다.

그런데 이 감각기관의 표상능력은 동물마다 다르다. 예를 들어 뱀의 눈은 적외선을 받아들인다. 즉 뱀의 눈에 펼쳐진 외계는 적외선을 해석해서 그려낸 표상이다. 인간은 이 적외선을 피부를 통해 열감으로 느끼지만, 뱀은 눈을 통해 보고 있다. 박쥐의 눈은 아무것도 볼 수 없지만, 초음파를 통해 그 반향을 귀로 감지함으로써 먹잇감을 찾는다.

이와 같이 모든 동물들은 감각기관을 통한 표상능력을 통해 자신만의 고유한 방식으로 외계와 관계를 맺고 있다는 점을 알 수 있다. 이러한 과학 지식을 통해 외계와 관계를 맺는 것(직관하는 것)은 감각기관의 표상능력을 통해서 가능하다는 점을 확인할 수 있다.

이러한 점에서 인간이 어떠한 형식으로 외계와의 관계를 맺으며 생존해 가는가 하는 점을 정확하게 이해하기 위해서는 감각기관을 통한 선천적 표상능력에 대한 이해로부터 출발해야 할 것이다.

• 감각질 이론과 뉴런집단선택설

이미 오래전에 뇌과학계에서는 우리의 눈앞에 펼쳐진 그 사물들의 표상은 대뇌의 피질에 내재된 뉴런의 작용에 의해 그려진(표상한) 것이라는 점을 밝혀주고 있다. 즉 감각질Qualia이론이나 뉴런집단선택설theory of neuronal group selection을 통해 사물의 표상이 대뇌의 피질에 존재하는 뉴런과 시상의 작용에 의해 그려낸(표상한) 것이라는 점을 증명하고 있다. 좀 더 구체적으로 설명하자면, **눈이라는 감각기관은 다만 빛을 받아들이며, 간상세포와 원추세포를 통해 이 빛을 분류할 뿐이다. 눈에 보이는 그 사물의 표상은 뉴런이 상호 간의 시냅스 연결을 집단적으로 선택함으로써 그려낸 그림(표상)이다.** 즉 외계의 사물이라고 지각하고 있는 것들은 모두 눈에서 분류된 빛에 상응하는 표상을 그려냄(표상함)으로써 현상한 것이라고 설명하고 있다.

앞에서 읽어보았지만 다시 뇌과학자 로돌포 R. 이나스의 설명을 읽어보기로 하자.

그러나 파랑이라는 개념은 외부 세계에 존재하지 않는다는 점을 명심하라. 파랑이라는 개념은 특정한 파장(420nm)영역에 대

한 뇌의 해석일 뿐이다. 진동수가 '파랑'이라는 이 빛의 광자를 흡수하고(멈추고) 있는 것은 나의 눈이다. 이것은 뉴런이 광수용체(photprecepter)라는 광자를 흡수함으로 이루어진 것이다. 광수용체에서는 아주 오래된 단백질의 일족인 옵신(opsin)이 발견되는데 이것은 시각 색소의 한 성분이다. 옵신은 제2의 분자인 발색단(chomophore; 실제적인 광자 사냥꾼)과 긴밀하게 상호작용하면서 빛의 자극에 따라 수용체 세포를 활성화시킨다. 파란 책의 경우, 높은 비율의 파란 광자가 나를 향해 반사되면서 파란 광자를 붙잡는 광수용체가 큰 비율로 활성화된 것이다.

우리의 눈에 보이는 빨간색이니 파란색이니 하는 표상들은 외계에 실재하지 않으며, 모두 뉴런의 전기화학적 작용에 의해서 표상된 것이라는 점을 밝혀주고 있다. 빛의 파장에 따라 광수용체의 시각 색소 성분들이 활성화됨으로써 다양한 색상(色相)들을 표상해 낸다는 점을 알 수 있다. 이로써 우리는 다양한 색상의 꽃들이며, 책들이며, 하늘과 구름을 표상해 냄으로써 그것들을 지각하거나 직관할 수 있다. 바로 이러한 뇌과학의 학설을 감각질Qualia이론이라고 한다.

이와 같이 눈에 보이는 그 사물의 표상(감각질)들은 모두 대뇌 피질의 뉴런이 전기화학적 작용을 통해 그려낸 것이다. 다시 설명하자면 우리의 눈에 보이는 모든 사물의 표상은 '빛에 대한 뇌의 해석'을 통해 그려낸(표상한) 것이라는 점을 이해할 수 있다.

바로 여기에서 우리가 외계와 관계를 맺을 수 있는 것은 이러한 인간의 선천적 표상능력을 통해 표상함으로써 가능하다는 점을 이해할 수 있다.

그런데 여기에서 주목해야 할 점은 제럴드 에델만은 이 감각질을 구성하는 뉴런의 작용을 지각범주화perceptual categorization와 개념범주화 conceptual categorization로 구분하고 있다는 점이다. 즉 지각범주화를 통해서 사물의 표상을 표상하며, 개념범주화를 통해 그 사물에 대한 의미(개념적 의미든 본질적 존재의미든)가 함께 감각질을 구성한다고 설명하고 있다.

진실로 제럴드 에델만의 연구에서 높이 평가되어야 할 점은 이 개념범주화를 밝혀주고 있다는 점이다. 바로 이 개념범주화를 통해서 감각작용에서 그 사물에 대한 의미를 이해할 수 있다. 이러한 점에서 이 개념범주화를 감각기관을 통해 작동하는 직관적 언어작용이라고 이해할 수 있을 것 같다.

그 이유는 다음과 같은 설명에서 확인할 수 있다.

TNGS(뉴런집단선택설)에 따르면 개념을 형성할 때 뇌는 지각의 경우에서처럼 단순한 외부적 자극에 의해서가 아닌 스스로의 활동에 의해 지도를 형성한다. 이 이론에 의하면 개념 형성을 책임지는 뇌 영역에는 서로 다른 유형의 전면적 지도화에서 일어나는 다양한 뇌 활동들을 범주화하고, 구별하고, 그리고 재결합시키는 구조가 포함된다.[75]

이 인용문에서 에델만은 '개념을 형성할 때'라고 표현하고 있지만, 이것은 엄밀한 의미에서 부적절한 표현이다. 이 또한 관념론철학의

---

75) 제럴드 에델만, 전게서, 164쪽.

철학하는 인공지능

영향으로 인한 불가피한 선택이라고 판단된다.

개념은 의식의 사유작용에 의해 산출된다는 점에서 감각작용에서는 형성될 수 없다. 의식에 의해서만 규정되어 개념적 언어로 표현될 수 있다. 그러나 달리 표현할 방법이 없기 때문에 어쩔 수 없는 상황으로 판단된다. 이제 철학적으로 엄밀하게 구분하여 표현하기로 하자. 마땅히 본질적 언어라고 표현해야 할 것이다. 왜냐하면 개념은 의식을 통해서 산출된다는 점이다. 따라서 감각작용을 통해서 형성되는 의미 내용은 본질적 언어라고 표현해야 한다. 물론 의식이 작동될 때는 의식에 의해 형성된 개념적 의미가 함께 내포되어 있지만, 감각작용의 결과로 구성되는 언어는 본질적 언어라고 표현해야 한다.

여기에서도 이 '개념'은 본질적 언어를 표현하기 위해 사용한 것이라고 해석해야 하는 이유를 확인할 수 있다. 즉 이 개념범주화가 "서로 다른 유형의 전면적 지도화에서 일어나는 다양한 뇌 활동들을 범주화하고, 구별하고, 그리고 재결합시키는 구조"에 의해 이루어진다고 설명한다는 점이다. 바로 이러한 설명은 곧 철학에서 말하는 '종합적 통일'을 의미한다. 에델만도 뉴런이 이렇듯 재입력하는 속성을 가지고 있다는 점에서 '회귀적 종합recusive synthesis'이라는 표현을 사용하고 있다.

그리고 이러한 종합적 통일은 "외부적 자극에 의해서가 아닌 스스로의 활동에 의해" 작동한다는 점에 주목해야 한다. 이러한 점에서 지각범주화는 곧 선천적 표상작용[팔식(八識)의 상(想): 용(容): nous]

을 의미하며, 개념범주화는 직관적 언어작용[팔식(八識)의 사(思): 상명(常名): logos]으로 이해할 수 있다.

이렇게 구분해야 하는 이론 근거는 지각범주화는 '외부의 자극'에 직접적으로 반응하여 작용한다는 점이다. 즉 선천적 표상능력은 외부로부터 주어진 자극(빛)에 대해 그에 상응하는 사물의 표상을 그려낸다는 점이다. 반면에 개념범주화(직관적 언어작용)는 '스스로의 활동에 의해' 작동하며, 선천적 표상능력에 의해 표상된 사물의 다양한 표상을 종합하고 통일하는 작업을 수행한다.

이와 같이 감각작용에서 전혀 다른 두 가지 사유작용이 일어난다는 점을 엄밀하게 구분해야 한다. 그리고 선천적인 표상작용을 통해 표상된 사물의 표상을 종합하고 통일함으로써 본질적 언어가 생겨난다는 점을 이해하는 것이 중요하다.

결론하여 감각질이란 선천적 표상능력에 의해 표상된 사물의 표상을 의미하며, 이 감각질에는 직관적 언어능력에 의해 구성된 본질적 존재의미가 동시에 현상한다. 에델만도 바로 이 점을 정확하게 파악하고 있다는 점을 확인할 수 있다. 앞에서 명확하게 "서로 다른 유형의 전면적 지도화를 범주화하고 구별하고 재결합시킨다"고 설명하고 있다. '서로 다른 유형의 전면적 지도화'라는 표현에서 이것은 곧 '지각범주화'를 뜻한다고 이해된다. 그리고 이 지각범주화에 의해 표상된 사물의 표상을 "범주화하고 구별하고 재결합시킨다"는 표현에서 다섯 가지 감각기관을 통한 다양한 감각표상을 종합하

철학하는 인공지능

고 통일한다는 의미를 읽어낼 수 있다. 이렇게 이 다양한 감각표상을 '범주화하고 구별하고 재결합한다'는 표현에서 종합적 통일(회귀적 종합)이 일어나고 있다는 점을 알 수 있다. 이러한 종합적 통일은 직관적 언어능력에 의해 가능하다는 점을 이해하는 것이 매우 중요하다. 그래야만 인간의 선천적인 인지능력을 바르게 이해할 수 있으며, 동시에 '철학하는 인공지능'의 개발이 가능하기 때문이다.

• 플라톤이 깨우쳐 주는 선천적 표상능력[nous]

이제 플라톤의 가르침을 읽으면서 뇌과학의 연구 결과와 정확하게 일치한다는 점을 확인하기로 하자.

감각적 지각들과 합치하는 기억 그리고 이것들과 관련되어 있는 저 느낌들(겪음들: pathēmata)은 우리의 혼들에 흡사 어느 땐가 진술들(언표들: logoi)을 기록하는 것처럼 내게는 보인다는 걸세. (중략) 그러면 그때에 우리의 혼(마음: psychē)에 생기는 다른 장인(제작자: dēmiourgos)이 또한 있다는 것을 받아들이게. (중략) 그 기록자 다음으로, 그 진술(언표)들의 그림(像: eikōn)들을 혼(마음) 안에다 그리는 화가(zōgraphos)를 말일세.[76]

이 인용문에서 우선적으로 인간의 선천적인 본원적 직관능력에 두 가지 사유능력이 갖추어져 있다고 설명하고 있다는 점에 주목해야 한다. 즉 기록자란 곧 직관적 언어능력[logos]을 말한다. '진술들[logoi]'이라는 표현에서 이 본질적 언어를 구성하는 기록자가 곧 'logos'라는 점을 확인할 수 있다. 그리고 그림[eikōn]을 그려내는 화

---

76) 플라톤, 박종현 역주, 『필레보스』(서울; 서광사, 2004), 165~166쪽.

가(畫家)는 곧 선천적 표상능력[nous]을 의미한다.

이렇게 해석해야 하는 근거는 『티마이오스』에서 확인할 수 있다. 그는 이 『티마이오스』에서 인간의 선천적인 본원적 직관능력[영혼; Nous와 Logos]에 대한 논의를 마치면서 최종적으로 "우주(Kosmos)는 인간의 선천적 표상능력[Nous]에 의해 그려낸(표상된) 모상[模相: eikōn]"이라고 결론짓고 있다.[77]

이 'Nous'에 대해 서양철학계에서는 일반적으로 '지성'이라고 하는 관념론의 용어로 번역하고 있는데, 이러한 해석은 플라톤의 가르침을 바르게 이해하지 못한 결과이다. 이 '누스'에 의해 그려낸 모상을 'eikōn'이고 표현하고 있다는 점에 주목해야 한다.

앞의 인용문에서 플라톤은 이 'eikōn'을 그려내는 영혼의 선천적 표상능력을 화가(畫家)라고 설명하고 있다. 분명 "그림(像: eikōn)들을 혼(마음) 안에다 그리는 화가(zōgraphos)"라고 표현하고 있다.

이 구절에서 '그림'이라고 번역하고 있는 단어가 『티마이오스』에서 '모상'이라고 번역한 단어와 똑같다는 점을 확인할 수 있다. 바로 이 점으로부터 이 **Nous가 선천적 표상능력을 의미한다**는 점을 확인할 수 있다. 분명 '화가'가 영혼 속에 그려낸 그림이란 곧 사물들의 표상을 의미하기 때문이다. 이러한 점에서 누스는 사물의 표상을 그려내는 선천적 표상능력을 의미한다고 해석해야 한다.

이와 같이 플라톤뿐만 아니라 옛 성현들은 공통적으로 눈앞에 펼쳐진 외계는 모두 인간의 선천적 표상능력에 의해 표상함으로써

---

77) 플라톤, 박종현·김영균 공동 역주, 『티마이오스』(경기; 서광사, 2008) 256쪽.

눈앞에 나타난(현상한) 것이라고 설명하고 있다.

또한 여기에서 두 가지 점에 주목해야 한다.

첫째는 이 선천적 표상능력이 그 그림(사물의 본질적 표상)을 그려낼 때 그 사물의 고유한 본질을 소재로 그려낸다는 점이다. 즉 앞에 '플라톤이 밝혀준 외계와 인간의 관계 맺음'이라는 항(項)에서 살펴본 바와 같이 그 사물의 표상을 인간 영혼이 제멋대로 그려내는 것이 아니고, "그 둘 사이에서 각자에게 고유한 것으로 생겨난 어떤 것"이라고 설명하고 있다. 이러한 설명은 곧 그 사물의 고유한 물질적 특성을 소재로 그 사물의 표상을 그려낸다는 의미이다. 이 사물의 '본질'에 대해서는 뒤에 '본질에 대한 오해와 왜곡'이라는 항에서 자세히 논의하기로 하자.

둘째는 "진술들의 그림들"이라는 표현이다. 이 짧은 구절에서 선천적 표상능력에 의해 표상된 그 사물의 표상이 바로 이 '진술들(본질적 언어)'에 근거하여(밑그림삼아) 그려낸 것이라는 점을 읽을 수 있다.

바로 이러한 설명은 앞에서 제럴드 에델만이 '지각범주화'와 함께 '개념범주화'가 동시에 일어난다고 설명한 점과 일치하고 있다. 즉 선천적 표상작용이 직관적 언어작용과 함께 일어난다는 점을 확인할 수 있다. 그리고 이 직관적 언어작용이 "서로 다른 유형의 전면적 지도화에서 일어나는 다양한 뇌 활동들을 범주화하고, 구별하고, 그리고 재결합시키는 구조"로 이루어지고 있기 때문이다. 이로써 이 **직관적 언어작용에 의해 구성된 '본질적 언어'에는 사물들의**

변화와 조건들 그리고 상태의 변화 등이 모두 간직되어 있다. 그 결과, 다시 **이 본질적 언어에 근거하여 사물의 표상을 '있는 그대로' 표상해 낼 수 있다**는 점을 이해할 수 있다. 이미 이 본질적 언어에 그 사물과 관련된 모든 감각표상이 내장되어 있기 때문이다.

진실로 인간의 감각능력(선천적 표상능력)과 동일한 컴퓨터 시각을 구현하고자 한다면 바로 이 점에 주목해야 할 것이다.

02. 의식과 관련된 오류와 왜곡

인공지능 연구에 있어서 가장 중요한 논제는 곧 언어라고 할 수 있다. 그 이유는 지적능력이란 곧 언어를 통해서 가능하기 때문이다. 그런데 불행히도 우리는 인간에게 두 가지 언어가 존재한다는 사실조차도 알지 못하고 있다. 그 결과 AI 챗봇 '이루다'의 언행에 대해 마치 인공지능이 차별과 편견을 조장하는 것처럼 이해하는 경향이 없지 않다. 그러나 이러한 행태는 인공지능의 과오로 인한 것이 아니다. 우리의 일상적인 언어가 개념적 언어이기 때문에 발생하는 문제점이다. 이 점은 앞에 '인공지능 GPT-3와 대화형 인공지능 테이 Tay의 차이점'이라는 항에서 자세히 거론하였다.

이렇게 언어의 의미론적 특성에 대해 바르게 이해하지 못하게 된 것 또한 관념론 철학 때문이다. 관념론자들은 의식이 문자언어에 담긴 언어적 의미 내용을 인식하고 사유하는 언어적 사유작용이라는

철학하는 인공지능

점을 애써 도외시하고 있다. 그리고는 의식에서 직관과 종합적 통일이 가능하다고 주장하고 있다. 이로써 우리로 하여금 의식의 작용특성을 바르게 이해하지 못하게 할 뿐만 아니라, 인간에게 두 가지 언어능력이 갖추어졌다는 사실조차 전혀 이해할 수 없게 만들어 버렸다.

필자가 관념론자들에게 분노하는 이유는 그들도 의식이 문자언어를 매개로 그 언어적 의미를 사유하는 언어적 사유작용이라는 점을 알고 있으면서도 애써 이 점을 도외시하면서 인류를 속이고 있다는 점이다.

칸트는 개념의 근거가 되는 범주(範疇)들을 '언표(言表)' 또는 '술어(述語)'라는 의미로 'Prädikamente(主述語)' 또는 'Prädikabilien(準述語)'라고 표현하고 있다. 이는 곧 범주라고 하는 것이 언어적 의미규정이라는 점을 드러내고 있다. 따라서 이 범주를 기초로 정립(구성)되는 개념은 당연히 언어적 의미규정이며, 동시에 이러한 개념을 산출하는 의식의 작용 또한 언어를 매개로 사유하는 언어작용이라는 점이 명확해진다.

뿐만 아니라, 개념(초월적 이념)을 구성하는 종합적 통일에 대해 설명하면서 이러한 의식의 작용이 언어적 사유작용이라고 표현하고 있다. 분명 그는 종합적 통일이 정언(定言)적 이성추리와 가언(假言)적 이성추리 그리고 선언(選言)적 이성추리를 통해 이루어진다고 주장하고 있다. 이 '정언'과 '가언' 그리고 '선언'이라는 표현에서 언어라는 공통된 표현이 사용되고 있다.

마찬가지로 에드문트 후설도 "개념은 '단어의 의미(Bedentung)'와 같은 것"이라고 설명하고 있다.[78] 분명 단어란 문자언어를 의미하며, 이 단어의 의미와 같다는 점에서 개념이란 언어로 표현된(언어에 내포된) 언어적 의미 내용이라는 점을 드러내고 있다.

이와 같이 의식의 사유작용이 문자언어를 매개로 그 언어적 의미를 사유한다는 점을 필요할 때마다 인정하면서도 정작 **의식이 언어적 사유작용이라는 점과 개념이 언어적 의미규정이라는 점을 애써 외면하고 있다**고 판단된다. 그 이유는 의식의 작용이 언어를 매개로 가능하다는 점을 인정한다면 의식에서 직관과 종합적 통일을 거론할 수 없기 때문이다.

• 분리뇌 연구는 관념론 철학이 궤변임을 입증한다

앞에서 분리뇌 연구의 기능성자기공명영상(fMRI) 자료와 마이클 S. 가자니가에 의해 실행된 세 가지 실험을 자세히 살펴보았다. 옛 성현들의 가르침을 바탕으로 이 다양한 실험 결과를 일목요연하게 해석할 수 있었다. 이러한 사실은 옛 성현들이 설명하는 정신이론이 뇌과학의 실험 결과를 통해서 입증되었다고 평가할 수 있다. 반면에 관념론 철학에서 거론되는 모든 철학적 담론이 성립될 수 없다는 점도 확인할 수 있다.

이와 같은 극단적인 평가가 불가피한 이유는 직관과 종합적 통일에 대한 이해의 차이로 인한 것이다. 즉 옛 성현들의 가르침은 이 직관과 종합적 통일이 의식을 통해서는 불가능하며, 이러한 정신현

---

78)   데오드르 드 보에르, 최경호 역, 『후설사상의 발달』(서울; 경문사, 1986), 73쪽.

철학하는 인공지능

상이 오직 인간의 선천적인 본원적 직관능력을 통해서만 가능하다는 점을 강조하고 있다.

반면에 관념론자들은 직관과 종합적 통일이 의식을 통해서 가능하다고 주장하기 때문이다. 이렇듯 상반된 주장으로 인해서 한쪽이 옳다면 다른 한쪽의 모든 논의들은 결코 성립될 수 없는 궤변이 분명하다.

먼저 직관이란 칸트의 표현에 따르면 '대상과 무매개적으로 관계 맺는 것'이라고 할 수 있다. 관념론자들은 이러한 직관이 의식에서 가능하다고 주장한다. 칸트는 시공간적 직관이라고 표현하고 후설은 본질직관이라고 표현한다. 그러나 어떠한 형태의 직관이든 의식에서는 결코 직관이 불가능하다. 그들은 의식을 통해 문자언어를 비롯해서 수학이나 기하학에서 사용되는 기호나 도표 또는 좌표계 등을 직접적으로 인식할 수 있다는 점에서 의식에서 직관이 가능한 것으로 착각한 것이다. 이 모든 것들이 기호와 기호문자라는 점을 간과한 것으로 판단된다. 즉 일정한 개념적 의미를 기호화한 것이라는 점을 깊이 성찰하지 못한 것이다. 이로써 의식은 이러한 기호와 기호문자만을 직접적으로 인식할 수 있다는 사실을 간과한 것이다.

그 결과 외계의 물질적 사물들은 오로지 감각표상으로 우리의 감각기관에 현상한다는 점을 엄밀하게 구분하지 못한 것이다. 즉 사물의 표상은 사물의 고유한 물질적 특성을 조합하여 구성한 본질을 소재로 표상된 것이라는 점과 기호나 기호문자는 특정한 개념적 의미를 표현하기 위해 만들어낸 언어적 표현이라는 점을 구분하지 못하고 있다.

이러한 차이점을 구분하지 못하기 때문에 의식에서 사물의 표상을 종합하고 통일할 수 있다고 주장하고 있다.

잠시 에드문트 후설의 주장을 읽어보기로 하자.

이것은 칸트가 말하는 의미에서는 '경험적' 종합이다. 경험적 종합은 '직관의 다양'을 차례대로 수용하고 결합함으로써 통일적인 경험 대상을 구성하며, 더 나아가서는 경험계 전체('자연')를 구성한다.[79]

이 인용문에서 '직관의 다양'이란 곧 '표상의 다양'을 의미한다. 즉 의식을 통해 직관된 사물의 표상을 종합하고 통일함으로써 경험계 전체로서의 '자연'을 구성한다고 설명하고 있다.

바로 여기에서 우리는 직관과 종합적 통일에 대한 이해의 중요성을 확인하게 된다. 즉 이 직관과 종합적 통일에 대한 이해의 차이로 인해서 외계(자연)에 대한 이해가 전적으로 달라질 수밖에 없다는 점이다. 분명 뇌과학이나 옛 성현들의 가르침에 따르면 자연은 인간의 선천적 표상능력에 의해 표상된 본질적 표상이 드러나 나타난 것이다.

그런데 관념론자들은 이렇듯 **의식에 의해 인식된 것들을 자연이라고 강변하고 있다.** 이는 곧 외계에 대한 이해가 잘못되었다는 점을 의미한다. 바로 이러한 그릇된 이해로 인해서 인간이 자연생태계에 적응하지 못하게 되고, 그 결과 결국 자연으로부터 도태될 수밖

---

79)   이소 케른, 앞의 책, 305쪽.

에 없다는 점을 깊이 명심해야 한다.

분명한 점은 그들도 직관과 종합적 통일을 통해서만 '직관을 통한 선천적 종합판단'이 가능하다고 이해하고 있다는 사실이다. 옛 성현들의 가르침과 동일하게 직관과 종합적 통일을 강조하고 있다. 그런데 관념론자들은 이 직관과 종합적 통일이 의식의 사유작용을 통해서 가능하다고 주장한다.

그러나 앞에서 확인한 바와 같이 분리뇌 연구는 관념론 철학에서 주장하는 모든 철학적 담론이 결코 성립될 수 없는 궤변이라는 점을 입증하고 있다. 분리뇌 연구의 여러 가지 실험들은 공통적으로 의식은 문자언어에 담긴 언어적(개념적) 의미를 사유하는 언어작용이라는 점을 입증하고 있다. 그리고 그들이 의식을 통해 가능하다고 강변했던 '직관을 통한 선천적 종합판단'은 우반구 언어영역을 통해서 가능하다는 점을 확인하였다.

이와 같이 분리뇌 연구의 모든 실험 결과는 관념론 철학에서 주장하는 모든 철학적 담론이 성립될 수 없는 궤변이라는 점을 입증하고 있다.

• 침팬지 '아유무(Ayumu)'와의 숫자 게임

이제 의식이 문자언어에 내포된 개념석 의미를 사유하는 언어적 사유작용이기 때문에 결코 직관이나 종합적 통일이 불가능하다는 점을 침팬지와의 숫자 게임을 통해서 다시 명확하게 확인해 보기로 하자.

먼저 의식은 문자언어에 담긴 언어적 의미를 이해하고 사유하는 언어작용이기 때문에 **의식은 매 순간 하나의 단어만을 사유할 수 있다.** 그래야만 그 단어에 내포된 개념적 의미를 명확하게 이해할 수 있다. 이러한 점에서 의식은 생성하자마자 곧 소멸하는 작용특성을 갖게 된다. 소멸하지 않으면 다른 단어를 사유할 수 없기 때문이다. 이러한 점에서 의식은 순간순간 생성과 소멸을 반복하면서 하나의 흐름[의식류(意識流)]을 형성하는 작용특성을 갖게 된다. 바로 이 점을 과학적 실험을 통해서 확인한다면 의식에서 직관과 종합적 통일이 불가능하다는 점이 저절로 명백해진다. 다행스럽게도 침팬지와의 숫자 게임을 통해서 의식의 이러한 작용특성을 과학적 실험을 통해 확인할 수 있다.

일본 교토대학의 영장류연구소에서는 침팬지의 인지능력에 대해 매우 의미 있는 실험들을 실행해 오고 있다. 이 연구소에서는 침팬지가 1부터 9까지 숫자의 순서를 식별할 수 있는가 하는 점을 실험하였다. 먼저 그 숫자의 순서를 익히는 훈련을 실시하였다. 그런 연후에 모니터의 화면에 이 숫자들을 여기저기 무질서하게 흩뜨려 놓은 다음, 그것들을 순서에 따라 차례대로 지시할 수 있는지 실험하였다.

그런데 놀랍게도 그 연구소에서 나고 자란 침팬지 '아유무Ayumu'는 숫자의 순서를 기억하고 정확하게 순서대로 그 숫자들이 위치한 곳을 지시할 수 있었다. 더욱 더 놀라운 사실은 사람들은 그 순서를 미처 다 읽어낼 수 없을 정도로 매우 짧은 순간(거의 1초 동안)만을 보여 준 뒤에 그 화면을 끈 상태에서도 그 숫자들이 위치했던 곳을

철학하는 인공지능

정확하게 기억하고 지시하고 있다.[80]

　모두들 이 연구소의 홈페이지를 방문하여 이 동영상 자료를 확인
해 보기 바란다. 그리고 동시에 그 침팬지와의 숫자 게임을 시도해
보기 바란다. 이 숫자 게임에서 우리는 결코 침팬지를 이길 수 없다
는 점을 확인할 수 있을 것이다.

　이 실험 장면을 보면서 필자는 그 화면의 노출시간이 너무 짧아서
간신히 1자가 위치한 자리만을 확인할 수 있었다. 그다음 2부터는 어
디에 있는지도 찾지 못하였다. 물론 몇 차례 반복한다면 아마도 3이
나 4까지는 그 위치를 기억하고 정확하게 지시할 수 있을 것이다.

　그런데 이 침팬지는 화면을 끈 뒤에 곧바로 그 화면에서 1부터 9
까지의 위치를 정확하게 지시하였다. 여러분도 직접 실험해 보기 바
란다. 그래야만 의식을 통해 인식하는 것과 감각기관을 통해 직관
하는 것의 차이점을 쉽게 이해할 수 있을 것이다.

　참으로 놀라운 사실이 아닐 수 없다.

　침팬지의 지각능력이 인간보다 뛰어나다는 말인가?!

　그런 것은 결코 아니다. 당연히 인간이 훨씬 더 뛰어난 생래적인
본원적 직관능력을 갖추고 있다. 인간은 눈만 뜨면 외계의 삼라만
상이 각기 자신의 본질적 존재의미를 드러내며 눈앞에 펼쳐진다. 그
러나 침팬지는 이러한 본원적 직관능력을 갖추고 있지 않다.

---

80)　이 실험 결과는 이 연구소 홈페이지(www.pri.kyoto-u.jp)에서 확인할 수 있다.
　　'Working Memory of Numerals December 2007'이라는 자료 화면을 직접 찾아보
　　길 바란다.

물론 이 본원적 직관능력에 의해 우리의 감각에도 침팬지와 같이 이 모든 숫자가 한꺼번에 현상하고 있다. 그런데 왜 우리는 그 숫자를 한꺼번에 식별해 내지 못하는 것일까? 바로 여기에서 감각과 감각적 지각의 차이점을 다시 확인할 수 있다.

숫자는 문자언어이기 때문에 그 언어의 의미(숫자의 순서)를 이해하기 위해서는 인간은 오로지 의식을 통해서만 그것을 인식하게 된다. 바로 이 점을 이해하는 것이 중요하다. 따라서 의식은 오로지 한순간에 하나의 단어만을 인식할 수 있기 때문에 한꺼번에 그 숫자들을 직관하거나 식별할 수 없다. 즉 1부터 하나씩 순서대로 그 숫자들을 인식할 수 있기 때문에 많은 시간이 소요된다.

좀 더 구체적으로 설명하자면 의식이 숫자의 순서를 이해하기 위해서는 '1'을 인식한 뒤에 그 다음은 '2'라는 점을 알게 되고, 이때 다시 '2'를 지향함으로써 다시 감각적 지각이 일어나서 '2'를 찾아 지각하게 된다. 이와 같이 의식은 한순간에 하나의 단어만을 인식할 수 있다는 점을 확인할 수 있으며, 이러한 이유로 의식은 생성하자마자 곧 소멸하는 작용특성을 갖는다는 점도 이해할 수 있다. 그래야만 계속해서 다른 단어들을 사유할 수 있기 때문이다.

반면에 침팬지가 1부터 9까지 숫자의 순서를 식별할 수 있다는 점에서 동물들도 사물의 표상에 대한 의미(숫자의 순서)를 이해할 수 있는 언어능력이 존재한다는 점을 알 수 있다. 물론 이 침팬지는 그것을 문자언어로 이해하는 것이 아니고, 다른 사물들의 표상과 동일하게 표상으로 식별할 것이다. 침팬지에게는 문자나 기호라는 것이 존

철학하는 인공지능

재하지 않는다. 따라서 의식이라는 사유능력이 없기 때문이다.

따라서 침팬지는 그 숫자들을 사물의 표상과 똑같이 감각을 통해서 그것을 식별한다는 점을 알 수 있다. 즉 침팬지는 의식이 존재하지 않으므로 감각적 지각을 일으키지 않고 감각에서 직접적으로 이 숫자들을 식별한 것이다.

그런데 놀랍게도 **침팬지는 감각을 통해 그 숫자의 순서를 식별해내고 있다.** 이것은 곧 **감각작용에서 사물의 표상에 내포된 존재의미를 이해할 수 있는 언어적 사유작용이 작동하고 있다**는 점을 알 수 있다. 그리고 한순간에 많은 사물의 표상을 동시에 식별할 수 있다는 점도 확인할 수 있다.

예를 들어 절대 음감을 가진 음악가는 한순간에 동시에 7개의 음을 식별할 수 있다. 즉 동시에 7개의 피아노 건반을 두들겼을 때 그 음의 음계를 정확하게 식별할 수 있다. 이것은 곧 그 음악가가 소리를 식별하는 뛰어난 감각을 가지고 있다는 점을 드러낸다. 이렇게 감각을 통해 7개의 음을 식별할 수 있기 때문에 다시 의식을 통해 그 음들을 하나씩 재표상함으로써 그 음계를 정확하게 인식하고 그것을 문자언어로 표현할 수 있다.

이와 같이 인간도 감각을 통해서 동시에 수많은 사물을 식별할 수 있다. 다만 그 숫자들이 문자언어이기 때문에 그것을 순서대로 식별하기 위해 의식이 지향한 것이다. 이로써 인간은 한순간에 하나의 숫자만을 식별하게 된 것이다.

이상에서 살펴본 바와 같이 침팬지와의 숫자게임을 통해서 의식은 한순간에 하나의 단어만을 지향하여 인식한다는 점을 확인할 수 있다. 이로써 의식이 문자언어에 내포된 개념적 의미를 사유하는 언어작용이라는 점을 이해할 수 있으며, 동시에 순간순간 생성과 소멸을 반복하는 작용특성을 갖는다는 점도 확인할 수 있다. 따라서 의식에서는 종합적 통일이 불가능하다. 왜냐하면 생성하자마자 곧 소멸해 버리기 때문에 다양한 감각표상을 저장하고 간직할 수 없다. 종합적 통일을 수행하기 위해서는 다양한 감각표상을 저장하고 간직하는 것이 필수적이기 때문이다.

이러한 점에서 불교의 유식(唯識)학에서는 의식에 이러한 저장기능이 없기 때문에 모든 감각표상을 저장하고 간직할 수 있는 본원적 주관성[아리야식(阿梨耶識)]이 절대적으로 존재해야 한다는 점을 강조하고 있으며, 동시에 이 본원적 주관성을 '일체종자식(一切種子識)' 또는 '장식(藏識)'이라고 표현하고 있다. 일체종자식이든 장식이든 모두 다양한 감각표상들을 종자의 형태로 저장하고 간직한다는 의미를 표현하기 위한 용어이다.

• 인도의 세친(世親)이 설명하는 의식

이제 인도의 세친(世親; Vasubandhū)이 『섭대승론석』에서 의식의 사유작용에 대해 설명하는 것을 읽어보면서 의식의 작용특성을 정확하게 이해해보기로 하자.

의식은 포괄적으로 의미를 규정하기도 하고 미세하게 의미를 규정하며 사유한다. 단지 언어를 지향하여 분별(차별적 의미를 인식)할

철학하는 인공지능

따름이며, 별도로 지향할 수 있는 실체(또는 존재자로서의 존재자)란 존재하지 않는다. 또한 반드시 언어를 의지하여 모든 현상을 분별하기 때문에 '관념적(개념적) 분별(意言分別)'이라고 이름한다.(意識覺觀思惟 但緣言分別 無別有義可緣 又必依名分別諸法故 言意言分別)[81]

이 인용문에서 '각(覺)'은 현장(玄奘)의 번역본에서는 심(尋)이라고 번역하고 있는데, 그 의미는 개괄적인 개념적 사유작용을 말한다. 즉 감각적 지각에 의해 지각된 의미 내용을 포괄적으로 구분하여 인식하는 사유작용이다. 또한 '관(觀)'은 현장역에서는 사(伺)라고 번역하고 있는데, 이것은 구체적으로 세분화하여 그 의미 내용을 이해하는 개념적 사유작용을 의미한다.[82]

바로 이러한 설명에는 이미 어떤 의미가 존재한다는 점을 전제하고 있다. 분명 어떤 의미가 존재해야만 그것을 개괄적으로 분석하여 포괄적인 개념으로 규정할 수도 있을 것이며, 아니면 보다 세부적으로 구분하고 분석하여 미세한 개념으로 규정할 수도 있을 것이다.

이는 곧 이미 감각적 지각을 선행적으로 동반하고 있다는 점을 드러낸다. 즉 감각적 지각을 통해 외계의 사물에 대한 개념적 의미를 이미 파악하고 있다는 의미를 드러낸다. 의식이란 이렇게 감각적 지각에 의해 지각된 의미 내용을 문자언어를 통해 포괄적 개념이나 미세한 개념으로 한정하여 이해하고 인식하는 언어작용이라는 점

---

81) 상게서, 199쪽, b. 여기에서 '의언(意言)'이란 범어(梵語)로 mano-jalpa를 번역한 것이다. 의(意, 意根; 意識을 가능하게 하는 근거식)를 통한 언어적 사유작용이라는 의미로 해석된다. 즉 개념을 통한 관념적 사유작용이라는 의미로 해석할 수 있다.

82) 유가사지론에서 심(尋)에 대해서는 '포괄적인 언어적 의미규정성(麤意言性)'이라고 표현하고, 사(伺)에 대해서는 '미세한 언어적 의미규정성(細意言性)'이라고 설명하고 있다.

을 알 수 있다.

계속해서 '단지 언어를 지향하여 분별(차별적 의미를 인식)할 따름이며'라고 설명하고 있다. 이 설명에서 의식은 오로지 문자언어를 매개로 사유가 가능하다는 의미를 읽을 수 있다. '언어를 지향하여(緣言)'라는 표현은 뒤에 '언어에 의지하여(依名)'라는 표현과 같은 의미이다. 그리고 분별(分別)이라는 표현은 곧 상대적인 차별성을 구분하여 이해한다는 의미이다. 따라서 의식은 단어에 담긴 언어적 의미를 통해서 대상에 대한 상대적 차별성을 이해(또는 인식)하는 언어적 사유작용이라는 점을 알 수 있다.

특히 뒤에 '반드시 언어를 의지하여 모든 현상을 분별하기 때문에'라는 표현에서 의식에 현상한 모든 현상들에 대하여 문자언어를 매개로 그것의 상대적 차별성을 인식한다는 점을 확인할 수 있다. 물론 이때 의식에 현상한 모든 현상들은 감각적 지각에 의해 지각된 감각적 표상을 재표상함으로써 의식에 현상한 것이다.

그 현상이 감각적 지각에 의해 지각된 감각적 표상이라는 점은 "별도로 지향할 수 있는 실체(또는 존재사물)란 존재하지 않는다"는 설명에서 확인할 수 있다.

이러한 설명은 곧 의식은 결코 외계와 직접적으로 관계를 맺을 수 없다는 점을 밝히고 있다. 여기에서 '의(義)'는 감각적 대상[五塵(다섯 가지 감각기관을 통해 지각된 감각적 대상)]과 엄격히 구분하여 사용하고 있다는 점에 주목해야 한다.

철학하는 인공지능

감각적 대상[塵]은 산스크리트어로 'artha'라고 표기하지만, 이 '義'는 'tattva-artha'라고 표기한다. 현장(玄奘)은 이 '義'를 '진실의(眞實義)'라고 번역하고 있다. 이러한 점에서 이 '의(義)'는 '실체' 또는 '존재사물'이라는 의미로 사용하고 있다고 해석해야 할 것이다. 따라서 의식에는 이러한 실체 또는 존재사물이 현존하지 않는다는 설명은 곧 의식은 직접적으로 외계와 교섭하여 그것을 대상화할 수 없다는 점을 드러내고 있다.

이와 같이 의식은 외계와 직접적인 관계맺음이 불가능하기 때문에 감각적 지각[五識]을 선행적으로 동반해야 하며, 이 감각적 지각을 통해서 지각된 감각적 대상[五塵]을 재표상함으로써 그것을 인식한다. 즉 의식에 대상화된 그 대상이란 곧 감각적 지각에 의해 지각된 감각적 대상이다.

이러한 점에서 의식은 언어적 사유작용이기 때문에 외계와 직접적으로 관계를 맺을 수 없다는 점을 정확하게 이해해야만 한다. 의식에는 결코 외계에 실재하는 물질적 사물이 직접적으로 현상할 수 없다는 점을 이해하는 것이 매우 중요하다. 다시 설명하자면 사물의 본질적 표상은 감각기관을 통해 현상하며, 의식에 현상하고 있는 그 표상은 감각적 지각에 의해 지각된 감각적 대상이라는 점을 밝힌 것이다. 감각과 감각적 지각의 차이섬에 대해서는 뒤에 '유표색(有表色)'과 '무표색(無表色)'을 비교하면서 자세하게 이해하기로 하자.

바로 이 점이 서양의 관념론 철학과의 근본적인 차이점이다.

관념론철학에서는 사물의 표상이 의식에 직접적으로 현상한다고 주장하고 있다. 이로써 감각기관을 통한 감각작용과 의식의 개념적 언어작용을 구분하지 못하는 결과를 초래하고 있다. 이로써 표상과 개념을 엄격하게 구분하지 못하게 되고, 의식에서 본질을 직관할 수 있다고 간주하는 등 모든 오류와 왜곡의 근본원인이 되고 있다.

그러나 이미 뇌과학은 사물의 표상이 뉴런의 시냅스 연결을 통해 표상되며, 이것이 감각기관에 감각질로 현상한다는 점을 밝혀주고 있다. 따라서 의식은 이 사물의 표상을 인식하기 위해서는 감각적 지각을 선행적으로 동반해야 한다. 이로써 의식은 감각적 지각을 통해 지각된 감각적 대상을 재표상하여 인식하게 되는데, 이때 이 감각적 대상을 지향하는 의식의 지향작용을 불교에서는 '대상을 지향하는 지향성[緣緣]'이라고 설명하고 있다. 이 '연연'이라고 하는 지향작용을 통해서 의식은 감각적 지각을 통해 지각된 감각적 대상을 재표상하여 대상화할 수 있는 것이다.

03. 본질과 관련된 오류와 왜곡

앞에서 감각질 이론과 뉴런집단선택설을 중심으로 감각기관을 통한 감각작용이란 사물의 표상을 그려내는 선천적 표상능력이라는 점을 확인하였다. 그런데 어떻게 우리의 눈에 외계의 사물들이 '있는 그대로' 드러나(표상되어) 나타날(현상할) 수 있는 것일까? 분명 외계의 물질적 사물들은 그 자체로 자신만의 고유한 물질적 특성을 가지고 존재한다. 그런데 어떻게 우리의 영혼[본원적 직관능력]은 그 사물들이 가지고 있는 고유한 물질적 특성들을 있는 그대로 표상해 낼 수 있을까?

이러한 점에서 사물의 '본질[archē]'에 대한 바른 이해가 인공지능 연구에 있어서 절대적으로 중요하다고 할 것이다. 왜냐하면 선천적 표상능력이 사물의 표상을 그려낼 때 바로 이 본질을 소재로 사물의 본질적 표상을 그려내기 때문이다. 이 점만 정확하게 이해했더라도 컴퓨터 시각의 연구 방향이 조금은 달라지지 않았을까 생각된다. 좀 더 구체적으로 설명하자면 색상이나 모양은 사물의 본질이 아니다. 이 점에 대해서는 뒤에 불교에서 설명하는 두 가지 대상성 즉 '본질적 속성의 대상성[무표색(無表色)]'과 '개념적 의미가 부가된 대상성[유표색(有表色)]'을 구분하는 이유를 살펴보면서 이해하기로 하자. 결론만 간추려서 설명하자면 색깔이나 모양은 개념적 의미로 구분하는 것이지, 사물의 본질이 아니라는 점만 기억하기로 하자.

일반적으로 철학에서 본질이란 '그 사물이 그것 이외에 다른 것이 될 수 없는 그것만의 고유한 성질'이라고 정의한다. 이러한 정의는 곧 본질이란 그 사물이 가진 고유한 존재자성(存在自性)이라는 의미이다. 이러한 점에서 옛 성현들은 이 본질이란 그 사물이 가진 고유한 물질적 특성[사대(四大): stoicheion; 물·불·흙·공기]들의 조합을 통해서 구성된다고 설명하고 있다. 따라서 본질이란 사물의 고유한 물질적 특성의 조합을 통해 구성된 그 사물의 고유한 존재자성이라는 의미이다.

그리고 이 본질을 소재로 사물의 표상을 그려냄으로써 외계가 우리의 눈앞에 펼쳐진다고 가르쳐 주고 있다. 즉 이 본질을 소재로 본질적 표상을 표상해 내기 때문에 외계의 물질적 사물이 '있는 그대로' 우리의 감각기관에 현상한다는 점을 알 수 있다. 바로 이러한 점에서 인간의 눈과 같은 컴퓨터 시각을 개발하기 위해서는 이 본질에 대한 바른 이해가 절대적으로 요구된다고 할 것이다.

그런데 이 본질에 대해서도 우리는 관념론의 영향으로 전혀 잘못 이해하고 있다는 점을 지적하지 않을 수 없다. 앞에서 살펴본 바와 같이 관념론자들은 외계의 물질적 사물들이 자신만의 고유한 표상을 가지고 존재한다고 전제하고 있다. 그리고 이 사물의 표상이 의식에 직접적으로 현상한다고 주장하기 때문에 애초에 이 본질이라는 철학용어를 바르게 이해할 수 없다.

사물의 표상이 의식에 직접적으로 현상한다고 간주하기 때문에 결과적으로 사물의 본질을 의식에서 직관한다는 결론에 이르게 된다. 그 결과 문자언어를 매개로 그 언어에 담긴 언어적 의미를 사유하는 의식에서 본질을 직관한다고 간주하기 때문에 결국 관념론자들은 사물의 본질이 곧 개념에 내포되어 있다고 주장하기에 이른다.

에드문트 후설의 주장을 살펴보기로 하자.

개념아래서 우리는 단어의 의미가 아니라, 그 형상을 이해하지 않으면 안 된다. 그것은 일반대상이며 본질이다.[83]

먼저 이 인용문에서 서양의 관념론 철학자들이 플라톤이 설명하

---

83) 테오드르 드 보에르, 전게서, 230쪽.

철학하는 인공지능

는 형상(形相)[eidos]과 본질(本質)[archē]이라는 용어들의 철학적 의미마저도 철저하게 왜곡하고 있다는 점을 확인할 수 있다. 이에 대해서는 다음 절(節)에서 자세히 살펴보기로 하자. 여기에서는 다만 형상이란 본질을 소재로 선천적 표상작용[nous]을 통해 그려낸(표상한) 본질적 표상이라는 점만을 기억하기로 하자.

그들은 의식에 사물의 표상이 직접적으로 현상한다고 주장하기 때문에 결국 의식의 사유작용에 의해 규정된 의미규정과 사물의 표상을 엄밀하게 구분하지 못하게 된다. 그는 굳이 개념이 '단어의 의미가 아니라'고 강조하고 있지만, 개념은 단어에 내포된 언어적 의미규정일 뿐이다.

그들은 분명 개념이라고 하는 것이 의식의 지성과 이성의 작용에 의해 구성된 결과물(산출물)이라고 정의하고 있다. 그렇다면 명백하게 개념은 단어에 내포된 언어적 의미규정이다.

앞에서 확인한 바와 같이 의식은 오로지 문자언어를 매개로 그 언어에 내포된 의미 내용을 사유하고 인식하는 언어적 사유작용이다. 따라서 의식에서 사유되는 모든 의미 내용은 곧 단어에 내포된 의미규정이다. 또한 의식이 인식대상에 대해 그 상대적 차별성을 구분하여 규정하는 것도 오로지 문자언어를 통해서만 가능하다.

그런데도 그들은 이 개념에서 형상과 본질을 이해해야 한다고 주장하고 있다. 사물의 본질적 표상[형상(形相), eidos]이나 사물의 본질[archē]을 언어적 의미규정인 개념에서 이해해야 한다는 것이다. 이러한 표현에서 그들이 형상이란 사물의 본질로 표상된(그려낸) 본질적 표상이라는 점과 사물의 본질은 네 가지 물질적 요소[stoicheion; 물·불·흙·공기]들의 조합을 통해서 구성된다는 점을 전혀 이해하지 못하고 있다는 것을 확인할 수 있다. 그 결과 그들은 논리적 필연성과 자연필연성을 구분하지 못하게 된다.

이 논리적 필연성과 자연필연성을 좀 더 자세히 구분해 보기로 하자. **논리적 필연성이란 개념들을 통해 서술된 내용이 논리적으로 필연적인 인과관계를 갖는 것**을 말한다. 이는 개념들로 구성된 논리체계를 의미론적 관점에서 평가할 때, 필연적인 인과관계를 형성하고 있다는 것을 의미한다. 반면에 **자연필연성이란 외계의 물질적 사물이 그 물질적 특성으로 인해서 서로 간에 필연적인 인과관계를 갖는 것**을 의미한다.

결국 그들은 의식의 관념적 사유의 세계와 감각기관에 현상하고 있는 외계를 엄밀하게 구분하지 못하게 된다. 다음의 인용문을 읽어보기로 하자.

이리하여 논리적 법칙들(이 법칙들을 구성하고 있는 개념들 상호 간의 연관관계들)**과 현상학적 연관관계**(내어놓고 근거다지는 작용들의 현상학적 합법칙성) **사이에 일정한 평형관계가 성립한다. 관념들의 질서와 연관은 사물의 질서와 연관이다**(Ordo et connexio idearum-ordo et connexio rerum).[84]

'관념들의 질서와 연관'은 단어들에 내포된 개념이 갖는 논리적 필연성이다. 이것은 개념들이 상호 간에 논리적 법칙을 따른다는 것을 의미한다. 반면에 '사물의 질서와 연관'은 외계의 물질적 사물이

---

84) 이소케른, 전게서, 213쪽.

철학하는 인공지능

가진 고유한 물질적 특성으로 인한 인과 관계의 필연성이다. 그럼에도 후설은 이와 같이 논리적 필연성이 곧 자연필연성이라고 주장하고 있다.

이상에서 살펴본 바와 같이 관념론 철학은 객관적 실재론에 기초하고 있다는 점에서 논리가 전개되면 될수록 더욱 더 심각한 왜곡과 오류를 범할 수밖에 없다. 근본적으로 인간의 선천적인 인지능력과 부합하지 않기 때문이다. 이제 이 점을 명확하게 인식하고, 관념론적 사고방식으로부터 완전하게 벗어나야 한다. 그래야만 인간의 선천적인 인지능력에 부합하는 인공지능을 만들 수 있다.

• 본질이란 존재사물의 고유한 존재자성(存在自性)이다

이 본질에 대한 이해에 있어서 어려운 점은 이것이 존재사물의 고유한 존재자성이면서 동시에 인간에 의해서 구성된다는 점이다.

앞에서 플라톤이 눈앞에 펼쳐진 사물의 표상이 "충돌을 가하는 쪽도 아니고 충돌을 당하는 쪽도 아니며, 그 둘 사이에 각자에게 고유한 것으로 생겨난 어떤 것"이라고 설명하는 것을 읽어보았다.

이러한 설명은 곧 눈앞에 펼쳐진 사물의 표상이 사물의 고유한 물질적 특성과 인간의 선천적 표상능력에 의해 표상된 것이라는 의미이다. 따라서 이 사물에 대한 존재의미를 이해하는 데 있어서도 그 물질적 사물의 고유한 물질적 특성들을 인간의 관점에서 이해한다는 점을 알 수 있다. 바로 이렇게 외계의 물질적 사물을 이해하는 데 있어서 인간에 의해 이해된 그 사물의 고유한 존재자성을 본질이라고 한다.

플라톤의 설명을 읽어보면서 자세히 논의하기로 하자.

두 가지 삼각형 중에 하나는 같은 변들에 의해 나뉜 직각의 부분을 양쪽으로 갖고 있고, 다른 것은 같지 않은 변들에 의해 나뉜 직각의 같지 않은 부분들을 [양쪽으로] 갖고 있습니다. 이것을 우리는 불 및 다른 물체들의 시초(원리:archē)로서 상정하고서, 필연성을 동반하는 그럼직한 설명(이야기)을 따라 나아갈 것입니다.[85)

비록 철학적 의미를 정확하게 드러낸 번역은 아니지만, 이 인용문에서 우리는 충분히 본질에 대해 이해할 수 있다. 이 인용문을 정확하게 이해하기 위해서는 '필연성[anankē]'이 곧 이 본질로 인한 자연필연성을 의미하며, '그럼직한 설명[eikōs logos]'이란 곧 본질적 존재의미[이데아]를 담지하고 있는 본질적 언어[logos]를 의미한다는 점을 명확하게 이해해야 한다. 이러한 점을 엄밀하게 파악하지 못하기 때문에 'archē'를 시초 또는 원리라고 번역하고 있다.

이 인용문을 전체적으로 정확하게 이해해 보기로 하자. 두 가지 삼각형을 등변삼각형과 직각삼각형으로 나누고 있다. 등변삼각형이란 '같은 변들에 의해 나뉜 직각의 부분을 양쪽으로 갖고 있다'

---

85) 플라톤, 『티마이오스』, 전게서, 150쪽. 필연성이 자연필연성을 의미한다는 점은 『테아이테토스』에서 확인할 수 있다. "필연은 우리의 있음을(ousia)을 묶어 주는 반면, 다른 것들과는 전혀 묶어주지 않으며,(후략)"라고 설명하고 있다. [플라톤, 정준영 옮김, 『테아이테토스』(서울; 이제이북스, 2013), 109쪽.] 즉 자연필연성이 이 존재근거[ousia]를 구성한다는 점을 밝히고 있다. 여기에서 번역자는 ousia를 '있음'으로 번역하고 있으나, 존재근거라는 의미로 번역하여야 한다. 이 존재근거에 근거하여 모든 사물의 표상이 표상하기 때문이다. 이러한 점에서 플라톤은 ousia가 곧 본질적 언어[logos]라고 설명하고 있다. 그리고 앞에서 이 본질적 언어에 근거하여 사물의 표상을 그려낸다는 설명도 확인하였다.

고 표현하고 있다. 이것은 등변삼각형의 고유한 존재자성을 표현하고 있다. 즉 등변삼각형이란 이와 같이 '같은 변들에 의해 나뉜 직각의 부분을 양쪽으로 갖고 있다'라는 점으로 인해서 등변삼각형일 수 있다. 이러한 본질로 인해서 등변삼각형이 존재할 수 있으며, 동시에 그것이 그러한 본질적 존재의미로 이해된다. 따라서 본질이란 곧 어떤 것이 오로지 그것일 수밖에 없는 그것의 고유한 존재자성이라고 말할 수 있다.

또한 직각삼각형에 대해서는 '같지 않은 변들에 의해 나뉜 직각의 같지 않은 부분들을 양쪽으로 갖고 있다'고 설명하고 있다. 이 또한 직각삼각형의 고유한 존재자성을 설명하고 있다.

이와 같이 삼각형의 도형(圖形)들은 각기 자신만의 고유한 존재자성을 가지고 있다. 이로써 등변삼각형 또는 직각삼각형이라는 도형이 존재할 수 있다.

그런데 여기에서 주목해야 할 점을 이 본질로 인해서 삼각형이라는 도형이 존재할 수 있듯이 모든 존재사물이 이 본질로 인해서 '나타나 존재할' 수 있다는 설명이다. "이것을 우리는 불 및 다른 물체들의 archē로 상정한다"는 표현에서 **우리의 감각기관에 현전하는 존재사물들이 이 본질을 소재로 표상된 것**이라는 점을 알 수 있다.

여기에서 '불 및 다른 물체'들이 우리의 감각기관에 현상하고 있는 본질적 표상이라는 점을 이해하는 것이 중요하다. 앞에서 플라톤이 인간 영혼에 대해 설명하면서 '최초의 것' 또는 '물체보다 앞서 생긴 것'이라고 표현한 것을 읽어보았다. 그리고 인간 영혼이 '물체의 상태와 조건 그리고 상태의 변화 등을 지배한다'고 설명하는 것도 읽어보았다.

이러한 설명들에서 '물체'란 곧 감각기관에 현상하고 있는 본질적 표상을 의미한다는 점을 알 수 있다. 즉 물체라고 하는 것이 인간 영혼에 의해 표상된 본질적 표상이 드러나 나타난 것이기 때문에 인간의 영혼이 이 물체의 모든 존재 상태를 지배할 수 있는 것이다. 이러한 점에서 '물체'란 감각기관에 사물의 본질적 표상으로 현상하고 있는 존재사물을 의미한다.

따라서 "이것을 우리는 불 및 다른 물체들의 본질로 상정한다"는 설명에서 곧 눈앞에 현전하고 있는 존재사물(물체)이란 곧 이 본질을 소재로 표상된 본질적 표상이라는 점을 읽어낼 수 있다. 결론하여 사물의 본질적 표상은 본질을 소재로 표상된 것이라는 점을 알 수 있다. 이 점을 명확하게 이해해야 한다.

이 점을 정확하게 이해하지 못하기 때문에 '개념을 형상이나 본질로 이해해야 한다'는 궤변을 주장하는 것이다. 개념이란 문자언어로 규정된 언어적 의미규정이다. 반면에 형상이란 본질을 소재로 표상된 사물의 본질적 표상이다. 그리고 본질이란 그 사물의 고유한 물질적 특성을 조합하여 구성된 그 사물의 고유한 존재자성이다. 이로써 감각기관에 '불'의(이라는) 본질적 표상이 현상할 때, 우리는 그 불의 본질을 체험할(직관할) 수 있다.

또한 **이 본질로 인해서 존재사물의 자연필연성과 본질적 존재의 미가 구성된다**는 점을 강조하고 있다. "이 본질을 상정하고서 자연

철학하는 인공지능

필연성[anankē]을 동반한 본질적 언어[logos]를 따라 논의를 진행해 갈 것이다"고 설명하고 있다는 점에 주목해야 한다. 이러한 설명에서 우리가 존재사물의 인과관계의 필연성이나 본질적 존재의미를 이해할 수 있는 것은 곧 본질을 통해서 가능하다는 점을 읽을 수 있다.

따라서 **본질이란 본질적 표상을 표상해 낼 수 있는 소재**(그림물감) **이면서 동시에 그 존재사물에 대한 존재이해를 가능하게 하는 의미 근거**라는 점을 알 수 있다. 이러한 점을 종합하자면 본질이란 존재사물의 고유한 존재자성이라고 할 수 있다. 이 존재자성으로 인해서 존재사물이 우리의 감각기관에 현상할 수 있으며, 동시에 그 존재사물의 본질적 존재의미를 이해할 수 있다.

• 사물의 고유한 물질적 특성을 조합하여 본질을 구성한다

옛 성현들이 깨우쳐 준 주체론적 형이상학을 일관되고 논리정연하게 이해하기 위해서는 이 본질에 대한 바른 이해가 절대적으로 필요하다. 불교에서는 이 본질을 '의사표현의 의지작용이 없는 대상성[무표색(無表色)]'이라고 표현하고, 이 대상성이 네 가지 본질적 요소[사대(四大); 지(地)·수(水)·화(火)·풍(風)]의 조합을 통해서 구성된다는 점을 자세히 설명하고 있다. 그리고 이 대상성으로 인해서 감각기관에 사물의 본질적 표상[정상(淨相)]이 현상할 수 있다는 점을 구체적으로 설명하고 있다.

여기에서 불교와 플라톤의 가르침이 조금 관점의 차이가 있다는 점을 알 수 있다. **불교에서는 의식에 의한 관념적 사유의 세계**[세속제

(世俗諦)]를 분석하는데 치중하고 있다. 그 이유는 이러한 관념적 사유의 세계가 허구적이고 비실재적인 관념[번뇌(煩惱)]의 정신세계라는 점을 강조함으로써 이러한 의식의 사유작용을 끊어야 하는 당위성과 필연성을 설득하는 데 중점을 두고 있기 때문이다.

반면에 **고대 그리스에서는 인간 영혼에 의한 본원적 직관의 정신세계[승의제(勝義諦)]를 설명하는 데 치중하고 있다.** 이러한 점에서 고대 그리스 철학에는 본질적 표상[정상(淨相): eidos(형상)]이라는 단어만이 존재할 뿐, 감각적 표상[염상(染相)]이라는 단어가 존재하지 않는다.

플라톤의 『티마이오스』에서도 이 감각적 표상에 대해 다음과 같이 표현하고 있다. 즉 "형상[eidos]과 같은 이름을 갖고 그것과 닮은 둘째 것은 감각에 의해 지각될 수 있고 생성되는 것이며"라고 표현하고 있다.[86]

이 구절에서 명확하게 감각적 표상이라는 용어가 존재하지 않았다는 점을 확인할 수 있다. 이러한 점에서 고대 그리스의 철학적 담론이 본원적 직관을 중심으로 논의되고 있었다는 점을 알 수 있다.

반면에 불교에서는 이 대상성[색(色)]을 무표색(無表色)과 유표색(有表色)으로 구분하고 있다. 즉 무표색으로는 본질적 표상을 표상하게 되고, 유표색으로는 감각적 표상을 표상하게 된다. 이에 대해서는 뒤에 '개념적 의미를 지닌 대상성(有表色)과 본질적 속성의 대상성(無表色)'라는 항에서 자세히 살펴보기로 하자.

여기에서 참고적으로 필자가 이 '색(色)'이라는 용어를 대상성으로

---

86) 플라톤, 앞의 책, 145쪽. 52a

번역한 이유는 이 대상성으로 인해서 사물에 대한 차별적 존재의미를 이해할 수 있기 때문이다. 즉 그 존재사물이 인간에게 여러 가지 차별적 의미로 해석될 수 있다는 점을 표현하기 위한 것이다. 물론 이러한 표현은 '유표색(有表色)'에 더 부합하는 의미이긴 하지만, 무표색으로 표상된 본질적 표상도 다양한 차별적 의미(차별적 존재의미)로 이해된다는 점을 드러내기 위한 것이다.

　그렇지만 **고대 그리스 철학에서의 '본질'과 불교에서의 '본질적 속성의 대상성[무표색(無表色)]'은 거의 동일한 개념이다.** 불교에서도 이 무표색을 통해 사물의 본질적 표상을 표상해 내며, 이 무표색은 네 가지 물질적 요소[사대(四大); 지(地)·수(水)·화(火)·풍(風)]의 조합을 통해 구성된다고 설명하고 있다는 점이다.

　세친의 『아비달마구사석론』에서 "무표색[정색(淨色)]은 네 가지 물질적 요소[사대(四大)]의 조합을 통해 구성된다(四大所造淨色)"고 설명하고 있다. 여기에서 '정색(淨色)'이라는 표현은 곧 본질적 표상[정상(淨相)]을 표상한다는 의미를 내포하고 있다.

　그리고 "대상성 등에 의해 경계를 이루기 때문에 외계라고 일컫는다(依色等爲境界故稱外)"고 설명하고 있다.[87] '경계'란 서양철학용어로 표현하자면 '사태'라고 할 수 있다. 즉 사물의 표상이 눈앞에 펼쳐져 있는 상태를 말한다. 이와 같이 '대상성으로 표상된 사물의 표상이 현상하고 있는 것을 곧 외계(外界)라고 한다'는 의미이다. 다시 설명하자면 대상성에 의해 표상된 본질적 표상이 드러나 나타난 것

---

87)　앞의 책, 168쪽 c과 169쪽 c.

을 외계라고 한다는 의미이다. 이러한 점에서 이 대상성[정색(淨色)]을 소재로 본질적 표상이 표상된다는 점을 알 수 있다. 따라서 무표색은 곧 본질과 같은 의미이다.

그러나 플라톤의 경우는 과문(寡聞)한 탓에 네 가지 물질적 요소[stoicheion]들의 조합을 통해서 본질을 구성한다거나 이 본질을 소재로 본질적 표상을 표상해 낸다고 구체적으로 설명하는 것을 찾지는 못했다.

그러나 전체적인 이론체계를 통해 고찰해 볼 때, 사물이 가진 고유한 물질적 특성들을 조합하여 사물의 본질을 구성하고, 이 본질을 소재로 사물의 본질적 표상을 표상해 낸다는 점을 유추해 낼 수 있다.

다음의 두 구절을 먼저 읽어보기로 하자.

이 우주(kosmos)는 눈에 보이는 생명체들을 에워싸고 있는 눈에 보이는 살아 있는 것이며, 지성(nous)에 의해서[라야] 알 수 있는 것의 모상(eikōn)이요.[88]

우주를 구성한 이는 그것을 모든 불·물·공기·흙으로 구성하였지, 이것들 중의 그 어떤 것의 부분도 어떤 힘(dynamics)도 [우주] 바깥에 남겨 놓지 않았으니까요.[89]

앞의 인용문에서 우주란 선천적 표상능력[nous]에 의해 표상된 모상(eikōn)이라고 설명하고 있다. 이 인용문에서 "눈에 보이는 생명체들을 에워싸고 있는 눈에 보이는 살아 있는 것"이라는 표현은 종자

---

88)   같은 책, 256쪽. 92c
89)   같은 책, 90쪽. 32c

설을 설명하고 있다. 즉 영혼 속에 내재된 종자들이 스스로 자신을 드러낸다는 의미를 표현한 것이다. 이것들이 스스로 자신을 드러낼 수 있다는 점에서 '생명체'라고 표현하고 있으며, 이것이 눈이라는 감각기관에 사물의 표상으로 현상하기 때문에 '눈에 보이는 살아 있는 것'이라고 표현한 것이다. 따라서 우주란 '종자들이 스스로 자신을 드러내어 현상하고 있는 것'이라는 의미이다. 그리고 다시 뒤이어 **눈앞에 펼쳐진 외계(우주)란 선천적 표상능력[nous]에 의해 표상된 본질적 표상이 현상한 것**이라고 설명하고 있다.

그런데 다음 인용문에서는 이렇게 눈앞에 펼쳐진 우주가 네 가지 물질적 요소(불·물·공기·흙)로 구성된 것이라고 설명하고 있다. 이러한 설명을 연결하면 사물의 본질적 표상은 이 네 가지 물질적 요소들의 결합을 통해서 표상된다는 점을 알 수 있다.

또한 앞에서 본질이란 모든 존재사물의 고유한 존재자성이라는 점을 살펴보았다. 그리고 본질적 표상은 이 본질을 소재로 표상된 것이라는 점도 확인하였다. 이러한 점에서 사물의 본질이 네 가지 물질적 요소들의 결합을 통해서 구성된다는 점을 이해할 수 있다. 분명 우주란 본질적 표상이라고 설명하고 있다는 점에서 그 본질적 표상은 네 가지 물질적 특성을 조합하여 구성한 본질을 소재로 표상된 것이라는 점을 알 수 있다. 이로써 우리는 감각기관을 통해 그 존재사물의 고유한 물질적 특성을 직관할 수 있다.

이와 같이 플라톤의 가르침과 불교에서 설명하는 것이 정확하게 일치한다는 점을 확인할 수 있다.

이상에서 살펴본 바와 같이 외계의 물질적 사물이 가진 고유한 물질적 특성을 조합하여 그 사물의 본질적 표상을 그려낸다. 그리고 이 본질적 표상을 종합하고 통일함으로써 존재사물의 인과관계의 필연성과 본질적 존재의미가 구성된다. 따라서 인과관계의 필연성도 그 사물의 고유한 물질적 특성으로 구성된 존재자성[본질]으로 인해서 형성된다는 점을 알 수 있다.

예를 들어 물은 불을 끌 수 있다. 반면에 불은 물을 끓일 수 있다. 이러한 인과관계의 필연성은 곧 이 사물들의 고유한 존재자성인 본질로서 가능하다. 이와 같이 본질이란 그 존재사물이 가진 인과 관계의 필연성과 본질적 존재의미를 이해할 수 있는 의미근거이다. 즉 이 존재자성인 본질로 인해서 우리는 그 존재사물의 인과관계의 필연성과 본질적 존재의미를 이해할 수 있는 것이다.

이러한 점에서 **본질이란 그 사물의 물질적 특성을 조합하여 구성된 존재사물의 존재자성**이라는 점을 알 수 있다.

04. 플라톤의 철학을 철저하게 왜곡하고 있다

철학뿐만 아니라 어떤 학문이든 논리적인 이론체계를 정립하기 위해서는 기초적인 용어들의 개념을 정확하게 정의하는 것이 가장 필수적이다. 그런데 지금 철학계는 기초적인 용어들조차도 그 개념이 정확하게 정의되어 있지 않다. 이러한 점에서 우리의 철학적 논

철학하는 인공지능

의는 애초에 불가능하다고 해도 과언은 아니다.

앞에서 '본질에 대한 오해와 왜곡'이라는 항(項)에서 서양의 관념론 철학자들이 플라톤이 설명하는 형상(形相)[eidos]과 본질(本質)[archē]이라는 용어들의 철학적 의미를 철저하게 왜곡하고 있다는 점을 지적하였다. 아마도 이러한 필자의 주장에 대해 대부분의 서양철학자들은 오히려 필자가 철학의 기초적인 개념도 이해하지 못하고 있다고 비난할지도 모르겠다.

이러한 점에서 이 절에서는 누스[nous]라는 용어를 어떻게 왜곡하여 사용하고 있는지 확인해 보기로 하자. 이로써 필자의 주장이 옳다는 것을 확인할 수 있을 것이다. 그 이유는 이 'nous'라는 용어를 바르게 이해하지 못함으로써 결국 본질과 형상이라는 용어의 의미도 바르게 이해할 수 없게 되었다는 점을 확인할 수 있기 때문이다.

• 기초적인 철학 용어들마저 왜곡하고 있다

예를 들어 누스[nous]에 대해 철학계에서는 '인간의 정신' 또는 '지성'이라고 하는 관념론적인 의미로 사용하고 있다. 그러나 필자는 이 누스를 사물의 표상을 표상해 내는 '선천적인 표상능력[팔식(八識의 상(想): 용(容)]이라는 개념으로 사용한다면 서로 의사소통이 불가능하다. 아마도 논의가 시작되기도 전에 필자의 무지를 조롱하지 않을까 두렵다.

이러한 점에서 서양철학자들이 플라톤의 철학을 잘못 이해하고 있다는 점을 살펴보면서 동시에 기초적인 용어들의 개념을 정확하게 이해해 보기로 하자.

정신을 그리스어로는 누스(nous)라고 부르므로, 사고 작용에 의해 구성된 사고 내용의 의미 단일체를 후설은 노에마(noema) 그리고 의미를 부여하는 사고 작용을 노에시스(noesis)라고 불렀다.[90]

이 인용문은 후설문고^{Husserl Archiv} 소장을 지낸 베르너 마르크스 Werner Marx의 설명이다. 이러한 점에서 후설의 의도를 매우 정확하게 해설하고 있다고 믿어도 좋을 것 같다.

그런데 이 누스를 '의미'와 관련된 용어로 사용하고 있다. '의미단일체' 또는 "의미를 부여하는 사고 작용"이라는 표현에서 이 누스가 의미를 부여하는(사유하는) 언어적 사유작용으로 이해하고 있다는 점을 확인할 수 있다. 과연 이렇게 해석하는 것이 고대 그리스의 철학을 정확하게 이해한 것일까?

앞에서 읽어보았던 구절을 다시 확인해 보기로 하자.

『필레보스』에서는 다음과 같은 구절이 나타나고 있다.

"그 기록자 다음으로, 그 진술(언표)들의 그림(像: eikōn)들을 혼(마음) 안에다 그리는 화가(zōgraphos)를 말일세."

그리고 『티마이오스』에서는 다음과 같이 설명하고 있다.

"이 우주(kosmos)는 눈에 보이는 생명체들을 에워싸고 있는 눈에 보이는 살아 있는 것이며, 지성(nous)에 의해서[라야] 알 수 있는 것의 모상(eikōn)이요."

이 두 인용문을 비교해 보면 'eikōn'이라고 하는 동일한 단어를 발견하게 된다. 『티마이오스』에서는 분명 이 'eikōn'이 누스의 작용에 의해 현상한 것이라는 점을 밝히고 있고, 『필레보스』에서는 이 누스

---

90)   W. 마르크스, 이길우 옮김, 『현상학』(서울; 서광사, 1989) 60쪽.

철학하는 인공지능

를 '화가'라고 표현하고 있다. 화가란 그림(표상)을 그려내는 표상적 사유능력을 비유하고 있다는 점을 알 수 있다.

그리고 우주(외계)가 이 누스에 의해 표상된(그려진) 모상이라고 설명하고 있다. 즉 눈앞에 펼쳐진 외계가 이 누스에 의해 표상된 모상(본질적 표상)이 드러나 나타난 것이라는 의미이다.

이러한 점에서 명백하게 이 누스는 본질적 표상을 표상하는 선천적 표상능력이라는 점을 확인할 수 있다.

더욱이 플라톤은 본질적 존재의미를 직관하는 직관적 언어능력에 대해서는 'logos'라고 표현하고 있다. 즉 '기록자'라는 표현은 곧 'logos'를 의미한다. 기록한다는 것은 곧 의미 내용을 잊지 않고 간직하는 것을 의미한다. 이로써 로고스를 통해서 사물의 본질적 존재의미를 '알' 수 있으며, 이 로고스에 의해 구성된 본질적 언어를 '이름[onoma]'이라고 한다. 즉 이 이름이 곧 의미단일체이다. 이와 같이 의미와 관련되어서는 'logos'라는 단어를 사용하고 있다. 이에 대해서는 뒤에 종자설에서 다시 자세히 확인하기로 하자.

그런데도 후설은 이 'nous'라는 용어를 의미를 파악하고(그는 부여한다고 표현하고 있다) 의미결정체를 구성하는 언어작용이라고 주장하고 있다. 누스는 사물의 표상을 그려내는 화가이다. 결코 의미결정체를 구성할 수 없다.

이와 같이 서양의 관념론철학자들이 'nous'의 철학적 의미를 바르게 이해하지 못하고 있다. 그 이유는 사물의 표상이 외계에 실재하는 사물들이 가지고 존재한다고 간주하기 때문이다. 이로써 인간에게 사물의 표상을 그려내는 선천적 표상능력이 존재한다는 점을 이해하지 못하게 된 것이다. 그 결과 형상[eidos]이니 본질[archē]이니 이데아니 하는 기초적인 용어들의 철학적 의미를 정확하게 파악하지 못하고 있다.

또한 이 로고스와 누스는 영혼의 작용이지 결코 의식의 사유작용이 아니다. 플라톤은 의식을 '생성(genesis)'이라고 표현하고 있다. 'genesis'를 의식의 사유작용으로 이해해야 하는 이유는 『티마이오스』에서 이 생성이 '생성했다가 곧 소멸한다'고 설명하고 있으며, 동시에 이것은 항상 감각적 지각을 동반해서 작동한다는 점을 명확하게 밝히고 있기 때문이다.

이러한 설명은 의식이 문자언어를 매개로 그 언어적 의미를 사유하는 언어적 사유작용이기 때문에 갖게 되는 의식의 작용 특성을 드러내고 있다. 이에 대해서는 앞에서 충분히 살펴보았다.

이와 같이 플라톤은 의식과는 별개로 외계의 사물들을 직관할 수 있는 선천적인 본원적 직관능력을 영혼[psychē]이라고 표현하고 있다. 그리고 이 영혼에 선천적 표상능력[화가(畵家)]과 직관적 언어능력[기록자(記錄者)]이 갖추어져 있다고 설명하고 있다. 또한 이 영혼에 의해서 생성[의식]과 몸들[감각적 지각]이 생겨난다고 설명하는 것을 앞에서 확인하였다.

따라서 결코 의식에서는 이 'nous'가 작동할 수 없다. 의식은 문자언어를 매개로 그 언어에 담긴 개념적 의미를 사유하는 개념적 언어작용이다. 반면에 'nous'는 사물의 본질을 소재로 사물의 본질적

철학하는 인공지능

표상을 그려내는 선천적 표상능력이라는 점을 깊이 이해해야 한다.

　이상에서 살펴본 바와 같이 **후설이 의식에서 노에마와 노에시스를 거론하는 것은 플라톤의 가르침을 전적으로 바르게 이해하지 못한 결과**라는 점을 인정해야 한다. 결론하자면 서양의 관념론 철학자들이 의식과 관련하여 주장하는 모든 철학적 담론은 인간의 선천적인 인지능력과 부합하지 않는다.

　뿐만 아니라, 그들은 이러한 그릇된 인식이론을 정당화하기 위해 외계(우주)가 외계에 객관적으로 실재한다고 전제함으로써 인류는 자연(외계)을 바르게 이해할 수 없게 되었다는 점을 지적하지 않을 수 없다. 관념론 철학의 그릇된 세계관과 진리관으로 인해서 인류가 자연으로부터 도태되는 재앙적 현실에 직면하게 되었다는 점도 깊이 인식해야 할 것이다. 이 점에 대해서는 자세하고 면밀한 검토가 필요하므로 한 권의 책으로 출간할 계획이다.

• 아리스토텔레스의 악의에 찬 왜곡과 폄하

　서양 철학사를 개관해 볼 때 가장 안타까운 사실은 플라톤의 가르침을 바르게 이해하지 못하고, 철저하게 왜곡하고 폄하하고 있다는 점이다. 더욱 더 안타까운 점은 이러한 폄하와 왜곡이 그의 제자 아리스토텔레스에 의해 자행되었다는 점이다. 그 후로 서양철학자들은 플라톤의 철학을 직접적으로 바르게 해석하지 못하기 때문에 아리스토텔레스의 주장에 의존해서 해석하려는 과오를 범하고 있다. 다만 아리스토텔레스가 그와 동시대에 살았으며, 그의 제자였기 때문에 가장 플라톤의 가르침을 바르게 이해하고 있을 것이라는 막연한 기대감 때문인 것으로 판단된다.

서양 철학자들은 아리스토텔레스가 고대 그리스의 정통설인 종자(sperma)설을 전혀 이해하지 못하고 있다는 점을 조금도 눈치채지 못하고 있는 것 같다. 그뿐만 아니라, 그가 자신의 무지를 깨닫지 못하고 고대 그리스 현자의 가르침을 모조리 폄하하고 비난하고 있다는 사실조차 알아차리지 못하고 있는 것 같다. 그의 저서로 알려진 『형이상학』이라는 책은 처음부터 끝까지 고대 그리스의 철학을 왜곡하고 폄하하는 만행을 저지르고 있다는 점을 쉽게 확인할 수 있는데도 말이다.

지면 관계상 자세한 것을 모두 지적하여 비판할 수는 없으므로 그가 고대 그리스의 정통설인 종자설을 전혀 이해하지 못하고 있다는 증거만을 몇 가지 지적하고자 한다.

첫째, 그는 네 가지 물질적 요소[stoicheion; 물·불·흙·공기]가 본질을 구성하는 본질적 요소라는 점과 이것들이 영혼 속에 종자의 형태로 내장되어 있다는 점을 이해하지 못하고 있다.

둘째, 누스(nous)가 인간의 선천적 표상능력을 의미한다는 점을 이해하지 못하고 기계신(機械神)이라고 폄하하고 있다. 즉, 이 선천적 표상능력에 의해 표상된 본질적 표상으로 인해서 존재사물이 가진 다양한 차별성을 직관할 수 있다는 점을 이해하지 못하고 있는 것이다.

셋째, 그는 형상[eidos]이니 이데아(idea)니 하는 기초적인 용어들의 정확한 개념을 전혀 이해하지 못하고 있다.

철학하는 인공지능

이러한 점들을 전체적으로 살펴볼 때 그는 스승의 가르침을 전혀 이해하지 못하고 있다고 판단된다. 참으로 가증스러운 점은 스스로 자신의 무지를 돌이켜 보지 못하고, 스승의 가르침을 제멋대로 왜곡하고 폄하하고 있다는 점이다.

진실로 언급하기조차 역겹고 고통스럽지만 몇 가지 증거만을 확인하기로 하자.

왜냐하면 이런 사람들은 각각 공통적인 것, 예컨대 물체를 요소라 부르지 않고, 불과 흙을 요소라고 부르는데, 이때 이것들에 공통적인 것, 즉 물체가 있는지 없는지는 문제 되지 않는다. 그러나 다른 한편으로 (플라톤주의자들은) 하나가 불이나 물처럼 동질체라고 말한다. 그런데 만일 이것이 사실이라면 수들은 실체들이 아닐 것이고, 만일 하나 자체인 어떤 것이 있고 이것이 원리라면, '하나'는 여러 가지 뜻으로 쓰임이 분명하다. 그렇지 않다면, 그 이론은 성립되지 않는다.[91]

매우 그럴듯해 보이는 이 비판에서 그는 플라톤의 가르침을 전체적으로 전혀 이해하지 못하고 있다는 점을 적나라하게 드러낸다. 네 가지 물질적 요소의 조합을 통해 존재사물의 존재자성인 본질[archē]을 구성한다는 점 그리고 이 본질로 인해서 본질적 표상[形相, eidos]을 표상할 수 있다는 점을 이해하지 못하고 있다.

그리고 '하나'라고 하는 이데아가 이 본질적 요소로 표상된 형상을 종합하고 통일함으로써 구성된 본질적 존재의미라는 점도 이해

---

91) 아리스토텔레스, 조대호 옮김, 『형이상학 I』(경기: 나남, 2012), 74쪽.

하지 못하고 있다.

먼저 플라톤은 네 가지 본질적 요소가 사물이 가진 고유한 물질적 특성이며 이것들은 종자의 형태로 영혼 속에 내장되어 있다고 설명하고 있다. 그런데도 그는 "물체를 요소라 부르지 않고"라며 비난을 서슴지 않고 있다.

다시 플라톤의 가르침을 읽어 보기로 하자.

나중에 돌려줄 것들로서 불·흙·물·공기의 부분들을 우주에서 빌려 온 다음, 그들이 갖게 된 것들을 한데 접합했는데, 이는 그들 자신을 묶고 있는 풀리지 않는 끈들로 한 것이 아니라 작아서 보이지 않는 수많은 볼트로 접합한 것입니다. 그는 모든 부분으로 각각의 몸을 하나씩 완성해 낸 다음, 들고 나는 것이 반복되고 있는 몸속에 불사하는 혼의 회전들(periodoi)을 묶어 넣었습니다.

이 구절은 앞에서 자세히 분석하여 살펴보았다.

거의 2,500년이 지난 지금 읽어 보아도 이 네 가지 물질적 요소는 외계에 실재하는 물질적 사물이 아니고, 인간의 영혼에 내재된 본질적 요소라는 점을 알 수 있다. 그리고 이러한 본질적 요소들의 조합을 통해 다양한 본질적 표상들을 표상할 수 있다는 점을 충분히 이해할 수 있다.

풀리지 않는 끈으로 묶는 것이 아니고 결합과 해체를 자유자재로 할 수 있도록 "보이지 않는 수많은 볼트로 접합"한 것이라고 설명하고 있다. 이로써 이 네 가지 요소들의 조합을 통해 다양한 감각표상을 표상해 낼 수 있다. 그리고 "몸속에 불사하는 혼의 회전들

철학하는 인공지능

(periodoi)을 묶어 넣었습니다"라는 구절에서 이 네 가지 요소가 영혼(본원적 직관능력)과 함께 작동한다는 점을 충분히 이해할 수 있다. 그런데도 이 어리석은 제자는 실재하는 물질적 사물(물체)을 요소라고 부르지 않는다고 비난하고 있다.

또한 "하나가 불이나 물처럼 동질체라고 말한다"라는 구절에서 그가 '하나'라고 하는 표현이 곧 '이데아'를 의미한다는 점을 전혀 이해하지 못하고 있다는 사실을 확인할 수 있다. '불이나 물'은 본질을 구성하고 동시에 본질적 표상[eidos]을 표상하는 사물의 고유한 물질적 특성이다. 즉, 이 네 가지 물질적 특성들을 조합함으로써 본질[archē]을 구성하고, 이 아르케를 소재로 본질적 표상을 표상해 낼 수 있다.

반면에 '하나'란 이렇게 표상한 다양한 본질적 표상을 종합하고 통일함으로써 구성된 본질적 존재의미이다. 그는 이러한 차이점을 이해하지 못하고, 하나와 네 가지 물질적 요소들을 동질체로 이해한 것이다. 결코 플라톤은 이것들이 동질체라고 설명하지 않았다.

어떻게 본질적 존재의미가 불과 물이라고 하는 물질적 특성들과 같은 동질체일 수 있겠는가? 네 가지 본질적 요소는 물질적 사물이 가지고 있는 고유한 물질적 특성이다. 반면에 본질적 존재의미는 의미결정체로서 본질적 언어[logos]이다. 그는 스승의 가르침을 전혀 이해하지 못하고 이렇듯 비난을 서슴지 않고 있다.

이상에서 살펴본 바와 같이 매우 짧은 몇 구절만 살펴보아도 그가 본질이니 형상이니 이데아니 하는 모든 기초적인 용어들을 전혀 이해하지 못하고 있다는 점을 충분하게 확인할 수 있다. 이뿐만이 아니다. 이 책의 거의 모든 부분들에서 이러한 몰이해와 왜곡을 쉽게 발견할 수 있다.

• 후세 학자들의 부화뇌동

앞에서 살펴본 바와 같이 아리스토텔레스는 플라톤의 가르침을 어느 것 하나도 바르게 이해하지 못했다. 부분적인 실수나 착각이었다면 너그럽게 용서할 수 있으나, 전혀 아무것도 이해하지 못하고 스승의 가르침을 송두리째 부정하고 있다.

그런데도 후세의 서양철학자들은 이러한 점을 전혀 눈치채지 못하고, 거의 전적으로 아리스토텔레스의 그릇된 주장을 그대로 수용하는 경향이 있는 것 같다.

영국의 제니퍼 트러스티드라는 철학자는 플라톤에 대한 아리스토텔레스의 해석을 존중해야 하는 이유를 다음과 같이 설명하고 있다.

비록 아리스토텔레스가 플라톤을 오해하였다는 비난에도 불구하고, 그의 비판은 플라톤과 함께 철학을 말할 수 있었고 토론할 수 있었던 사람의 비판이기 때문에 우리가 이러한 비판을 심각하게 다루어야 할 필요가 있다. 더군다나 적어도 아리스토텔레스는 우리가 플라톤의 생각을 이해하는 것보다 아마 더 잘 훌륭하게 이해했을 것 같다.[92]

이 인용문에서 아리스토텔레스의 악의에 찬 왜곡을 플라톤에 대한 바른 해석으로 진지하게(?) 받아들여야 하는 이유가 단지 그가

---

92) 제니퍼 트러스티드, 김영건 역, 『인식론』(서울; 효일문화사, 1989), 75쪽.

플라톤과 동시대를 살았고, 플라톤과 직접적으로 토론이 가능했을 것이라는 추측뿐이다. 어떠한 이론적 근거도 없다. 다만 이러한 이유로 아리스토텔레스의 견해를 존중해야 한다는 것이다.

이러한 너무도 무책임하고 학자로서의 자질마저 의심스러운 태도로 플라톤의 철학을 비판하고 있다는 점이 참으로 안타깝다.

다음의 인용문을 읽어보기로 하자.

아리스토텔레스는 이 아낙사고라스의 nous는 하나의 機械神(Deus ex machina)에 불과하다고 혹평을 하고 있다. 기계신이란 그 당시 연극에 있어 무대 뒤에 장치해서 사용되었던 것으로 인간의 힘으로는 해결될 수 없는 곤란한 장면에 이 기계신을 하강시켜 그 상황을 수습하는 역할을 했던 것이다. 아낙사고라스에 있어 무수히 많은 「씨」가 arche로서 정해졌으나, 이 「씨」들은 스스로 운동하는 힘을 가진 것은 아니었다. 그러나 생성변화하는 자연계의 형성에는 이들이 혼합·분리, 다시 말해서 운동하는 것이 되어야 했다. 그는 이러한 곤란한 처지로 말미암아 nous라는 특별한 「씨」를 내세웠던 것이나 이 nous는 우주발생의 시초에 「씨」들에게 최초의 충격을 가하여 「씨」들을 운동하게끔 하는 것으로 이 역할은 다 끝나고 그 뒤에는 아무런 필요가 없는 것이 되고 만 것이 마치 기계신과 흡사하다는 점에서 아리스토텔레스가 그렇게 평했을 것이다. 즉 nous를 내세운 필연적 근거가 결여되어 있다는 말이겠다.[93]

이 철학 개론서는 여러 학자들이 함께 참여하여 공동으로 집필

---

93) 철학교재편집연구회, 『철학개론』(서울; 대왕사, 1988), 45~46쪽.

한 책이다. 이러한 점에서 이 인용문은 철학계의 일반적인 견해라고 할 수 있다. 그런데 마치 아리스토텔레스의 악의에 찬 폄하를 두둔하며, 그의 주장을 대변하고 있는 듯하다. 이렇듯 전적으로 무지몽매한 주장이 후세 학자들에 의해 계속적으로 확대 재생산되고 있다. 이로써 결국 플라톤의 가르침을 바르게 이해하지 못하게 된 것으로 판단된다.

앞에서 이 누스[nous]에 대해 플라톤이 본질적 표상을 표상하는 선천적 표상능력이라는 점에서 '화가'에 비유하고 있다는 것을 자세히 살펴보았다. 그런데 이 누스라는 용어를 처음 사용한 사람이 아낙사고라스였다는 점에서 플라톤은 고대 그리스의 정통설을 충실하게 계승하고 있다는 점을 알 수 있다. 즉, 아낙사고라스가 씨[sperma]와 누스라는 용어를 중심으로 철학적 담론을 전개하고 있다는 점에서 종자설이 아낙사고라스에 의해 논리적인 체계를 갖추게 되었다는 점을 알 수 있다.

그 이전에는 주로 로고스[logos]를 중심으로 '존재' 또는 '하나'라는 용어가 주로 등장한다. 이는 곧 모든 존재사물이 사유실체(본질적 언어)로 인해서 존재할 수 있다는 점을 설명한 것이다. 그런데 아낙사고라스가 이 누스를 강조한 것은 이 '하나'로부터 '여럿'이라고 하는 본질적 표상이 표상하게 된다는 점을 설명하기 위한 것이다.

그리고 플라톤이 『티마이오스』에서 이 종자설을 완성했다고 판단된다.

철학하는 인공지능

이 누스를 통해서 '하나'인 본질적 존재의미[이데아]가 다양한 본질적 표상(여럿)으로 현상하게 되고, 이로써 우리는 그 존재사물의 다양한 차별적인 존재의미를 직관할 수 있다. 이러한 점에서 플라톤은 "하나가 곧 여럿이요, 여럿이 곧 하나이다"라고 설명하고 있다.

아주 쉬운 예를 들자면, 우리의 눈앞에 펼쳐진 꽃은 다양한 색상과 모양을 갖추고 있다. 바로 이렇게 우리의 눈앞에 각양각색의 꽃들이 '나타나 존재(顯存)'할 수 있는 것은 곧 이 누스라는 선천적 표상능력으로 인해서 가능하다. 즉 '하나'인 본질적 언어(꽃)에 근거하여 선천적 표상작용으로 통해서 다양한 꽃(사물의 본질적 표상)이 현상한다. 이로써 우리는 외계의 사물들이 가진 다양한 차별성을 직관할 수 있는 것이다.

이렇게 본원적 직관을 통해서 다양한 차별적 존재의미가 저절로 (주관의 의미규정작용이 없이) 드러나 나타나는 것을 플라톤은 "형상과 이데아의 관여(關與)를 통한 혼화(混和, 相互一致)"라고 설명하고 있다. 그래서 '하나'가 곧 '여럿(多)'이요 '여럿(多)'이 '하나'라고 설명한 것이다. 즉 하나를 통해서는 사물의 본질적 존재의미를 알 수 있으며, 동시에 사물의 본질적 표상을 통해서 그 사물의 다양한 차별성을 직관할 수 있다.

불교에서도 '하나가 곧 여럿이요, 여럿이 곧 하나이다(一卽多 多卽一)'라고 설명하기도 하고, '즉체즉용(卽体卽用)' 또는 '사사무애(事事無

碍)'라고 표현한다.[94]

선가(禪家)에서는 이보다 더 시적(詩的)으로 표현하고 있다.

"천 개의 흐르는 강물에 천 개의 달이 뜬다(千江流水千江月)."

참으로 아름다운 표현이다. 이 간단한 시구(詩句)로 본원적 직관
의 세계를 너무도 간명하게 설명해 주고 있다. 달은 하나이다. 이것
은 본질적 존재의미[진여(眞如)]를 비유한 것이다. 그런데 강물은 그
흐름이 모두 같을 수 없다. 어떤 강물은 급히 흘러 격랑이 일어날
것이며, 어떤 강물은 잔잔하여 호수같이 흐르기도 할 것이다. 이때
급히 흐르는 강물에는 그 거친 물결 때문에 일그러지고 찢긴 달이
비칠 것이고, 잔잔한 호수에는 온전히 둥근 모습의 달이 비칠 것이
다. 이처럼 하나의 달이 물결에 따라 다양한 모양으로 나타나 보인
다. 이렇게 다양한 환경과 상태에 따라 '하나'인 본질적 존재의미가
다양한 본질적 표상과 함께 직관되면서 그 다양한 개별적 차별성을
직관할 수 있는 것이다.

그러나 아리스토텔레스는 이렇게 누스에 의해 존재사물의 다양
한 차별성이 직관된다는 점을 이해하지 못하기 때문에 누스를 마치
전지전능한 마술적인 능력을 가진 기계신(機械神)쯤으로 사용하고

---

94) 즉체즉용은 플라톤이 인간 영혼을 '스스로 자신을 운동케 하는 운동'이라고 표현한 것
과 같은 의미이다. 즉 인간의 본원적 주체성[체(體)]으로 인해서 모든 존재사물의 본질
적 존재의미가 직관된다[용(用)]는 의미이다. 달리 표현하자면 본원적 주체성과 존재사
물이 즉응(卽應)한다는 표현이다. 사삼무애의 사(事)는 '본원적 직관'이라고 번역하였
다. 이렇게 모든 존재사물의 본질적 존재의미를 직관하는 본원적 직관이 전혀 어떠한
장애가 없이 자유자재하다는 설명이다.

철학하는 인공지능

있다고 비난한 것이다.

이상에서 살펴본 바와 같이 그는 고대 그리스의 정통설인 종자설에 대해 아무것도 바르게 이해하지 못했다. 그의 모든 주장은 한마디로 '일고의 가치도 없는 궤변'이라는 점을 깊이 인식해야 한다. 더욱이 그는 비단 플라톤의 가르침에 대해서만이 아니고, 거의 모든 철학자의 견해를 이런 식으로 비난하고 있다.

이러한 과오와 왜곡이 결국 후대에 서양에서 경험론이니 관념론이니 하는 철학적 사유가 생겨나게 된 근본 원인이 아닌가 생각한다. 그리고 이로 인해 결국 인류가 오늘날과 같은 위기 상황에 처하게 되었다는 점을 감안한다면 그의 이러한 만행은 인류 역사에 있어서 가장 중대한 범죄 행위로 비난받아 마땅하다고 생각된다. 철학자들이 반면교사로 삼아야 할 것으로 생각된다.

철학하는 인공지능

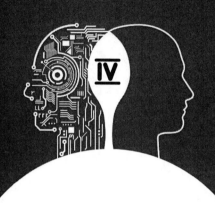

종자설과 뇌과학

Ⅳ

종자설과 뇌과학

인공 신경망이라고 하는 용어가 인간의 생물학적인 신경 망(또는 신경계)를 모방하고 있다는 점을 드러내고 있다. 그렇 다면 인간의 신경계에서 어떠한 일이 벌어지는가 하는 점을 이해하는 것이 가장 중요한 과제라고 할 수 있다. 근래에 신경생물학 과 뇌과학의 발달로 인해 이제 신경계의 생물학적 구조나 작동원리 를 이해하는 데 있어서는 커다란 진전이 있었다고 평가할 수 있다.

그러나 정작 이러한 신경계의 생물학적 구조나 작동원리를 통해서 도대체 어떠한 정신현상이 일어나는가 하는 점에 대해서는 거의 이해 하지 못하고 있는 것 같다. 실제로 이 신경계에서 일어나는 정신현상 을 설명하거나 해석할 수 있는 적절한 철학 용어조차 없는 실정이다.

앞에서 뇌과학의 연구 결과들을 인용하면서 표상과 개념, 기억과 종합적 통일, 감각과 감각적 지각 등을 엄밀하게 구분하지 못하기 때문에 그 연구 결과들의 철학적 의미를 바르게 이해하기 어렵다는 점을 지적하였다.

예를 들어 **본질적 언어라는 용어가 없이는 정신현상이든 자연현상이든 어떠한 것도 설명이 불가능하다.**

로돌포 R. 이나스는 뉴런의 고정행위패턴FAP이 곧 언어라고 표현하고 있는데, 이 언어와 문자언어를 구분할 용어가 필요하다. 이러한 점에서 필자는 본질적 언어라는 표현을 사용하였다. 또한 요즘 세계적으로 '커넥토믹스Connectomics' 연구에 많은 관심을 기울이고 있다. 바로 이 연구에 있어서도 가장 절실하게 요구되는 용어라고 할 수 있다. 즉 신경세포 간의 복잡한 상호작용과 뉴런의 동시다발적 발화를 해명하기 위해서는 결국 이 본질적 언어라는 개념이 절대적으로 필요하다.

왜냐하면 앞에서 살펴본 바와 같이 다섯 가지 감각기관을 통한 공감각을 동시에 저장하고 간직하기 위해 인간의 선천적 인지능력이 진화된 것이기 때문이다. 따라서 이 본질적 언어는 신경계의 작동원리를 해명하는 데 있어서 절대적으로 요구된다고 할 것이다.

그리고 지금 개발하고 있는 뉴로모픽 칩의 경우에도 그것이 시각과 청각 그리고 후각 등을 동시다발적으로 저장하기 위해서는 그 정보 데이터의 양이 기존의 경우와 비교할 수 없을 정도로 많아질 것이다. 따라서 이러한 뉴로모픽 칩이 궁극적으로 제 성능을 발휘할 수 있기 위해서는 그 다양한 정보를 본질적 언어로 종합하고 통일하여 저장해야만 한다.

그런데도 아직까지 이러한 용어를 상상조차 하지 못하고 있는 실정이다.

이러한 점에서 이 장에서는 불교와 고대 그리스 철학에서 설명하는 종자설에 대해 자세히 살펴보기로 하자. 이로써 인간의 신경계에서 어떠한 정신현상이 일어나고 있는지 정확하게 이해할 수 있다. 왜냐하면 옛 성현들이 종자설을 시설한 이유가 감각기관을 통한 신경계에서 일어나는 정신현상을 일관된 체계 속에서 설명하기 위한 것이기 때문이다.

또한 지금까지 밝혀진 신경생물학과 뇌과학의 연구 결과들에 대해 이 종자설을 통해서 일목요연하게 이해할 수 있다는 점에 주목해야 한다. 이러한 점으로 인해서 결국 커넥토믹스의 연구 결과도 이 종자설과 일치할 것이라는 점을 미루어 짐작할 수 있다. 왜냐하면 지금까지 밝혀진 것만으로도 이 종자설이 논리적 필연이라는 점을 확인할 수 있기 때문이다. 달리 표현하자면 종자설에 기초해야만 인간의 정신현상을 정확하게 해명할 수 있다.

따라서 종자설을 바르게 이해한다면 커넥토믹스 연구뿐만 아니라 범용인공지능과 뉴로모픽칩의 연구에도 큰 도움이 될 것으로 판단된다.

01. 종자설이란?

그동안 우리는 서양의 관념론자들이 주장하는 객관적 실재론으로 인해서 우리의 눈앞에 펼쳐진 외계가 객관적으로 실재한다고 간주해 왔다. 칸트가 주장하듯이 외계의 물질적 사물들은 각기 독자적인(고유한) 표상을 가지고 존재하고, 이것이 우리의 의식에 현상하는 것으로 착각하고 있었다.

이러한 이유로 종자설을 바르게 이해할 수 없었던 것이다. 이 종자설을 간략하게 설명하자면 **외계에 실재하는 것과 본질적으로 일치하는 사물의 본질적 표상을 우리의 영혼 속에서 어떻게 표상해 낼 수 있는가 하는 점을 설명하는 정신이론**이다. 다시 표현하자면 어떻게 우리의 영혼 속에서 외계의 물질적 사물을 '있는 그대로' 표상해 낼 수 있느냐 하는 점을 해명하는 이론이다.

그 결론이 곧 '종자'의 형태로 외계의 모든 존재사물을 품어 간직(함용(含容))하고 있으며, 이로써 이 종자를 근거로 다시 그 존재사물이 우리의 눈앞에 '있는 그대로' 현전할 수 있다고 설명하고 있다.

잠시 플라톤의 설명을 읽어보기로 하자.

삼각형들 중에서도 최초의 것들은 곧고 판판한 것들이어서, 불·물·공기·흙을 가장 정확한 형태로 생기게 할 수 있는 것들이었는데, 신은 이것들 각각을 이것들 자신의 부류에서 따라 떼어 내어서는, 서로 적절한 비율로 섞어서, 모든 사멸하는 부류를 위한 '모든 요소적인 씨의 혼합물'(panspermia)을 고안하여, 이것들로 골수를 만들어 냈습니다.[95]

이 인용문에서 '모든 요소적인 씨의 혼합물'로 인간의 신경계[골수]를 만들어 냈다고 설명하고 있다. 이와 같이 종자설은 신경계에

---

95) 플라톤, 앞의 책, 205쪽.

서 어떠한 일이 벌어지고 있는가 하는 점을 설명하기 위한 정신이 론이다.

특히 '모든 사멸하는 부류를 위한'이라는 표현에서 신경계[골수]에 서 외계의 모든 물질적 사물의 표상을 그려낸다(표상한다)는 의미를 읽어낼 수 있다. '사멸하는 부류'란 앞에서 언급한 바와 같이 외계 의 물질적 사물을 의미한다. 이 물질적 사물들은 생성되었다가 어 느 정도 그 상태를 유지한 뒤에 결국 소멸된다는 점에서 이렇게 표 현한 것이다. 이러한 물질적 사물들의 표상을 그려 내기 위해 뇌에 요소들의 조합으로 구성된 혼합물이 종자의 형태로 간직되어 있다 는 설명이다.

또한 이 종자가 '불·물·공기·흙'이라고 하는 네 가지 물질적(본질적) 요소들의 조합을 통해서 구성된다는 점을 밝히고 있다. 이 설명 가 운데 '삼각형들'이라는 모든 사물들의 표상을 의미하고, '최초의 것' 은 그 사물의 본질을 비유한 것이다. 즉 삼각형은 입체적인 모양을 갖추고 있는데, 그것을 구성하는 본질들을 '평편한(판판한) 것'이라 고 표현하고 있다. 이는 곧 이 물질적 요소들이 그대로 사물의 표상 으로 현상하는 것이 아니라는 의미를 드러내고 있다. 다시 설명하 자면 이 물질적 요소들을 조합하여(가공하여) 사물의 본질을 구성하 고, 이 본질을 통해서 다양한 사물의 표상[삼각형]을 그려낼 수 있다 는 점을 비유하는 것으로 해석된다.

이렇게 해석해야 하는 이유는 다음 구절에서 확인이 가능하다.

그는, 이를테면 경작지처럼, 자기 안에 신적인 씨를 품게 될 부 분을 모든 방향에서 구형이도록 만든 다음, 골수의 이 부분을 뇌

철학하는 인공지능

(enkephalos)라고 이름 지었는데,[96]

이 인용문에서 '뇌'라고 하는 인간 영혼을 "경작지"에 비유하고 있다. 마치 경작지에 씨를 뿌리면 식물이 자라는 것처럼 인간 영혼(본원적 주체성)은 이 종자들로 인해서 모든 존재사물을 드러내(표상하여) 나타낼(현상할) 수 있다는 설명이다.

이러한 비유는 곧 이 네 가지 물질적 요소들이 그대로 나타나는 것이 아니고, 본질을 구성한 뒤에 이 본질을 소재로 사물의 본질적 표상을 그려냄으로써 모든 존재사물들이 눈앞에 현전할 수 있다는 의미를 드러내고 있다.

앞에서 본질이란 곧 본질적 표상을 그려내는 그림물감(소재)이라는 점과 이것이 곧 존재사물의 본질적 존재의미를 이해할 수 있는 의미근거라는 점을 살펴보았다.

따라서 이러한 설명들은 곧 사물이 가진 고유한 물질적 특성을 가공하여(조합하여) 인간이 그 물질적 사물을 이해할 수 있는 형식으로 변환시켰다는 점을 드러내고 있다. 그런데 다만 이러한 변환이 인간이 자의적으로 해석해낸 것이 아니고, 그 물질적 사물을 '있는 그대로' 표상하는 방식으로 이루어졌다는 점을 강조하고 있다고 이해된다.

이와 같이 종자설은 인간의 영혼(신경계)에서 어떻게 사물의 본질적 표상을 '있는 그대로' 그려낼 수 있으며, 동시에 그 본질적 표상을 통해 어떻게 존재사물의 본질적 존재의미를 직관(이해)할 수 있는가 하는 점을 설명하기 위한 정신이론이다.

---

96) 플라톤, 앞의 책, 206쪽.

• 본질적 언어가 모든 존재사물의 존재근거이다

뇌과학이나 인공지능 연구에 있어서 가장 중요한 점은 객관적 실재론을 극복하는 것이 아닐까 생각된다. 우리가 지각하고 인식하고 있는 물질적 사물들이 모두 외계에 실재한다고 간주하는 한에는 결코 인간의 정신현상을 바르게 이해할 수 없다. 즉 인간의 신경망에서 무슨 일이 일어나고 있는지 정확하게 이해할 수 없다.

앞에서 플라톤이 네 가지 물질적 요소들이 유전형질로서 우리의 영혼 속에 내장되어 있다고 설명하는 것을 살펴보았다. 지금까지 이러한 플라톤의 가르침을 바르게 이해하지 못한 근본적인 원인이 곧 객관적 실재론 때문이다. 물질적 사물들이 외계에 실재한다고 간주하기 때문에 네 가지 물질적 요소들이 유전형질로서 우리의 영혼 속에 내장되어 있다는 사실을 결코 이해할 수 없었던 것이다.

마찬가지로 우리의 눈앞에 현전하는 모든 존재사물들이 영혼 속에 내장된 본질적 언어(사유실체)를 근거로 표상한 것이라는 점을 명확하게 이해해야만, 두뇌에서 어떠한 정신현상이 일어나고 있는지 바르게 이해할 수 있을 것이다.

플라톤이 파르메니데스(기원전 510년경~기원전 450년경)의 철학에 대해 설명하는 부분을 잠시 읽어보기로 하자.

"하나가 있다면, 존재는 분명 그 안에 있네."

"네."

"그러나 존재한다는 것은 다름 아니라 과거나 미래에 존재와 함께했고 함께하게 될 것처럼 현재 존재에 관여하는 것을 의미하네." (중략)

철학하는 인공지능

"그러니 하나와 관련되고 하나에 속하는 것은 존재하고 존재했고 존재하게 될 걸세."[97]

이 인용문을 통해서 우리는 "존재한다(있다)"고 하는 것이 모두 '하나'로 인해서 가능하다는 점을 읽어낼 수 있다. 즉 눈앞에 나타나 존재하고 있는 그 존재사물은 이 하나인 사유실체에 근거하여 표상한 본질적 표상이다. 이러한 설명을 정확하게 읽어내기 위해서는 종자설에 대한 이해가 절대적으로 요구된다. 다시 말해서 이 '하나'가 종자의 형태로 영혼 속에 내장되어 있는 사물의 본질적 존재의미이며 이것이 곧 본질적 언어라는 점을 명확하게 이해해야만, '하나'가 모든 존재사물(존재하는 것)의 존재근거라는 점을 이해할 수 있다.

그러나 바로 이 점을 이해하지 못하기 때문에 서양철학계에서는 이 '하나'를 '존재'와 동의어로 이해하고 있다.

일단 철학개론서에서 파르메니데스의 이러한 설명을 어떻게 해석하고 있는가 살펴본 뒤에 앞의 인용문을 자세히 다시 읽어보기로 하자.

"따라서 일자(一者)인 〈존재(存在)〉(to on)만이 있다는 것이다. 그는 이 〈존재(存在)〉를 조금도 공허가 없는 완전히 그 자체 충만된 구체로 생각하였으며, 일자(一者)요 전체(全體)인 이 〈존재〉 이외에는 아무것도 있을 수 없다고 한다."[98]

이러한 설명에서 '하나'와 '존재(to on)'를 동의어로 해석하고 있다

---

97) 플라톤, 천병희 옮김, 『플라톤의 다섯 대화편』(경기도; 도서출판 숲, 2016), 541쪽~550쪽.
98) 철학교재편집연구회, 앞의 책, 40쪽

는 점을 확인할 수 있다. 그러나 '존재하는 것'이 결코 '하나'일 수는 없다. 앞에서 전인적 의지작용에 대해 살펴보면서 이 '하나'에 전인적 의지작용이 지향성을 부가함으로써 다양한 차별성을 드러낼 수 있다는 점을 살펴보았다. 즉 하나는 단일한 의미통일체이며 본질적 언어이다. 그리고 '존재하는 것(존재)'은 다양한 본질적 표상으로 감각기관에 현상하고 있는 존재사물이다.

분명 앞에서 "존재한다는 것은 다름 아니라 과거나 미래에 존재와 함께했고 함께하게 될 것처럼 현재 존재에 관여하는 것을 의미하네"라고 설명하고 있다. 이 구절을 면밀하게 분석해 보기로 하자. 현재 존재하는 것은 과거에 존재했던 것과 미래에 존재할 것과 "함께한다"고 설명하고 있다. 이것은 곧 이 존재자들이 모두 동일한 사유실체(종자)로 인해서 존재한다는 의미를 드러내고 있다. 즉 현재 존재하는 것과 과거에 존재했던 것이 시간의 간격을 뛰어넘어 '함께한다'고 말할 수 있는 것은 곧 그것들의 근원적인 원천이 동일하다는 의미이다. 그래야만 그것이 과거에도 존재했고 지금 존재할 수 있으며 미래에도 존재할 수 있다. 바로 이렇듯이 "현재 존재하는 것에 '하나'가 관여한다"고 설명하고 있다. 이 또한 이 하나로 인해서 현재 존재하는 존재사물이 존재할 수 있다는 의미이다. 마찬가지로 과거에 존재했던 것도 이 하나로 인해서 존재했던 것이다.

이러한 점에서 여기에서 이 '하나'가 직관적 언어능력에 의해 구성된 본질적 존재의미[진여(眞如): 이데아]라는 점을 이해하는 것이 중요하다. 즉 이 '하나'란 본질적 존재의미이며, 이것이 곧 본질적 언어의

철학하는 인공지능

형태로 우리의 영혼 속에 내장되어 있다고 설명하고 있다. 그리고 이 본질적 언어를 근거로 본질적 표상이 현상할 수 있는 것이다. 이 것이 종자설의 뼈대이다.

앞에서 살펴본 바와 같이 모든 존재사물은 이 하나인 본질적 존재의미에 근거하여 표상함으로써 우리의 눈앞에 현전한다.

이 점을 이해하지 못하기 때문에 하나와 존재를 동의어로 이해하고 있는 것이다.

이 하나가 곧 본질적 존재의미라는 점에 대해서는 플라톤이 『필레보스』에서 설명하는 것을 읽어보면서 확인해 보기로 하자.

'…이다'(있다: einai)라고 일상 말하게 되는 것들은 하나(hen)와 여럿(polla)으로 이루어져 있으며, 또한 이것들은 한정(한도, 한정자: peras)과 한정되지(한도 지어지지) 않은 상태(apeiria)를 자기들 안에 본디 함께 지니고 있다는 전설일세.[99]

참고로 이 인용문에서는 '있다(einai)'라는 표현을 "…이다"라는 계사(繫辭)적 의미로 번역하고 있는데, 바로 이러한 그릇된 번역에서 종자(sperma)설을 바르게 이해하지 못하고 있다는 점을 알 수 있다. '있다(einai)'라는 표현은 곧 사물을 직관하는 사태(존재의 현상)를 의미한다.

앞에서 '하나'를 통해서 현재 존재하는 것에 '관여할(직관할)' 수 있다고 설명하는 것을 살펴보았다. 이 인용문에서도 '존재한다(있다)'고 하는 것은 곧 본질적 존재의미(하나)와 본질적 표상(여럿)이 혼화(混

---

99) 플라톤, 『필레보스』, 90~91쪽. 이 역자는 주석을 통해 계사적 의미로 번역해야 한다는 점을 강조하고 있다.

和)하여 현상한 것이라는 점을 설명하고 있다.

　여기에서 "한정"이란 어떤 일정한 의미로 규정(한정)한다는 의미이므로 '하나'는 곧 의미결정체라는 뜻이다. 즉 사물의 다양한 표상들을 종합하고 통일함으로써 구성된 본질적 존재의미이다. 그리고 "한정되지 않은 상태"란 현대 철학 용어로는 '표상의 다양'을 의미한다. 즉 **사물의 다양한 표상은 어떠한 언어적 의미규정으로도 한정하거나 규정할 수 없다**는 의미이다. 따라서 '하나'와 '존재'는 동의어일 수 없다.

　플라톤은 『필레보스』에서 이 점에 대해 '음악(音樂)'을 예로 들면서 보다 구체적으로 설명하고 있다. 이 음악이라고 하는 것이 소리[표상, 여럿]에 음계와 박자 등의 개념[의미규정, 하나]이 결합함으로써 음악이 되듯이, 모든 존재사물도 본질적 표상과 본질적 존재의미로 구성되어 우리의 감각기관에 현상한다고 설명하고 있다. 즉 소리라고 하는 감각표상은 한정할 수 없는 다양성을 가지고 있다. 그런데 이 다양한 감각표상에 음계니 박자니 하는 의미규정을 부가함으로써 음률과 선법(旋法)을 만든 것이 곧 음악이다. 이로써 음악이라는 예술 장르가 존재할 수 있다.

　이와 같이 '하나'와 '여럿'이 결합함으로써 "'있다'라고 말하게 되는 것(존재사물)"이 '나타나 존재할' 수 있다는 설명이다. 즉 눈앞에 현전하는 모든 존재사물은 여럿이라고 하는 본질적 표상과 하나라고 하는 본질적 존재의미가 함께 드러나 나타난 것이라는 의미이다.

　따라서 이 '하나'가 우리의 영혼 속에서 어떻게 구성되느냐? 그리고 그것이 어떻게 다시 감각기관에 사물들의 표상으로 현상할 수 있느

철학하는 인공지능

냐? 하는 점을 설명하는 이론이 종자설이라는 점을 알 수 있다.

앞에서 플라톤이 인간의 영혼을 '경작지'에 비유하는 것을 살펴보았다. 이렇듯 영혼을 경작지로 표현한 것은 종자[sperma]들이 스스로 싹을 틔워 열매를 맺듯이 **영혼은 외계의 모든 존재사물들이 '현상하여 존재할' 수 있는 바탕[장(場)]**이라는 의미이다.

이러한 점에서 플라톤은 『법률』에서 영혼의 작용을 "스스로 (자신을) 운동케 할 수 있는 운동(hē dynamenē autē hautēn kinein kinēsis)"이라고 표현하고 있다. 그리고 종자를 '살아 있는 것[zōon]'이라고 표현한다. 이와 같이 인간의 영혼은 스스로 자신을 운동케 할 수 있는 능력을 갖추고 있으며, 종자는 '살아 있는 것'이어서 외계의 모든 존재사물을 생성해 낼 수 있는 능력을 갖추고 있다고 설명하고 있다.

따라서 플라톤은 이 '살아 있는 것'이 곧 존재근거[ousia]이며, 동시에 본질적 언어이며, 또한 사물을 지시하는 이름[onoma]라고 설명하고 있다.

각각의 것과 관련해서 세 가지를 생각해 보고 싶지 않습니까? (중략) 존재(ousia)가 그 하나이며, 존재의 의미규정(의미규정형식, 정의: logos)이 또한 그 하나이고, 이름(onoma)도 그 하나입니다.[100]

이 구절에서 'Ousia'와 'Logos' 그리고 'Onoma'가 왜 동의어인가 하는 점을 이해하는 것이 중요하다. 그런데 이 '우시아'를 서양철학

---

100) 플라톤. 박종현 역주, 『법률』(경기, 서광사 2012) 711쪽, 895c-d

계에서는 일반적으로 '존재'라고 번역하고 있으나, 정확하게 번역하자면 '존재근거'라고 번역해야 논리적으로 타당하다.

왜냐하면 이 본질적 언어[Logos]와 그 사물의 이름이 그 자체로는 존재사물이 아니기 때문이다. 이것은 전체적인 철학체계를 바르게 읽지 못하기 때문에 야기되는 과오이다. 즉 본질적 언어는 그 자체로 '살아 있는' 종자이며, 이로써 모든 존재사물이 나타나 존재할 수 있는 가능근거라는 점을 알 수 있다. 이러한 점에서 본질적 언어가 곧 존재근거라고 설명한 것이다.

불교에서도 이 본질적 언어[名, 果名]를 법계(法界; dharma-dhātu)]라고 표현하고 있다. 여기에서 '法[dharma]'란 현상이라고 번역되어야 하고, 계[dhātu]는 '생하다' 또는 '원인'이라는 의미이다.[101] 따라서 이 **법계란 모든 존재사물이 감각기관에 현상할**(생할) **수 있는 근거**(원인)라는 의미이다. 즉 모든 존재사물이 우리의 눈앞에 나타나 존재할(顯存)할 수 있는 근거라는 의미이다.

이상에서 살펴본 바와 같이 '하나'라고 하는 것은 직관적 언어능력에 의해 구성된 본질적 존재의미이며, 이것이 곧 본질적 언어이다. 그리고 이 본질적 언어는 곧 외계의 물질적 사물들을 지시하는 '이름'이다. 이것이 우리의 영혼 속에 종자의 형태로 저장되어 있으며, 이 종자가 스스로 자신을 드러내서 모든 존재사물을 존재케 한

---

101) 세친의 『섭대승론석』에서 이 계에 대해 다섯 가지 의미를 설명하고 있다. 첫째는 인간의 본체(마음)을 이룬다는 의미에서 '體'의 의미를 가지고 있고, 둘째는 원인이라는 의미, 셋째는 생(生)하다는 의미, 넷째는 진실이라는 의미, 다섯째는 간직하다는 의미를 가지고 있다고 설명하고 있다. 졸역 한글대장경 『섭대승론석』 (동국역경원刊) 109쪽 참조.

철학하는 인공지능

다는 점에서 '살아 있는 것'이라고 설명하고 있다.

앞에서 선천적 표상능력[화가]이 본질적 언어를 근거로(밑그림 삼아) 영혼 속에 그림(사물의 표상)을 그려낸다는 설명을 읽어 보았다. 바로 이 그림이 감각기관에 현상하고 있는 존재사물이다. 이러한 점에서 본질적 언어와 이름을 존재사물의 존재근거[ousia]라고 하며, '살아 있는 것'이라고 표현한 것이다.

종자설을 이해하는 데 있어서 바로 이 점을 이해하는 것이 가장 중요하다. 어떻게 이 종자를 근거로 모든 존재사물의 본질적 표상이 현상할 수 있는가 하는 점에 대해서는 뒤에 '본질적 언어의 형태로 우주를 품어 간직한다'라는 절에서 자세히 살펴보기로 하자. 그리고 동시에 '본질적 언어는 신경계를 작동시키는 자연 언어이다'라는 절에서 뇌과학의 연구 결과를 통해 자세히 이해하기로 하자.

이러한 점들을 이해한다면 이 본질적 언어를 존재근거라고 표현하는 이유가 쉽게 이해될 것이다.

• 종자[sperma]설은 고대 그리스 철학의 정통설이다

이제 고대 그리스에서 종자설이 형성되는 과정을 살펴보기로 하자. 이로써 우리가 외계에 대해 그리고 인간의 선천적 인지능력에 대해 무엇을 잘못 이해하고 있는가 하는 점을 쉽게 간파할 수 있다. 그리고 종자설이 논리적 필연이라는 점도 동시에 확인할 수 있다.

지금까지 서양철학자들은 고대 그리스의 모든 철학적 담론을 과학철학이나 자연철학이라고 평가하고 있다. 그러나 이러한 견해는 관념론적인 관점에서 고대 그리스의 철학을 이해하기 때문에 발생한 과오이다.

그들이 외계의 사물에 대해 거론하는 것은 그 물질적 사물들 자체에 대한 논의가 아니고, 인간과 그 물질적 사물들의 관계 맺음에 있어서 우리의 착각과 문제점을 지적하기 위한 것이었다. 좀 더 구체적으로 설명하자면 우리가 **의식을 통해 외계를 이해하기 때문에 외계가 객관적으로 실재하는 것으로 착각하게 된다**는 점을 지적하기 위한 것이다.

우리는 외계에서 끊임없이 변화하는 자연현상을 직관적으로 명명백백하게 이해할 수 있다. 한 그루 나무를 통해서도 충분히 계절의 변화를 읽을 수 있다.

이러한 변화를 외계의 물질적 사물들이 가지고 존재하는 것일까?

서양의 관념론자들은 외계의 사물들이 연장실체로서 실재하기 때문에 이러한 변화를 알 수 있다고 주장한다. 외계의 사물들이 시간과 공간상에 연장적으로 실재하기 때문에 이러한 변화를 우리가 직관적으로 알 수 있다는 것이다.

그러나 옛 성현들은 이렇게 외계의 사물들을 연장실체로 인식하는 것은 인간의 선천적인 본원적 직관능력에 대해 바르게 이해하지 못하기 때문에 야기되는 오류요 착각이라는 점을 지적하고 있다.

고대 그리스의 모든 철학적 담론도 이러한 깊은 성찰을 바탕으로 외계의 사물이라는 것이 이렇듯 연장실체로서 실재하는 것이 아니라는 점을 깨우쳐 주기 위한 논의였다. 그리고 동시에 외계란 영혼

철학하는 인공지능

속에서 내재되어 있는 사유실체로 인해서 표상되어 현상한 것이라는 점을 설명하기 위해 종자설이라는 정신이론을 정립한 것이다.

바로 이 점을 정확하게 이해하지 못함으로써 경험론이니 관념론이니 하는 인식이론이 생겨났다는 점을 명확하게 이해할 필요가 있다. 그래야만 관념론적 사고방식에서 쉽게 벗어날 수 있을 것이다.

예를 들어 헤라클레이토스가 만물은 유전하여 변하지 않는 것이 없다고 설명한 것에 대해 서양철학에서는 다음과 같이 해석하고 있다.

헤라클레이토스는 「같은 시냇물에 두 번 다시 들어설 수 없다」고 하여 panta rhei(萬物은 흐른다), 萬物流轉이 우주의 眞相이라고 한다.[102]

이 인용문에서 헤라클레이토스가 "같은 시냇물에 두 번 다시 들어설 수 없다"고 설파한 것을 마치 우주의 참다운 모습(존재원리)을 설명하는 것으로 이해하고 있다는 점을 확인할 수 있다. 이로써 네 가지 물질적 요소[stoicheion; 불·물·흙·공기]에 대한 논의를 마치 과학철학쯤으로 해석하고 있다.

그 결과, 결국 고대 그리스의 철학을 전반적으로 바르게 이해하지 못하게 되는 결과를 초래하고 있다. 마치 고대 그리스의 철학자들이 매우 유치한 정도의 과학지식을 가지고 있었던 것처럼 착각하게 만들고 있다.

이 구절은 고대 그리스 철학의 출발점이자, 방향타라고 할 수 있다. 이러한 점에서 본래의 취지를 정확하게 이해하는 것이 고대 그리스 철학을 바르게 이해하는 데 있어서 첩경이라고 할 수 있다. 이

---

102) 철학교재편집연구회. 철학개론(서울; 대왕사, 1982) 39쪽

구절의 본래 취지는 의식을 통해 외계를 인식하기 때문에 외계의 사물들을 연장실체로 간주하게 된다는 점을 지적하기 위한 것이다. 즉 "같은 시냇물에 두 번 다시 들어설 수 없다"라는 표현은 **외계의 물질적 사물은 끊임없이 변화하기 때문에 한순간도 동일체라고 할 수 없다**는 의미이다. 이 점을 강조한 이유는 '그럼에도 불구하고 우리는 마치 그것들이 시간과 공간 속에 연장적으로 존재하는 연장실체로 착각하고 있다'는 점을 지적하기 위한 것이다.

다행스럽게도 이러한 지적은 중국의 영명(永明) 연수(延壽)선사의 『종경록(宗鏡錄)』에서도 동일하게 나타나고 있다. 영명 연수 선사는 범지(梵志)의 일화를 통해 외계의 사물들을 연장실체로 인식하는 것이 어떠한 착각과 오류로 인한 것인지 매우 자세하게 일깨워 주고 있다.

범지(梵志)가 출가하여 하얗게 센 머리로 되돌아왔다. 이웃 사람들이 그를 보고서 '옛사람이 아직 살아 있었구려'라고 말한다. 범지가 이르기를 '나는 옛사람과 같아 보이나 옛사람이 아니다'라고 말했다. 이에 이웃 사람들이 '아니(非)'라는 그 말에 깜짝 놀랐다(是以梵志出家 白首而歸 鄰人見之曰昔人尙存乎 梵志曰 吾猶昔人非昔人也 鄰人皆愕然非其言).[103]

이 일화에서 가장 주목해야 할 점은 범지가 "옛 범지가 아니다(非)"라고 말한 것에 대해 이웃 사람들이 모두 "깜짝 놀랐다"라는 설명이다. 우리는 일상적으로 과거 어린 시절의 범지와 현재의 늙은 범지를 동일한 사람으로 지각하고 인식한다. 따라서 범지가 "나는 옛날의 범지처럼 보이지만 옛사람이 아니다"라고 하는 말에 당황스럽지 않을 수 없다.

---

103) 영명연수, 『종경록(宗鏡錄)』 (大正藏 48권), 451쪽.

철학하는 인공지능

여기에서 잠시 이웃들이 알고 있는 범지와 현재의 범지를 비교해 보자. 현재의 범지는 흰머리에 주름살이 깊이 팬 늙고 쇠잔한 노인이다. 더욱이 정신적으로는 매우 변화된(깨달음을 얻은) 자다. 그런데 이웃들이 기억하고 있는 범지는 분명 어린 시절의 개구쟁이 범지일 것이다. 이 둘 사이에는 어떠한 동일성도 찾을 수 없다. 그런데도 이웃 사람들은 여전히 두 사람을 동일한 범지로 인식한다. 바로 이렇게 우리는 범지라는 사람을 시간과 공간상에 연속적으로 변화하면서 존재하는 동일한 인물로 이해한다. 물론 관념론 철학에서 감각기관에 외계의 물질적 사물들을 모두 연장실체라고 주장하는 것도 이와 같은 사고방식이다.

이에 대해 범지가 "내가 옛사람 같아 보이지만, 그 옛사람이 아니다"라고 설파한 것은 바로 이러한 그릇된 인식을 깨우쳐 주기 위한 것이다. 일상적으로 우리는 인식 대상이 시간적으로 연장(延長)하여 존재하는 동일한 실체라고 간주하고 있다는 점을 지적한 것이다.

계속해서 다음 구절에서 **"옛 사물(昔物)은 그 시점의 옛날(昔)에 스스로 존재했고, 현재의 사물(今物)은 현재 이 시점에 스스로 존재한다(昔物自在昔 今物自在今)"**라고 설명하고 있다. 결코 옛 사물과 현재의 사물이 동일할 수는 없다. 범지(梵志) 또한 옛 범지는 홍안(紅顏)에 혈기가 넘치는 청년이었으나, 지금의 범지는 흰머리에 늙고 쇠잔한 범지이다. 옛 범지는 과거에 존재했고, 현재의 범지는 지금 존재하고 있을 뿐이다. 결코 시간을 되돌려 옛 범지로 돌아갈 수도 없다. 그리고 홍안의 옛 범지가 지금 존재할 수도 없다. 이와 같이 "현재의 사물은 현재 이 순간에 스스로 존재한다"라는 설명을 통해 직관이란 '다만 현재 눈앞에 현전하는 것'을 의미한다는 것을 읽을 수 있다.

이러한 의미에서 헤라클레이토스도 "동일한 시냇물에 두 번 발을 담글 수 없다"라고 천명한 것이다. 시냇물은 계속해서 흘러가고 있다. 잠시도 같은 물이 되풀이해서 흐르지 않는다. 항상 새로운 물이 흐르듯이 모든 물질적 사물은 한순간만 지나도 동일한 사물이 아니다.

바로 이렇게 우리가 동일한 대상으로 인식하고 있는 그 물질적 사물은 이미 동일한 존재자가 아니라는 것이다. 연장적으로 실재하는 그러한 존재자는 존재할 수 없다는 점을 깨우쳐 주고 있다.

따라서 다음 구절에서 **"이러한 이유로 중니(仲尼)께서 '안회(顔回)야, 새로운 사람으로 보아라. 인사를 나누는 사이에도(잠깐 동안만 지나도) 그는 이미 이전의 사람이 아니기 때문이다'라고 말한 것이다. 이와 같이 존재사물들은 서로 간에 오고 가지 않는다는 것이 확실하다(故仲尼曰。回也見新 交臂非故 如此則物不相往來明矣)"**라고 설명하고 있다. 인사를 나누는 잠깐 사이에도 이미 그 사람은 동일한 사람이 아니라는 것이다.

이와 같이 과거의 물질적 사물과 현재의 물질적 사물이 서로 간에 교차하여 존재할 수 없다는 점도 지적하고 있다. 앞에서 지적했듯이 과거의 것은 과거 그 시점에 존재했고, 지금의 사물은 다만 지금 존재할 따름이다.

철학하는 인공지능

분명 나무들은 계절에 따라 전혀 다른 모습으로 존재한다. 결코 어떠한 동일성도 찾을 수 없다. 봄마다 똑같이 잎이 나고 똑같은 꽃을 피운다고 동일한 나무일 수 없다. 이미 나이테가 하나 더 생겨난 나무이다. 이러한 의미에서 "물질적 사물은 서로 오고 가지 못한다는 점이 명백하다(物不相往來明)"라고 설명하고 있다.

바로 이 충고에 담긴 철학적 의미를 정확하게 읽어내야 한다. 분명 물질적 사물은 이렇게 서로 오고 가지 못하는데, 의식의 사유작용으로 인해서 '서로 오고 가기' 때문에 외계의 사물을 연장실체로 인식한다는 점을 지적한 것이다.

이렇게 외계의 사물이 시간과 공간 속에서 오고 갈 수 있는 것은 그것을 의식을 통해 인식하고 사유하기 때문에 가능한 것이다. 좀 더 자세히 설명하자면 의식이 생성과 소멸을 반복하면서 과거의 표상과 현재의 표상 그리고 미래의 표상을 번갈아 가면서 재표상하기 때문에 마치 그것이 시공간 속에서 연장적으로 존재한다고 착각하고 있다는 점을 깨우쳐 주고 있다. 이와 같이 존재사물이 오고 갈(往來) 수 있는 것은 오로지 의식의 사유작용에 의해서만 가능하다.

따라서 공자는 그의 제자 안회에게 "새로운 사람으로 보아라. 인사를 나누는 사이에도(잠깐 동안만 지나도) 그는 이미 이전의 사람이 아니기 때문이다"라고 가르친 것이다. 이러한 가르침은 곧 의식의 사유작용을 끊어서 멸절해야 한다는 점을 깨우쳐 준 것이다. 즉 의식을 끊어야만 그 인식의 대상이 오고 가지 않고, 항상 그 순간에 존재하는 것만을 직관할 수 있다는 의미이다.

이러한 점에서 우리가 의식을 통해 인식하고 있는 그 인식대상은 결코 외계에 실재하는 것이 아니다. '외계에 실재한다고 말할 수 있는 것'은 오직 본원적 직관을 통해 현재 이 순간에 감각기관에 현상하는 존재사물 뿐이다. 그런데 어떻게 우리는 그 존재사물의 상태의 변화와 인과관계의 필연성을 직관할 수 있을까? 바로 이 점을 깨우쳐 주기 위해 헤라클레이토스가 '만물은 유전한다'고 설파한 것이다.

분명 외계의 물질적 사물은 끊임없이 변화하고 있다. 그렇지만 우리는 오직 이 순간에 눈앞에 펼쳐진 존재사물만을 볼 수 있다. 앞에서 노자가 "사물이 그것을 표상한다(物形之)"라고 설명한 것을 읽어보았다. 물질적 사물과 마주칠[촉(觸)] 때 그 사물의 본질적 표상이 감각기관에 현상함으로써 그것이 존재한다는 것을 알 수 있다. 따라서 그 사물의 변화를 알 수 있는 것은 그 변화들이 사유실체(종자)의 형태로 영혼 속에 내장되어 있기 때문에 가능한 것이다.

이러한 헤라클레이토스의 의도는 다른 기록들을 통해서 확인할 수 있다. 헤라클레이토스도 범지나 공자와 똑같은 취지에서 '만물은 유전한다'고 주장한 것이라는 점을 명확하게 확인할 수 있다.

(…) **로고스는 공통의 것이거늘, 많은 사람들은 마치 자신만의 생각(phronēsis)을 지니고 있는 듯이 살아간다. (DK, B/2. 단편 5)**

나에게 귀를 기울이지 말고 로고스에 귀를 기울여, '만물은 하나(hen panta einai)'라는 데 동의하는 것이 지혜롭다. (DK, B/50. 단편 69)

눈과 귀는 사람들에게 나쁜 증인이다. 말을 알아듣지 못하는 영

철학하는 인공지능

혼을 가진 한에서.(DK, B/107. 단편 29)[104]

이 세 구절만으로도 종자설이 탄생하게 된 배경과 이 종자설이 고대 그리스 철학의 정통설이었다는 점을 충분하게 이해할 수 있다.

우선적으로 이 인용문에서 "많은 사람들은 마치 자신만의 생각(phronēsis)을 지니고 있는 듯이 살아간다"는 표현이나 "나에게 귀를 기울이지 말고"라는 표현에서 의식을 통한 개념적 인식을 부정하고 있다는 점을 읽어내야 한다. '나'라고 하는 표현은 곧 '자신만의 생각'이라는 표현과 같은 의미이다. 즉 인식대상에 대해 주관적 가치기준(관점)에 따라 인식하고 사유한다는 의미를 내포하고 있다. 이와 같이 의식을 통한 대상인식을 부정하고 있다는 점을 확인할 수 있다. 이것은 곧 의식이 문자언어에 담긴 개념적 의미만을 사유하고 인식하는 개념적 언어작용이라는 점을 파악하고 있었다는 것을 의미한다. 따라서 당연히 의식을 통해 외계를 이해하기 때문에 그 인식대상들이 연장실체로서 외계에 실재하는 것으로 착각한다는 점도 깊이 성찰하고 있었다고 이해된다.

또한 헤라클레이토스는 의식과 감각적 지각의 지향적 의존관계를 파악하고 있었다는 점도 확인할 수 있다. 또 다른 구절에서 "눈과 귀는 사람들에게 나쁜 증인이다"고 설명한 것은 곧 감각적 지각을 비판한 것이다. 이 구절을 앞의 두 구절과 연결하면 의식과 감각적 지각의 긴밀한 지향적 의존관계를 이미 파악하고 있었다는 점을 알 수 있다.

---

104) 이정우, 『세계철학사 1』(서울; 도서출판 길, 2019), 101쪽~104쪽.

특히 "말을 알아듣지 못하는 영혼"이라는 표현에 주목해야 한다. 이 구절에서 의식을 통해 사유하는 언어는 개념적 언어이며, 영혼은 본질적 언어로 작동한다는 점을 간파하고 있었다는 것도 알 수 있다. 즉 영혼은 본질적 언어를 통해 작동하기 때문에 개념적 언어를 '알아듣지 못한다'고 지적한 것이다. 이와 같이 감각적 지각이 개념적 언어로 외계를 해석하고 있기 때문에 '감각적 지각은 인간에게 나쁜 증인'이라고 단언한 것이다.

따라서 감각적 지각과 긴밀한 지향적 의존관계에 있는 의식은 '나쁜 증인'인 감각적 지각에 기초하여 외계를 인식하기 때문에 의식을 '자신만의 생각'이라고 표현한 것이다. 즉 우리는 감각적 지각의 그릇된 해석에 근거하여 나름대로 자신의 생각(주관적 관점)에 따라 외계의 사물을 인식한다. 같은 사물에 대해서도 어떤 사람을 '좋은 물건'이라고 인식하고, 또 다른 사람은 '나쁜 물건'이라고 인식한다. 이렇게 의식을 통해 인식하는 것은 모두 "자신만의 생각(phronēsis)"일 뿐이라는 점을 지적한 것이다.

반면에 "만물은 하나다"라고 설명한 것은 모든 존재사물이 본질적 존재의미로서 '하나'라는 의미이다. 앞에서 파르메니데스가 "하나와 관련되고 하나에 속하는 것은 존재하고 존재했고 존재하게 될 걸세"라고 설명한 것처럼 모든 존재사물은 이 '하나'인 본질적 존재의미를 근거로 나타나 존재한다. 따라서 그 존재사물들의 변화를 알 수 있는 것도 바로 이 본질적 존재의미로 인해서 가능하다. 과거의 존재사물도 이 하나로 인해서 존재했고, 현재의 존재사물도 이

철학하는 인공지능

하나로 인해서 존재한다. 따라서 그 존재사물의 상태와 조건들 그리고 변화들을 알 수 있는 것도 바로 이 하나로 인해서 가능하다. 이와 같이 이 본질적 존재의미에는 그 사물의 존재 법칙과 인과관계의 필연성이 내포되어 있다. 이로써 우리는 외계에서 끊임없이 변화하는 자연현상을 직관적으로 이해할 수 있다.

이러한 본질적 존재의미가 우리의 영혼(본원적 주체성)에 종자의 형태로 내재되어 있다고 설명하고 있다. 이러한 점에서 "로고스는 공통의 것"이라고 설명한 것이다. 즉 본질적 존재의미는 곧 존재사물의 본질보편성을 내포하고 있다는 의미이다.

본질적 존재의미는 사물의 본질을 소재로 표상된 본질적 표상을 종합하고 통일한 것이기 때문에 본질적 언어는 인류 공통의 것이라고 할 것이다. 왜냐하면 사물의 본질을 구성하는 사물의 물질적 특성을 유전형질로 가지고 태어나기 때문에 사물의 본질도 동일한 것이며, 당연히 사물의 본질적 표상도 동일한 것이며, 본질적 존재의미도 공통된 본질보편성을 내포하고 있다. 이로써 **외계**(자연)**란 인류에게 공통적인 생활세계**라고 할 수 있다.

이상에서 살펴본 바와 같이 헤라클레이토스가 '만물이 유전한다'고 설명한 것은 사람들이 외계의 사물들을 연장실체로 이해하는 것이 잘못된 것이라는 점을 지적하기 위한 것이다. 바로 이 점을 깨달아야만, 우리는 우리의 눈앞에 펼쳐진 외계가 우리의 영혼 속에 내장된 사유실체가 드러나 나타난 것이라는 점을 이해할 수 있기 때문이다.

그리고 여기에서 헤라클레이토스도 종자라는 표현을 사용하고 있지 않지만, 종자설을 설명하고 있다는 점을 알 수 있다. 즉 '만물이 유전한다'고 설명한 것은 곧 존재사물이란 결코 외계에 연장실체로서 실재하는 것이 아니고, 영혼 속에 내장된 사유실체가 드러나 나타난 것이라는 점을 설명하기 위한 것이다. 다시 설명하자면 영혼 속에 내장된 종자에 우주 만물의 상태와 변화가 내장되어 있으며, 이 종자를 근거로 사물의 본질적 표상이 현상하며, 이 본질적 표상이 곧 눈앞에 펼쳐진 존재사물이라는 점을 깨우쳐 주기 위한 것이다.

이러한 철학적 사유는 그대로 계승되고 발전하면서 마침내 아낙사고라스(기원전 500년경~기원전 428년경)에 이르러 구체적으로 종자[Sperma]라는 용어와 선천적 표상작용[nous]이라는 용어가 나타나고 있다. 이는 곧 하나라고 하는 본질적 존재의미가 어떻게 다양한 본질적 표상과 현상할 수 있느냐 하는 점을 해명하기 위한 것이다.

다시 같은 철학개론서에서 설명하고 있는 것을 계속해서 읽어보기로 하자.

그는 archē가 엠페도클레스에 있어서와 같이 화(火)·수(水)·지(地)·기(氣)의 넷으로 국한될 것이 아니라 무수히 많아야 한다고 생각하였다. 이 무수히 많은 archē를 그는 모양과 빛깔과 맛을 달리하는, 다시 말하자면 성질을 달리하는 '씨들'(spermata)이라고 한다.

(중략)

아낙사고라스는 '씨'의 운동의 원리로서 nous(精神)를 내세운다. -중략- nous를 비혼합성(非混合性)과 순수성(純粹性)으로서 특성지

철학하는 인공지능

우고 있다.[105)]

　헤라클레이토스나 파르메니데스는 본질적 언어인 '하나'를 중심으로 설명하고 있다면, 이 두 인용문에서는 어떻게 본질적 표상이 현상할 수 있느냐 하는 점을 설명하고 있다. 특히 이 설명에서 주목해야 할 점은 네 가지 물질적 요소들을 조합하여 "모양과 빛깔과 맛을 달리하는" 종자를 구성한다는 점이다. 이러한 설명은 수많은 다양한 사물의 표상을 종자의 형태로 저장하고 간직한다는 의미다. 이로써 동시에 이 종자로 인해서 수많은 다양한 사물의 표상을 '있는 그대로' 표상할 수 있다는 점을 읽어낼 수 있다. 이러한 점에서 이 '아르케'라고 하는 것이 사물의 표상(감각표상)을 그려내는 소재(그림물감)라는 점을 읽을 수 있다.

　그리고 'nous'에 대해 "'씨'의 운동의 원리"라고 표현한 점에서 이 누스가 곧 종자를 소재로 사물의 표상을 그려내는(표상하는) 선천적 표상능력이라는 점도 이해할 수 있다.

　또한 "비혼합성(非混合性)과 순수성(純粹性)"이라는 표현에서 이 본질적 표상은 주관(의식)의 사유작용으로 인해서 굴절되거나 왜곡되지 않는다는 점을 읽을 수 있다. 즉 오로지 사물의 본질을 소재로 그 물질적 사물을 '있는 그대로' 표상해 낸다는 의미이다.

　이러한 철학적 사유가 그대로 계승되고 발전하여 플라톤에 의해 집대성된다. 다만 플라톤의 사상이 한 권으로 집약되지 못하고, 여

---

105)　철학교재편집연구회, 앞의 책, 45쪽. 본래 이 책에서는 '씨'라고 표현하고 있으나, '씨들'이라고 정정한 것이다.

러 권의 전적(典籍)에서 부분적으로 설명되기 때문에 전체적인 논지를 이해하기 어렵다. 그렇다고 하더라도 플라톤의 『티마이오스』에서 거의 완벽한 형태의 종자설이 정립되었다고 판단된다. 『티마이오스』는 처음부터 끝까지 모두 이 종자설에 대한 설명이다. 그런데 그 제자 아리스토텔레스는 이러한 철리(哲理)를 전혀 이해하지 못하고 플라톤의 가르침을 폄하하고 왜곡함으로써 서양철학계에서는 이 종자설에 대해 전혀 이해하지 못하게 되었다.

02. 본질적 언어로 우주의 만물을 품어 간직하고 있다

이제 이 종자(사유실체)에 모든 감각경험과 실제적 체험을 통해 얻은 사물의 표상들이 저장되어 있고, 이 사유실체로 인해서 사물의 본질적 표상이 현상할 수 있으며, 또한 본질적 존재의미가 직관될 수 있다는 점을 이해해 보기로 하자.

옛 성현들은 모두 공통적으로 이 사유실체가 모든 존재사물이 '나타나(현상하여) 존재할[현존(顯存)]' 수 있는 존재근거라고 설명하고 있다. 불교에서는 이 존재근거를 '법계(法界)'라고 표현하고, 노자는 '중보(衆甫)'라고 표현하며, 플라톤은 '우시아[ousia]'라고 표현하고 있다.

법계란 범어로, 'dharma-dhātu'를 번역한 것이다. 여기에서 '法 [dharma]'란 '현상'이라고 번역되어야 한다. 감각적 표상[염상(染相)]이나 본질적 표상[정상(淨相)]이 드러나 나타난 것을 현상이라고 한다.

철학하는 인공지능

이러한 점에서 유위법(有爲法)은 의식의 재표상작용을 통해 의식에 나타난 현상을 의미한다. 즉, 감각적 지각을 통해 지각된 감각적 대상을 지향하여 재표상함으로써 의식에 현상한 것을 의미한다. 따라서 '인식현상'이라고 번역하는 것이 좋을 것 같다.

반면에 무위법(無爲法)이란 의식이 끊어진 뒤에 본원적 직관작용[사(事); 무위지사(無爲之事)]을 통해 감각 기관에 본질적 표상이 현상하는 것을 의미한다. 이러한 점에서 무위법은 '자연현상'이라고 번역하기로 하자.

또한, '계[dhātu]'는 '생하다' 또는 '원인'이라는 의미이다.[106] 따라서 이 법계의 의미는 모든 존재사물의 본질적 표상이 현상할(생할) 수 있는 근거(원인)라는 의미이다. 즉, 모든 존재사물이 우리의 눈앞에 나타나 존재할 수 있는 가능근거라는 의미로 해석된다.

먼저 세친(世親)은 『섭대승론석』에서 이 법계가 곧 본질적 언어[名]이며, 이 본질적 언어를 근거로 모든 사물의 본질적 표상이 표상되기 때문에 모든 존재사물의 존재근거라고 설명하고 있다.

또한 언어라고 하는 것은 궁극의 경지에 이르러서 모든 현상에 두루 미친다(통용된다)고 말한다. 모든 현상에서 차별(개념적 언어로 규정된 상대적 차별성)이 없다. 이러한 언어가 곧 법계이다. 이 법계로써 모든 현상에 두루 미침(통용됨)으로써 모든 존재사물을 분별하지 않

---

106) 세친의 『섭대승론석』에서 이 계에 대해 다섯 가지 의미를 설명하고 있다. 첫째는 인간의 본체(마음)를 이룬다는 의미에서 '체(體)'의 의미를 가지고 있고, 둘째는 원인이라는 의미, 셋째는 '생(生)하다'라는 의미, 넷째는 진실이라는 의미, 다섯째는 '간직하다'라는 의미를 가지고 있다고 설명하고 있다(졸역 한글대장경, 『섭대승론석』(동국역경원刊), 109쪽 참조).

고 본질적 표상[정상(淨相)]이 된다.(復次名者 謂至究竟名通一切法 於一切法無有差別 此名卽是法界 此法界以通一切法 不分別一切義爲相)[107]

여기에서 궁극의 경지란 감각적 지각[오식(五識)]과 의식[육식(六識)]이 끊어진 뒤에 얻어지는 깨달음(본원적 직관)의 경지를 말한다. "차별이 없다(無有差別)"라는 표현에서 차별이란 곧 인식 대상에 대해 개념을 통해 인식된 상대적 차별성을 의미한다. 앞에서 개념이란 이러한 상대적 차별성을 언어적 표현으로 규정한 것이라는 점을 살펴보았다. 따라서 차별(상대적 차별성)이란 개념적 언어에 내포된 개념적 의미와 같은 말이다. 그리고 "분별하지 않는다(不分別)"라는 표현에서 의식의 사유작용을 통해 상대적 차별성을 인식하지 않는다는 의미를 드러내고 있다.

이러한 점에서 여기에서 '언어'라고 표현한 것은 곧 직관적 언어작용에 의해 구성된 본질적 존재의미를 담지하고 있는 본질적 언어라는 점을 알 수 있다. 그리고 이 "본질적 언어가 모든 현상에 두루 미친다(통용된다)"라고 표현하고 있다. 이 설명은 본질적 언어로 인해서 모든 본질적 현상이 나타날(현상할) 수 있다는 의미이다.

또한 "모든 존재사물[의(義)]을 분별하지 않고 표상이 된다"라고 설명하고 있다. 이 구절에서 존재사물에 대해 어떠한 상대적 차별성도 인식하지 않는다는 점에서 의식이 끊어졌다는 점을 알 수 있다. "분별하지 않고 표상이 된다"라는 설명은 곧 '자연현상[무위법(無爲法)]'으로 현상한다는 의미이다. 따라서 본원적 직관작용에 의해서

---

107) 세친, 『섭대승론석』(大正藏 31권), 205쪽, b.

철학하는 인공지능

이 본질적 언어를 근거로 본질적 표상이 표상된다는 점을 읽어 낼 수 있다.

앞에서 플라톤이 "그 진술(언표)들의 그림(像: eikōn)들을 혼(마음) 안에다 그리는 화가(zōgraphos)를 말일세"라고 설명하는 것을 확인한 바 있다. 이 구절에서도 사물의 표상들은 '본질적 언어(logos)'를 밑그림으로 삼아 그려 낸 것이라는 점을 읽어 낼 수 있다. 매우 정확하게 일치하고 있다는 점을 확인할 수 있다.

이번에는 매월당(梅月堂) 김시습(金時習, 1435~1493)이 『화엄경석제(華嚴經釋題)』에서 법계에 대해 설명한 것을 자세히 살펴보기로 하자. 이 설명에서는 이 법계에 모든 존재사물의 표상이 내장되어 있으며, 이 표상이 다시 우리의 감각 기관에 현상한다는 점을 자세히 밝혀 주고 있다.

법계(法界)란 모든 중생의 마음과 몸의 본체이다. 본래부터 신령스럽고 밝으며, 널리 통하여 광대하며, 공허하고 고요하며, 오직 하나의 진실한 경계(境界; 事態)일 따름이다. 감각적으로 드러내는 어떠한 감각적 표상(染相)도 없으면서도 저절로 삼라만상이며 삼천 대천 세계이다. 끝(邊)이 없는 모든 존재자를 품어 수용하였으며, 마음과 눈 사이에서 밝고 밝으나 어떠한 표상도 볼 수가 없구나. 차별적인 존재의미의 존재 사물 속에서 밝게 빛나지만, 이치(논리적 필연성)로는 분석할 수가 없다. 모든 현상(法)을 꿰뚫은 지혜의 눈이 아니고서는 그리고 사념(思念)하는 명석한 지식을 떠나지 않고서는 자기 마음의 이러한 신령스러운 영통(靈通)을 볼 수 없다.(法界者 一切衆生之身心之体也 從本以來 靈昭廓徹 廣大

虛寂 唯一眞境而已 無有相貌而森羅大千 無有邊而含容萬有 昭昭於心目之間而相不

可覩 晃晃於色塵之內 而理不可分 非徹法之慧目 離念之明智 不能見自心 如此之靈通

也)108)

　법계(法界)가 "모든 중생의 몸과 마음의 본체"라고 설명하는 것은
인간의 본원적 주체성[아마라식(阿摩羅識), 법신(法身)]109)이 이 법계로
이루어졌다는 의미이다. **즉 본원적 주체성은 이 법계(존재근거)의 담
지자이며 집합체**라는 의미이다. 여기서 몸(감각기관)까지도 본원적
주체성으로 설명하고 있다는 점에 주목해야 한다. 이것은 곧 이 법
계로 인해서 감각기관을 통한 본원적 직관이나 감각작용이 가능하
다는 것을 의미한다. 앞에서 감각을 본원적 주체성과 동일하게 팔
식(八識)이라고 분류한다는 점을 확인한 바 있다.

　그리고 여기에서 "중생(衆生)"이라고 표현한 것은 '부처와 중생이 다
르지 않다' 또는 '모든 중생은 불성(佛性)을 가지고 있다'라고 하는 대
승 불교 사상이 반영된 표현이다. 앞에서 세친이 "궁극적인 경지"라
고 표현한 것을 살펴보았다. 따라서 비록 중생이라고 표현하고 있지
만 이 마음을 본원적 주체성으로 이해해야 한다.

　이러한 궁극적인 경지에 이르러 개념적 언어가 내포된 종자인 '인
(因)'이 법계로 전환된다고 설명하고 있다. 이렇게 본원적 주관성이
본원적 주체성으로 전환되는 것을 '전의(轉依)'라고 한다.

---

108)　화엄(雪岑) 김시습(金時習)의 '화엄경석제'와 김지견의 『大華嚴一乘法界圖註幷序』에 수
　　　록된 것을 재인용한다. 김시습의 이 설명은 규봉 종밀(圭峯 宗密) 선사의 『註華嚴法界
　　　觀門』의 서(序)에 실린 내용과 일치한다(김동화, 『禪宗思想史』, 233쪽). 아마도 김시습
　　　이 규봉 종밀의 설명을 그대로 인용한 것으로 보인다.

109)　깨달음의 경지를 설명하고 있기 때문에 마음은 본원적 주체성으로 이해해야 한다. 깨
　　　달음을 얻기 전에는 의식이 작동하고 있으므로 '본원적 주관성[아리야식(阿梨耶識);
　　　색신(色身)]'이라고 한다..

　　　　　　　　　　　　　　　철학하는 인공지능

"본래부터 신령스럽고 밝다"라는 표현은 이 법계로 인해서 '직관을 통한 선천적 종합판단'이 가능하다는 점을 밝히고 있다. 다시 설명하자면 이미 본원적 주체성에 모든 존재사물의 자연필연성과 본질적 존재의미가 종자의 형태로 내재되어 있기 때문에 이 종자를 근거로 삼라만상의 본질적 표상과 본질적 존재의미가 밝게 드러난다는 의미이다. 즉 어떠한 주관적 사유작용이 작동하지 않아도 이 법계가 스스로 자신을 드러냄으로써 본질적 존재의미를 직관할 수 있다는 의미로 해석된다.

우리의 눈앞에 산과 강이 펼쳐질 때 그것들은 이미 '산'이라는 본질적 존재의미와 '강'이라는 본질적 존재의미를 드러내고 있다. 이러한 '직관을 통한 선천적 종합판단'이 법계로 인해서 가능하다는 설명이다.

또한, 이렇게 종자의 형태로 내재된 이 법계로 인해서 본질적 표상이 눈앞에 펼쳐진다(現前)는 점에서 이 법계를 법성(法性, dharmatā)과 동의어로 사용한다.

이와 같이 본원적 주체성에 내재된 종자가 스스로 자신을 드러냄으로써 본질적 표상과 본질적 존재의미가 드러나 나타난다는 점에서 플라톤은 이러한 본원적 직관능력의 작용성을 "스스로 자신을 운동케 하는 운동(hē dynamenē autē hautēn kinein kinēsis)"이라고 표현하고 있다. 즉 이 존재근거[ousia]가 '스스로 자신을 운동케 하는' 작용성을 가지고 있다는 점에서 이 사유실체[종자(種子)]를 '살아 있는 것(zōon)' 또는 '살아 있는 영원한 것(zōon aidion)'이라고 표현하기도 한다.[110]

---

110) 플라톤, 『티마이오스』, 30b. 이외에도 『법률』 등 여러 전적에서 이러한 표현이 나타나고 있다.

"널리 통하여 광대하다"라는 설명은 곧 외계의 모든 물질적 사물을 법계라고 하는 종자의 형태로 전환하여 모두 품고 있기 때문에 이 본원적 주체성은 우주보다도 더 광활하고 무한하다는 의미이다. 이 종자는 실제적으로 체험된 사물의 다양한 표상들을 종합하고 통일하고 있기 때문에 그 사물의 다양한 상태와 그 상태의 변화 그리고 사물들 상호 간의 인과 관계의 필연성까지도 함께 간직하고 있다. 따라서 '널리 통한다'고 표현한 것이다.

모든 실제적 체험이 이 법계에 내장되는 과정에서 사물들의 다양한 상태의 변화들이 종합되고 통일되어 하나의 본질적 존재의미를 구성하게 된다. 이러한 과정을 '종합적 통일'이라고 한다. 이로써 우리는 자연의 법칙 또는 존재 원리를 직관적으로 알 수 있다.

"공허하고 고요하여, 오직 하나의 진실한 경계[사태(事態)]일 따름이다"라는 설명은 본원적 직관은 감각적 지각과 의식이 끊어진 뒤에 가능하다는 점을 밝힌 것이며, 이렇게 **본원적 직관에 의해 눈앞에 펼쳐진 사태만이 사실성과 실재성 그리고 진실성을 갖는다**는 의미를 담고 있다. "공허하고 고요하여"라는 표현은 존재근거인 법계가 어떠한 주관적 사유작용도 개입하지 않고, 스스로 자신을 드러낸다는 설명이다. 이러한 표현은 플라톤이 영혼의 작용성을 '스스로 (자신을) 운동케 할 수 있는 운동'이라고 표현한 것과 같은 의미이다.

이와 같이 주관의 사유작용이 개입되지 않기 때문에 외계의 실재하는 물질적 사물을 '있는 그대로' 직관할 수 있다. 이러한 의미에서 이 존재근거(법계)를 근거로 현상해야만 진실한 경계를 이룰 수 있

철학하는 인공지능

다는 설명이다. 진실한 경계라고 하는 것은 곧 본질적 표상[정상(淨相): 형상(形相)]이 현상한다는 의미이다.

그러므로 이 진실한 경계(사태)는 "감각적 지각을 통해 지각되는 어떠한 감각적 표상[염상(染相)]도 없기 때문에 저절로 삼라만상(우주)이며, 삼천대천세계(사유 가능한 모든 정신세계)"인 것이다. 반면에 의식이 작동할 때는 본원적 직관능력[팔식(八識)]이 감각[아타나식(阿陀那識), 팔식(八識)]을 일으키는 감각작용으로 변질된다. 그리고 감각적 지각을 통해서 개념적 의미로 오염된 감각적 표상이 현상한다.

이와 같이 의식과 함께 감각적 지각이 끊어졌기 때문에 "어떠한 감각적 표상도 없다"라고 표현한 것이다. 이로써 본원적 직관능력에 의해 본질적 표상과 본질적 존재의미가 함께 현상하게 되고, 이렇게 현상한 그 본질적 표상이 그대로 '삼라만상(존재자로서의 존재자)'이라는 설명이다.

다시 설명하자면 이 **법계가 스스로 자신을 드러냄으로써 표상한 본질적 표상이 곧 감각기관에 현상하고 있는 존재사물**이며, 이 본질적 표상으로 인해서 모든 삼라만상의 다양한 변화와 차별성들이 저절로 드러나 나타난다는 것이다. 본질적 표상이 드러나 나타나는 진실한 경계는 모든 감각적 지각[오식(五識)]과 의식[육식(六識)]이 끊어져 멸절한 뒤(공허하고 고요하여)에 발현된다. 이러한 점에서 불교에서는 이 감각적 지각을 끊기 위해 선정(禪定)의 수행을 강조하고 있다.[111]

---

111) 세친의 『아비달마구사석론』에서 오직 도를 닦음으로써 감각적 지각을 끊을 수 있다는 점을 명확하게 밝히고 있다. "色等十界并五識界 一向修道所滅"(대장장 29권, 170쪽 b.)

이렇듯 모든 주관적 사유작용이 끊어진 뒤에 본원적 직관[무위(無爲)로서의 사(事)]이 일어나는 상태를 진실한 경계라고 표현하고 있다.

"끝이 없는 모든 존재자를 품어 수용하였다"라는 설명은 외계의 모든 존재자(물질적 사물)가 법계의 형태로 본원적 주체성에 내재되어 있다는 의미이다. 이 설명에서 법계가 곧 모든 존재자의 존재근거라고 설명하는 이유를 확인할 수 있다. 이렇게 본질적 언어의 형태로 외계의 모든 존재사물의 본질적 표상을 품어 간직하고 있기 때문에 이 본질적 언어가 존재사물의 존재근거가 된다. 이로써 모든 존재사물이 나타나 존재할 수 있기 때문에 앞에서는 "널리 통하여 광대하다"라고 표현한 것이다.

플라톤은 『테아이테토스』에서 인간 영혼을 "밀랍으로 된 새김판"에 비유하고 있으며, 이 밀랍으로 된 새김판에 도장을 찍듯이 모든 외계의 사물이 각인되어 있다고 설명하고 있다.

따라서 이 법계가 곧 순수내재이다. 이로써 **인간 주체는 모든 존재자를 함용하고 있는 포괄자이자 모든 존재자가 스스로 '나타나 존재할(顯存)' 수 있는 바탕(場)**이 된다.

"마음과 눈 사이에서 밝고 밝으나 어떠한 표상도 볼 수가 없구나"라는 설명에서 우리는 두 가지를 알 수 있다. 하나는 마음속에서 표상한 사물의 본질적 표상이 감각 기관인 눈을 통해 현상한다는 점이다. 사물의 표상은 결코 의식에 현상하는 것이 아니다. "마음과 눈 사이에서 밝고 밝으나"라는 표현에서 사물의 표상들이 마음속에

철학하는 인공지능

서 표상하여 감각 기관에 현상한다는 점을 읽을 수 있다.

그리고 "어떠한 표상도 볼 수가 없구나"라는 설명에서 이렇게 현상한 그 본질적 표상은 결코 감각적 지각을 통해서 지각되지 않는다는 점을 밝히고 있다. "어떠한 표상"이란 곧 감각적 지각에 의해 지각된 '감각적 표상[염상(染相)]'을 의미한다.

플라톤도 본원적 직관능력[nous]에 의해 직관된 것[noēton]을 '혼으로 보는 것'이며, 이것은 '보이지 않는 것[aides]'이라고 표현하고 있다. '보이지 않는다'는 것은 곧 '감각적 지각[aisthēsis]에 의해 지각되지 않는다'는 의미이다. 이렇게 감각적 지각을 통해 지각되는 것은 '몸(감각 기관)을 통해서 보는 것'이라고 설명하고 있다.[112]

"차별적인 존재의미의 존재사물 속에서 밝게 빛나지만, 이치(논리적 필연성)로는 분석할 수가 없다"라는 구절에서는 본원적 직관을 통해서 차별적인 존재의미를 이해하는 것과 개념을 통해 상대적 차별성을 이해하는 것의 차이점을 설명하고 있다.

"차별적인 존재의미의 존재사물 속에서 밝게 빛나지만"이라는 표현은 본원적 직관을 통해 그 존재사물을 직관할 때 본질적 존재의미와 함께 개별적 차별성을 동시에 직관하는 것을 의미한다. 이러한 점에서 '차별적 존재의미'라고 표현한 것이다. 즉, 본질적 존재의미와 함께 본질적 표상을 통해서 그 사물이 가진 개별적 차별성도 함께 직관된다는 것이다. 다시 설명하자면 본질적 표상을 '여럿'이라고 표현하는 것은 곧 '표상의 다양성'을 의미한다. 같은 꽃이라고 하

---

112) 플라톤, 『플라톤의 네 대화편』, 앞의 책, 354쪽, 83b

더라도 다양한 크기와 색상을 가지고 존재한다. 이렇듯 본질적 표상을 통해서 그 존재사물의 개별적 차별성이 직관된다.

그리고 "이치로는 분석할 수 없다"라는 표현은 본질적 존재의미를 개념으로 규정하여 인식할 수 없다는 설명이다. 이 점을 명확하게 이해하기 위해서는 개념과 본질적 존재의미의 의미론적 속성을 엄밀하게 구분하여 이해하는 것이 필요하다.

플라톤은 『파이돈』에서 개념과 본질적 존재의미의 차이점을 다음과 같이 설명하고 있다.

개념에 대해서는 '대립되는 것들에서의(로부터의) 생성(genesis)'이라고 표현하고 있다. '생성'이란 앞에서 설명했듯이 의식의 개념적 사유작용을 의미한다. 그리고 '대립되는 것(to enantion)'이란 상대적 차별성을 의미한다. 이와 같이 의식에 의해 생성된 개념이란 비교를 통해서 인식대상이 가진 차별성을 상대적이고 대립적인 의미로 구분하여 규정한다.

예를 들어, '작다'는 개념은 '크다'라는 개념으로부터 생성된다. 이와 같이 의식을 통해 규정된 개념은 서로 대립되고 배척하는 의미 내용을 담지하고 있기 때문에 "결코 서로 받아들일 수 없다"라고 설명하고 있다.[113] 이러한 표현은 소자유가 '함께할 수 없다(不同)'고 표현한 것과 동일한 의미이다.

반면에 본질적 존재의미는 상대적 차별성을 구분하여 한정하지

---

113) 같은 책, 419쪽 103c.

철학하는 인공지능

않는다. 오히려 반대로 본질보편성을 내포하고 있다. 그렇지만 본질적 표상과 함께 현상하기 때문에 본질적 표상을 통해서 그 사물이 가지고 있는 다양한 차별성이 함께 직관되므로 그 사물이 가진 차별적 존재의미를 명명백백하게 알 수 있다. 이러한 본질적 존재의미의 의미론적 특성을 플라톤은 매우 자세하게 설명하고 있다.

그러므로 내가 규정(정의)하자고 했던 것은 무엇인가에 대립되는 것은 아니면서도 이를, 즉 대립되는 것을 받아들이지 않는 것들이 어떤 것인가 하는 것이네. ― 이를테면, 지금의 경우 셋들인 것(trias)은 짝수에 대립되는 것이 아니지만, 그런데도 이를 전혀 받아들이지 않는데, 그 까닭은 그것이 이것에 대립되는 것을 언제나 대동하기 때문이네.[114]

이 설명을 쉽게 이해해 보자. 물(水)과 불(火)은 서로 다른 고유한 물질적 특성을 가지고 있다. 물은 불을 끌 수 있다는 점에서 서로 상반된 성질을 가지고 있지만, 그 물질적 특성은 결코 대립적이라고 말할 수 없다. 오히려 불은 물을 끓일 수 있다. 이와 같이 그 사물들이 가진 고유한 물질적 특성으로 인해서 서로 상반된 성질을 가지고 있다고 하더라도 이것들이 개념처럼 서로 대립되며 서로 배척하지 않는다.

이러한 점에서 "무엇인가에 대립되는 것은 아니면서도"라고 표현하고 있다. 그렇지만 이러한 물질적 특성은 서로 상대방의 물질적 특성을 받아들일 수는 없다. 불과 물이 가진 본질적 특성은 '상극(相克)'이다. 즉 물은 불을 꺼서 소멸시킬 수 있다. 이러한 점에서 "대

---

114) 플라톤, 같은 책, 425쪽 104e.

립되는 것을 받아들이지 않는 것들"이라고 설명하고 있다.

그런데 우리는 물이라는 사물의 본질적 존재의미를 직관하면서 항상 동시에 불이라는 본질적 존재의미도 함께 직관할 수 있다. 즉 물로 불을 끄면서 동시에 그 불로 인해서 모든 것이 타버릴 수도 있었다는 점을 직관적으로 알 수 있다. 이렇게 우리는 물과 불의 본질적 존재의미의 차이를 동시에 직관할 수 있다. 이러한 점에서 "그것이 이것에 대립되는 것을 언제나 대동하기 때문"이라고 설명하고 있다.

반면에 개념은 어떤 개념적 의미로 인식할 경우에는 결코 다른 상반된 개념으로 이해할 수는 없다. 결코 함께할 수 없다. 즉 개념은 서로 대립되고 함께 할 수 없는 의미 내용을 내포하고 있다. 이러한 개념적 의미와 본질적 존재의미가 가진 특성을 명확하게 이해해야만 이 구절을 정확하게 이해할 수 있다. 사물의 본질로 인해 구성되는 차별적 존재의미는 결코 개념이라고 하는 언어적 의미규정으로 구분하여 이해하거나 논리적으로 추론할 수 없다.

끝으로 이렇듯 법계를 통해 사물의 본질적 존재의미를 직관하는 것은 의식의 개념적 사유작용을 통한 개념적 이해[사념(思念)]하는 명석한 지식을 끊어서 멸절해야만 얻을 수 있다는 점을 강조하고 있다.

이상에서 살펴본 바와 같이 실제적 체험을 통해 직관하게 되는 사물의 다양한 표상들은 종자(법계)의 형태로 본원적 주체성에 내장되며, 다시 그 사물과 마주칠 때 이 종자를 근거로 선천적 표상능력에 의해 그 사물의 본질적 표상이 감각 기관에 현상하게 된다는 점

철학하는 인공지능

을 이해할 수 있다.

03. 본질적 언어는 신경계를 작동시키는 자연 언어이다

이 본질적 언어의 작용 특성을 정확하게 이해하기 위해서는 이 언어가 기저핵을 중심으로 신경계에서 작동한다는 점을 명확하게 이해할 필요가 있다. 물론 지금까지 직관적 언어작용이 감각 기관을 통해서 작동된다는 점을 자세히 논의해 왔다. 이제는 뇌과학의 연구 결과를 살펴보면서 이 점을 보다 자세하게 이해해 보기로 하자.

눈만 뜨면 우리의 눈앞에 수많은 존재사물이 그 본질적 존재의미를 드러내며 현상하고 있다. 하늘, 구름, 산, 나무, 건물, 사람, 자동차, 이루 다 이를 수 없을 만큼 다양한 존재사물이 눈앞에 펼쳐져 있다. 그리고 그것들에 대해 의식을 통해 어떠한 의미도 이해하거나 인식하지 않았는데도 그것들은 자신의 본질적 존재의미를 드러내며 '나타나 존재하고' 있다.

그리고 앞에서도 여러 차례 살펴보았듯이 감각질qualia이론에서 따르면 이렇듯 감각에 표상하고 있는 모든 감각질은 뉴런이 시냅스 연결을 집단적으로 선택함으로써 그려 낸(표상한) 것이다. 즉, 눈앞에 보이는 모든 사물의 표상이 뉴런의 전기화학적 작용을 통해 그려 낸 것이라는 설명이다.

그렇다면 눈앞에 펼쳐진 저 수많은 사물의 표상을 어떻게 한순간에 모두 표상해 낼 수 있을까?

이 점을 해명할 수 있는 뇌과학의 이론은 로돌포 R. 이나스의 저
서 『꿈꾸는 기계의 진화』에서 찾아볼 수 있을 것 같다. 이나스는 이
렇게 두뇌가 기능적 효율성을 가지고 작동할 수 있다는 점에서 인
간의 두뇌를 '생물학적 기계'라고 표현하고 있다. 어떻게 감각기관은
외계에 대해 이러한 기계적인 반사적 반응이 가능한가 하는 점을
다음과 같이 설명하고 있다.

**그러므로 잘 정의된 운동 패턴의 집합인 고정행위패턴fixed
action pattern, FAP, 즉 미리 만들어진 '운동 테이프'를 활용해야
한다. 스위치를 켜면 걷기, 삼키기, 새의 지저귐과 같은 잘 정의되고
조화된 운동이 나온다. 이 운동 패턴을 '고정'되었다고 말하는 이유
는, 한 개체에서뿐만 아니라 한 종에 속한 모든 개체 안에서 정형화
되어 있으며 비교적 변화하지 않기 때문이다. 이러한 고정성은 간
단한 운동 패턴부터 복잡한 운동 패턴에까지 공통적으로 나타난
다.[115]**

이와 같이 모든 생명체는 외계의 변화에 신속하게 효과적으로 적
응하기 위해 이러한 고정행위패턴을 진화시켜 왔다는 점을 알 수
있다. 신경계가 이렇듯 고정행위패턴에 따라 작동하기 때문에 외계
의 자극에 대해 즉각적인 반사적 반응이 가능하다는 점도 이해할
수 있다.

이나스는 이러한 신경계의 고정행위패턴으로 인해서 '하위 반사

---

115) 로돌포 R. 이나스, 앞의 책, 197쪽.

철학하는 인공지능

작용들이 서로 협동하여 작동하는 매우 정교한 반사작용'을 가능하게 한다고 설명하고 있다.

쉽게 설명하자면 신경계의 모든 반사적 반응이 바로 이 고정행위 패턴에 의해 가능하다는 설명이다. 예를 들어 길을 걷다가 돌부리에 걸려서 넘어지려고 할 때 순간 비틀거리다가 이내 곧 균형을 잡고 다시 정상적으로 걸을 수 있는 것은 바로 이 뉴런의 고정행위패턴에 의해서 가능하다고 한다.

여기에서 뉴런이 고정적인 행위패턴을 가지고 작동하게 된 이유를 이해하는 것이 철학적인 관점에서 매우 중요할 것 같다. 이것은 생명체들이 자연 생태계에 적응하며 생존해 가기 위해 외계의 자극에 대해 거의 반사적인 반응을 진화시켜 온 결과가 아닌가 생각된다. 그래야만 굶주린 포식자들의 공격에 신속하고 효과적으로 대처함으로써 목숨을 보전할 수 있기 때문이다. 이러한 점에서 이 고정행위패턴은 모든 생물이 가진 놀라운 생존 전략이라고 할 수 있다.

운동신경계에서 이러한 고정행위패턴이 가능한 것은 감각신경계에서 외계의 자극에 대해 정형화된 해석(이해)이 이루어지기 때문에 가능할 것이다. 이 점은 에릭 캔델Eric R. Kandel이 바다달팽이 곰소를 대상으로 실행한 실험적 연구를 통해 명확하게 밝혀 주고 있다. 즉 감각표상(외계의 자극)을 장기적으로 기억(종합적 통일)하는 것은 유전자조절단백질에 생물학적 변화를 일으킴으로써 가능하다는 점이다. 그는 외계로부터의 자극을 저장하고 간직하는 과정에서 CREB라고 하는 유전자조절단백질을 활성화하거나 억제한다는 연구 결과를 제시하고 있다. 이렇게 유전자조절단백질을 활성화하거나 억제하여 정형화된 반응을 일으킨다는 것은 곧 뉴런의 시냅스 연결을 정형화하여 고정적인 반응패턴을 만들어 낸다는 것을 의미한다.[116]

바로 이렇게 신경계에서 외계의 자극을 기억하여 정형화된 반응패턴을 만들어 낸다는 것은 곧 감각신경계에서 감각표상을 종합하고 통일하는 과정을 통해서 하나의 의미통일체를 구성한다는 의미로 해석할 수 있다. 왜냐하면 그 이유는 다섯 가지 감각 기관이 서로 유기적으로 함께 작동한다는 점과 이렇게 동시에 표상된 다양한 감각표상들이 동일한 존재의미로 이해된다는 점이다. 이렇게 **다섯 가지 감각기관에서 동시에 정형화된 고정행위패턴을 통해 동일한 존재사물을 표상할 수 있으려면 반드시 공통적으로 적용되는 작동원리가 존재해야 한다.**

예를 들어 물(水)이라는 사물을 우리는 다섯 가지 감각 기관을 통해서 체험하게 된다. 눈으로 보고, 마셔도 보고, 씻어도 보고, 또는 물놀이를 통해서 우리는 물이라고 하는 사물을 체험하게 된다. 이렇게 다양한 감각경험이 서로 결합하여 '물(水)'이라고 하는 동일한 의미로 이해된다는 것은 반드시 다양한 감각표상을 종합하고 통일하여 하나의 의미 통일체를 구성해야한다는 점을 알 수 있다. 바로 이 의미 통일체가 곧 본질적 언어이다.

그런데 놀랍게도 로돌포 R. 이나스도 "언어가 그 자체로 FAP이다"

---

116) 에릭 켄델의 자서전 『기억을 찾아서』에서 자세히 설명하고 있다.

철학하는 인공지능

라는 결론에 도달하고 있다는 점에 주목해야 한다. 저자는 이와 같이 뉴런의 고정행위패턴을 언어라고 주장할 수 있는 이론적 근거는 투렛 증후군에서 확인할 수 있다고 설명하고 있다.

투렛의 뚜렷한 증상은 세계의 모든 언어권에서 일어난다는 점이다. 이것은 뇌의 조직이 언어와 연관되어 있다는 의미이다. 언어는 그 자체로 FAP이다. 그것도 전운동 FAP로 기저핵의 활동과 매우 관련이 있다.(중략)

여기에 다른 모든 능력을 잃고 온전하게 남은 능력이라고는 단어들을 만들어내는 능력밖에 없는 어떤 사람이 있다. 이로써 신경계는 기능적 모듈들로 구성되어 있음을 재확인할 수 있다. 이 사례에서 단어 생성은 뇌의 본질적 성질이라는 걸 알았다. 단어 생성의 FAP에 의해 의식이 없는 상태에서도 아무 때나 단어가 튀어나오는 이런 상황은 몹시 우울하다. 그러나 반대의 경우는 더 우울하다. FAP가 손상된 사람은 언어를 이해하고, 시를 이해하고, 보고 듣고 외부 세계와 상호작용할 능력은 있어도 말을 하지 못한다.[117]

이 인용문에서 문자언어를 매개로 사유하는 의식의 작용과는 전혀 다른 언어적 사유능력이 존재한다는 점을 확인할 수 있다. 투렛 증후군의 환자는 의식이 없어도 "아무 때나 단어가 튀어나온다"는 점이다.

앞에서부터 일관되게 의식은 문자언어를 매개로 그 언어적 의미를 사유하는 언어적 사유작용이라는 점을 확인해 왔다. 특히 인도의 세친은 언어란 소리를 내어 발설하면 곧 언어가 되고, 마음속으

---

117) 앞의 책, 220~221쪽.

로 그 의미를 사유하면 곧 사유로서의 언어적 사유작용이 된다고 설명하고 있다. 이러한 점에서 의식이 작동할 경우에만 우리는 문자언어(단어)를 발설할 수 있다. 분명 의식이 있어야만 듣기도 하고 말을 할 수 있다.

그런데 이 환자는 의식이 없는데도 불구하고 '아무 때나 단어가 튀어나온다'는 점에서 의식과 상관없이 선천적으로 작동하는 언어능력이 별도로 존재한다는 점을 알 수 있다.

바로 이 언어능력이 감각 기관을 통해서 작동하는 직관적 언어능력이라는 점을 이해할 수 있다. 왜냐하면 이 FAP가 운동신경계에서 반사적 반응을 가능하게 한다는 점에서 이 언어는 신경계를 통해서 작동되고 있다는 점이 명백하기 때문이다. 위 인용문에서 저자가 '단어'라는 표현을 사용하고 있는데, 이 표현은 본질적 언어로서의 '이름'을 의미한다고 해석하는 것이 타당할 것이다.

또한 이 FAP가 손상되면 모든 정신현상이 정상적으로 작동하는데도 불구하고 말을 하지 못한다는 점에서도 이 직관적 언어능력을 통해서 음성언어가 생겨났다는 점을 알 수 있다. 즉 모든 포유류들이 소리로써 의사를 표현할 수 있는 것은 바로 이 뉴런의 고정행위 패턴으로 인해서 가능하다는 점을 이해할 수 있다. 이러한 점에서 감각 기관을 통해 작동하는 직관적 언어작용이 의식보다도 더 원초적인 언어능력이라는 점을 확인할 수 있으며, 동시에 이 직관적 언어능력으로 인해서 의식이라고 하는 개념적 언어능력이 생겨났다는 점도 이해할 수 있다.

따라서 저자는 '언어'란 그 자체로 운동신경계에서 반사적 반응을 가능하게 하는 고정행위패턴이라고 설명하고 있다. 즉 언어란 신경계의 고정행위패턴으로 인해서 생겨났다는 의미로 해석된다. 이러한 점에서 인간의 경우에는 **우반구 언어영역과 기저핵이 서로 연계해서 작동함으로써 다섯 가지 감각기관을 통한 직관적 언어능력이 가능하다**는 점을 이해할 수 있다.

특히 이나스는 이 신경계의 언어로 인해서 종족 발생적 기억이 가능하며 유전적 지식을 선천적으로 가지고 태어난다고 설명하고 있다.[118] 이로써 태어나자마자 외계의 자극에 대해 즉각적으로 정형화된 반응을 일으킬 수 있다.

이나스는 그 증거로 아프리카 영양 누nou의 경우를 예로 들고 있다. 누는 태어나자마자 5초도 지나지 않아 공격해 오는 사자를 피해 달아난다. 세상에 나온 지 5초도 지나지 않아 사자의 공격을 직감하고 필사적으로 달린다는 것이다.

이러한 즉각적이고 반사적인 반응이 곧 고정행위패턴으로 인해 가능하다는 설명이다. 이러한 사례를 통해 고정행위패턴은 외계에 보다 효과적으로 적응하고 생존하기 위해 진화한 결과물이라는 것을 이해할 수 있다. 이는 신경계가 외계의 자극을 신속하고 정확하게 판단하고 적절하게 반응하기 위한 것이다.

---

118) 로돌포 R. 이나스의 앞의 책에서 '9장 학습과 기억'을 참고하기 바란다. 물론 이 책에도 이 FAP를 설명하면서 엄밀하게 본질적 언어와 문자 언어를 구분하지 못하는 부분이 나타나고 있지만, 전체적인 맥락에서 이 FAP는 본질적 언어로 이해하는 것이 타당하다.

또한, 이 즉각적이고 반사적인 반응에서 선험적 종합판단이 직관적으로 이루어지고 있다는 점을 알 수 있다. 다시 설명하자면 '직관을 통한 선천적 종합판단'이 감각 기관을 통해서 이루어지고 있다.

마찬가지로 눈만 뜨면 곧바로 외계의 모든 사물이 눈앞에 펼쳐지는 것은 바로 이러한 감각작용이 뉴런의 고정행위패턴에 의해서 가능하다. 즉, 이 **고정행위패턴으로 인해서 동일한 자극에 대해 즉각적으로**(반사적으로) **동일한 형태의 표상을 그려 낼 수 있는 것이다.** 이와 같이 뇌과학계에서 뉴런이 정형화된(고정된) 행위패턴을 가지고 있다고 설명하는 것은 옛 성현들이 본질적 언어를 밑그림 삼아 그 표상을 쉽고 빠르게 그려 낸다는 설명과 같은 의미이다. 만약 밑그림이 없다면 무엇을 어떻게 그려야 할지 알 수 없기 때문에 쉽게 그릴 수 없다. 그러나 밑그림이 언어의 형태로 신경계에 내재되어 있기 때문에 이것을 근거로 고정적인 방식으로 그 표상을 쉽고 빠르게 그려 낼 수 있다. 이러한 설명은 곧 뉴런이 고정적인 행위패턴을 가지고 있다는 설명과 다르지 않다. 따라서 이 뉴런의 고정행위패턴이 곧 직관적 언어작용에 의해 가능하다는 점도 알 수 있다.

이러한 점에서 이 본질적 언어가 곧 신경계를 작동시키는 자연 언어라고 이해된다.

철학하는 인공지능

04. 사유실체에 대한 뇌과학적 이해와 뇌과학 연구의 문제점

서양의 관념론 철학에서는 외계의 물질적 사물들이 연장실체로서 실재한다고 주장한다. 반면에 옛 성현들은 우리의 눈앞에 펼쳐진 모든 존재사물이 영혼 속에 내장되어 있는 사유-실체(종자)를 근거로 표상한 것이라고 깨우쳐 주고 있다. 이제 이 사유실체에 대해 뇌과학적 관점에서 이해해 보기로 하자.

사실 뇌과학의 연구 결과를 비교해서 생각해 보면 사유실체라는 개념을 매우 쉽게 이해할 수 있다. '어떻게 모든 감각경험이나 실제적 체험들을 통해 얻은 정보가 모두 본원적 주관성(또는 주체성)에 종자(사유실체)의 형태로 내장될 수 있는가?'라는 점과 '어떻게 다시 이 사유실체를 근거로 모든 사물의 표상이 현상하게 되는가?'라는 점을 매우 명확하게 이해할 수 있다.

그 이유는 모든 사물의 표상을 종합하고 통일하여 간직하는 종합적 통일과 사물의 표상을 다시 표상하는 감각작용이 모두 뉴런의 시냅스 연결을 통해서 가능하기 때문이다. 간단하게 설명하자면 **종합적 통일과 감각작용이 모두 동일하게 감각 뉴런의 시냅스 연결을 통해 이루어진다**는 점에서 종자[spermal]설이 인간의 생래적인 인지 능력을 가장 정확하게 설명하고 있다는 점을 알 수 있다.

앞에서 감각질qualia이론과 이 감각질을 구성하는 뉴런집단선택설 Theory of neuronal group selection에 대해 간략하게 살펴보았다. 감각 기관에 현상하는 감각질이 모두 뉴런의 시냅스 연결을 강화하거나 약화하는 선택작용을 통해 표상된다는 연구 결과이다. 이에 대해서는 에델만의 『신경과학과 마음의 세계』라는 책에서 매우 자세히 설명하고 있으니 참고하기 바란다.

마찬가지로 모든 감각경험을 종자의 형태로 저장할 수 있는 것도 뉴런의 시냅스 연결을 통해서 가능하다는 연구 결과를 확인할 수 있다.

그뿐 아니라 단기 기억과 장기 기억은 둘 다 시냅스 세기의 변화를 동반한다. 그러나 '두 과정이론(two-process theory)'이 주장한 대로, 단기 변화와 장기 변화의 메커니즘은 근본적으로 다르다. 단기 기억은 시냅스 기능의 변화를 일으켜 기존 연결들을 강화하거나 약화한다. 반면에 장기 기억은 해부학적 변화를 필요로 한다.[119]

공교롭게도 이 두 저자는 모두 노벨상을 받았다. 그 점을 고려하면 이러한 연구 결과가 학계의 정설로 인정되었다고 판단된다. 그런데 이 인용문에서 사용되고 있는 "기억(記憶)"이라는 표현이 매우 적절하지 못한 용어라는 점을 우선적으로 지적하지 않을 수 없다.

이 또한 관념론 철학으로 인해서 기억과 종합적 통일을 구분하지 못하기 때문에 잘못 표현되고 있다. 앞에서 살펴본 바와 같이 관념론 철학에서는 의식에서 종합적 통일이 일어난다고 주장하기 때문에 기억과 종합적 통일이 구분되지 않는다. 그러나 의식은 문자언어를 매개로 작동한다는 점에서 종합적 통일이 불가능하다. 왜냐하면 종합적 통일은 감각표상을 종합하고 통일하는 것이기 때문에 문자언어와는 관련이 없다.

---

119) 앞의 책, 220~221쪽.

따라서 기억과 종합적 통일을 엄밀하게 구분해야 한다. 즉 기억은 의식을 통해 인식된 의미 내용을 저장하고 간직하는 것을 말한다. 반면에 감각표상을 저장하고 간직하는 것은 종합적 통일[훈습(熏習)]을 통해서 가능하다. 이러한 점에서 불교의 유식(唯識)학에서는 이 차이점을 전혀 다른 두 가지 종자를 구성한다고 설명하고 있다. 의식의 의미 내용을 저장하는 종자를 외종자(外種子)라고 표현하며, 감각표상을 종합하고 통일하고 있는 종자는 내종자(內種子)라고 표현한다.[120]

이 실험적 연구가 해양 연체동물인 곰소를 대상으로 이루어지고 있으며, 또한 이 실험들이 외부의 자극에 대한 감각반응과 관련되어 있다는 점에서 그 자극에 대해 어떻게 감각표상을 표상해 내느냐를 탐구하고 있다고 할 수 있을 것이다. 즉, 이 실험적 연구는 의식과는 전혀 관련이 없다.

이러한 점을 감안할 때 기억이라는 용어보다는 '종합적 통일[훈습(熏習)]'이 어떻게 이루어지는가를 실험했다고 표현해야 할 것이다. 그렇지만 여기에서는 편의상 저자의 표현을 따라서 '기억'을 그대로 사용하기로 하자. 다만, 모든 논의가 감각표상과 관련된 것이라는 점만은 분명하게 구분해야 한다.

이러한 연구 결과를 읽으면서 우리는 플라톤이 인간 영혼의 작용

---

120) 세친, 앞의 책, 166쪽 c. 내종자는 반드시 종합적 통일[熏習]을 통해 구성되지만, 외종자는 훈습에 의해 형성되는 것이 아니라고 설명하고 있다. 특히 이 외종자를 곡식의 종자로 비유하고 있는데, 이러한 비유는 고정된 의미 내용을 간직하고 있다는 점을 드러낸다. 즉 콩심는 데 콩 나고, 팥심는 데 팥 난다는 의미이다. 이는 곧 의식에 의해 규정된 의미를 그대로 간직한다는 의미이다. 반면에 내종자는 '하나'이면서 다양한 차별성을 드러낸다는 점을 드러내기 위한 비유로 해석해야 할 것이다.

에 대해 '스스로 (자신을) 운동케 할 수 있는 운동(hē dynamenē autē hautēn kinein kinēsis)'이라고 설명하는 이유와 그 정당성을 확인할 수 있다.

감각표상을 저장하고 간직하는 작용(종합적 통일)과 감각표상을 표상하는 감각작용이 모두 감각 뉴런의 시냅스의 연결을 통해 이루어진다는 점에 주목해야 한다. 다시 설명하자면, 감각 기관을 통해 지각되거나 체험되는 모든 감각표상들을 시냅스의 연결을 통해 저장하였다가 다시 감각작용을 일으킬 때 이 시냅스의 연결을 선택함으로써 그 표상을 그려 낸다는 점을 이해할 수 있다.

이러한 점에서 '스스로 자신을 운동케 할 수 있는 운동'이라는 표현이 매우 적절하다는 것을 알 수 있다. 동일한 뉴런에서 동일한 작용 양상으로 이루어진다는 점에서 기억(종합적 통일)작용과 표상작용이 모두 뉴런의 시냅스 연결을 통해서 이루어지고 있다는 것을 알 수 있다.

이로써 종자(사유실체)라는 개념을 아주 쉽게 이해할 수 있다. 모든 감각표상이 뉴런에 해부학적 변화를 일으키면서 저장되며, 이러한 해부학적 변화로 인해 생성된 유전자가 곧 사유실체이다. 따라서 **선천적 종합판단은 뉴런의 해부학적 변화로 인해 생성된 유전자들에 의해서 가능하다**는 점을 이해할 수 있다.

이와 같이 감각 뉴런에 과거의 감각경험들이 내장(기억)되어 있다는 점은 뇌과학자 와일더 펜필드Wiler Penfield의 실험을 통해 쉽게 확인할 수 있다.

철학하는 인공지능

펜필드가 피질의 측두엽을 전기로 자극하자, 환자들은 '교향곡이 들린다'거나 '오빠가 보인다'는 시각사건이나 청각사건을 말했다. 이 때문에 어떤 신경학자들은 측두피질(temporal cortex)의 주어진 뉴런이 마치 삶의 단편을 찍은 비디오테이프처럼 특정한 기억을 저장하고 있다는 의견을 내놓기도 했다.[121]

이러한 실험이 진행되는 순간에 분명 그 오빠는 곁에 있지 않았고, 교향곡도 울려 퍼지지 않았다. 다만 피질의 특정한 뉴런에 전기적 자극을 가했을 뿐인데, 이러한 시각적 또는 청각적 사건이 일어난다는 것은 그 뉴런에 이러한 감각표상들이 저장되어 있다고 판단된다. 이러한 점에서 감각 뉴런의 시냅스 연결을 통해 감각경험들이 저장되고, 다시 동일한 방식으로 재생될 수 있다는 점을 확인해 주고 있다.

그런데 여기에서 한 가지 의문이 제기된다. 과연 해양 연체동물인 곰소나 생쥐의 두뇌에서 일어나는 기억의 작동 원리가 인간에게 그대로 적용이 가능한가 하는 점이다. 이 연구를 주도적으로 수행했던 에릭 캔델은 곰소와 생쥐의 기억 메커니즘을 인간에게 그대로 적용 가능하다고 주장했다.

나는 군소와 생쥐에서 기억 저장의 메커니즘에 대한 지식이 점차 증가하면 이 비참한 노화의 한 측면의 기저에 있는 문제를 이해하고 기억상실에 대한 치료법을 개발할 수 있으리라는 희망을 품는다.[122]

이러한 견해를 접하면서 플라톤이 직관적 언어능력[logos]을 기록

---

121) 로돌포 R.이나스, 앞의 책, 173쪽.
122) 에릭 캔델, 앞의 책, 363쪽.

자(記錄者)라고 설명하고 있다는 점을 떠올리게 된다. 그리고 분리뇌 연구의 기능성자기공명영상 자료에서 감각 영역과 우뇌의 언어 영역이 함께 활성화된다는 점도 확인할 수 있다. 즉, 인간의 감각 뉴런은 독자적으로 작동하는 것이 아니고, 우뇌의 언어 영역과 함께 연계되어 작동한다는 점에 주의해야 한다.

여기에서 기억(종합적 통일)과 관련해서 언어 중추의 역할에 대해 깊이 고찰해야 할 필요가 있다는 점을 알 수 있다. 하등 동물은 언어 중추가 없으므로 이러한 기억이 감각 영역에서 직접적으로 이루어진다는 점은 너무도 당연하다. 그런데 인간의 경우는 감각 영역과 함께 우반구 언어 영역이 함께 작동한다는 점에 주목해야 할 것이다.

이러한 차이가 발생할 수밖에 없는 이유는 인간의 감각작용은 공(共)감각적이라는 점에서 찾을 수 있을 것 같다. 예를 들어 보기로 하자. 우리는 '사과'라는 사물을 기억하는 데 있어서 그 향기와 맛 그리고 모양이나 색상 등등 오감(五感)을 통해 그것을 동시에 지각하고, 그 지각된 감각표상들을 모두 함께 하나의 종자(사과라는 의미 통일체)의 형태로 저장하여 간직하고 있다.

여기에서 중요한 점은 이렇게 다섯 가지 감각 기관의 작용이 동시에 작동함으로써 우리는 외계 사물들의 본질을 직관할 수 있으며, 동시에 그것들의 본질적 존재의미(하나의 의미 통일체)를 이해하고 있다는 점에 주목해야 한다. 이러한 능력은 플라톤의 지적처럼 인간만이 가진 생래적인 본원적 직관능력이다.

만약 감각경험을 저장하는 메커니즘이 해마와 감각 영역의 뉴런 간의 직접적인 상호작용을 통해서 이루어진다면 사과의 향기와 맛 그리고 모양이나 색상들이 서로 동시에 연계되어 저장되지 못할 것이다. 이것들을 모두 따로따로 저장하고 간직할 수밖에 없다. 이렇게 다섯 가지 감각 기관을 통한 감각경험들이 별도로 저장된다면 인간은 사물의 본질을 결코 직관할 수 없을 것이며, 본질적 존재의미도 이해할 수 없을 것이다.

구체적인 예를 다시 들자면, 물(水)이라는 사물의 본질을 직관하기 위해서는 오감(五感)이 모두 작동되어야 한다. 눈으로도 물의 상태를 지각하고, 귀로는 물이 흐르는 소리며 끓는 소리를 듣고, 맛을 보면서 민물인지 바닷물인지 판단할 수 있으며, 촉감을 통해 찬물인지 뜨거운 물인지 판별한다. 이렇게 감각작용을 통해서 그 물에 대한 모든 것을 판단할 수 있다. 그리고 이때 이 감각작용은 모두 다른 감각 영역에서 일어난다.

그렇다면 이 다섯 가지 감각 영역을 하나로 통합할 수 있어야만 물의 본질을 정확하게 이해할 수 있을 것이다. 바로 여기에서 이러한 통합작용이 언어 중추를 통해서 수행된다고 추정할 수 있다. 왜냐하면 이 모든 감각작용을 하나로 아우를(종합적 통일) 수 있어야만 물이라고 하는 사물의 본질적 존재의미를 이해할 수 있으며, 이때 '물'이라고 하는 언어가 이 다섯 가지 감각작용과 긴밀하고 필연적으로 연관되어 있기 때문이다.

다시 설명하자면, 감각 영역은 상호 간에 직접적으로 연관하여 작동할 수는 없다. 이 점은 너무도 명백하다. 코를 통해서는 결코 볼 수 없으니 말이다. 그렇다면 다섯 가지 감각 기관을 총괄하여 유기적으로 작동하게 하는 직관적 언어작용이 존재해야 한다는 것이 저절로 명백해진다. 이러한 점에서 우리는 언어(본질적 언어)가 다양한 감각경험을 종합하고 통일하는 과정에서 생겨났다는 점을 이해할 수 있다. 그리고 이 언어[명(名)]가 곧 사유실체로서의 존재근거[법계(法界): ousia]라는 점도 이해할 수 있다.

이러한 점에서 해양 연체동물인 곰소는 해마와 감각 영역의 시냅스가 직접적으로 연관 작용을 일으키지만, 인간은 그 과정에서 언어 영역이 함께 작동해야만 한다는 점을 알 수 있다. 이러한 차이점에서 공감각적 감각작용으로 인해서 언어 중추가 발달했을 것이라고 추정할 수 있다. 즉, 단순한 감각능력을 갖춘 동물들은 언어 중추가 발달할 이유가 없으므로 언어 중추를 진화시키지 않았지만, **공감각적 감각작용이 발달할수록 언어 중추가 발달했을 것이다.**

이 점은 분리뇌 연구에서 우반구 언어 영역이 감각 영역과 함께 작동한다는 점에서 확인할 수 있다. 따라서 이 뇌과학자의 견해는 잘못된 판단이라는 점을 알 수 있다.

이 문제는 결국 새롭게 뇌과학계에서 진행되고 있는 '커넥토믹스 Connectomics'연구에 기대를 걸 수밖에 없을 것 같다. 이 커넥토믹스 연구가 절대적으로 요구되는 이유는 인간만이 다섯 가지 감각 기관을 통한 공감각적 감각작용이 가능하다는 점 때문이다. 인간이 사물의 본질을 직관할 수 있는 것도 그 덕분이다. 이것이 다른 동물

철학하는 인공지능

들이 외계를 이해하는 방식과 다른 점이다. 따라서 신경 세포(뉴런)들 간의 상호작용과 동시다발적 발화는 이러한 공감각적 상호작용의 과정에서 발생된다고 추정할 수 있다. 그리고 이러한 공감각적 상호작용을 효과적으로 수행할 수 있는 것은 우반구 언어 영역의 관여(關與)를 통해서 가능하다는 점을 추론할 수 있다.

따라서 커넥토믹스 연구는 우반구 언어 영역이 감각 영역과 어떻게 연계하여 작동하는가 하는 점을 밝혀야만 기대하는 바의 목표를 달성할 수 있을 것이다.

05. 두 가지 언어작용으로 인해 전혀 다른 두 가지 외계가 펼쳐진다

앞에서 우리의 눈앞에 펼쳐진 외계가 모두 우리의 영혼 속에서 표상되어 현상한 것이라는 점을 살펴보았다. 그런데 그 외계를 일반적으로 자연(自然)과 세계(世界)라는 단어로 표현하고 있다. 그동안 우리는 서양철학의 영향으로 이 두 단어를 거의 동의어로 사용하고 있다. 앞에서 살펴본 바와 같이 칸트는 외계의 모든 물질적 사물들이 스스로 자신만의 고유한 표상을 가지고 존재한다고 전제하였다. 이로써 당연히 이 두 단어를 특별히 구분할 이유가 없었던 것이다.

그러나 이제 우리의 감각기관에 현상하는 모든 감각표상들이 감각작용을 통해 표상된 감각질Qualia이라는 점이 명백해졌다. 또한 분리뇌 연구는 인간에게 두 가지 언어능력이 갖추어져 있다는 점을 입증하고 있다.

이러한 점에서 옛 성현들은 이 두 가지 언어능력으로 인해서 감각기관에 전혀 다른 두 가지 외계가 현상한다는 점을 깨우쳐 주고 있다.

노자도 본원적 직관을 통해서 감각기관에 현상한 본질적 표상에 대해서는 용(容)이라고 표현하고 있으며, 감각적 지각을 통해 지각된 감각적 표상에 대해서는 형(形)이라고 표현하고 있다. 예를 들어 『도덕경』 21장에서 **"큰 덕에 의한 본질적 표상은 오직 도만을 따른 것이다(孔德之容 唯道是從)"**이라고 표현하고 있다. 앞에서 살펴본 바와 같이 '하나'라고 하는 본질적 언어로부터 다양한 개별적 차별성을 키워내는 것[축(畜)]을 덕(德)이라고 설명하고 있다. 즉 본원적 직관[사(事)]란 이 덕(德)을 통해서 다양한 개별적 차별성을 지닌 본질적 표상을 표상한다는 의미이다. 이러한 본원적 직관은 오로지 도에 의해서만 가능하다고 설명하고 있다.

반면에 앞에서 읽어보았듯이 소자유는 "천하의 사람들은 감각적 표상(形)과 개념적 언어(名)로 인해서 '아름답다' 또는 '추하다'라고 말한다"고 설명하고 있다. 이때의 '형(形)'은 곧 감각적 지각을 통해 지각된 감각적 표상[염상(染相)]을 의미한다. 이와 같이 본질적 표상과 감각적 표상을 엄밀하게 구분하여 표현하고 있다.

또한 플라톤도 『파이돈』에서 본원적 직관과 감각적 지각에 의해 현상한 표상이 전혀 다르다는 점을 명확하게 설명하고 있다.

철학하는 인공지능

"이런 것은 감각에 의해 지각될 수 있는 것(aisthēton)이며, [눈으로] 볼 수 있는 것(horaton)이지만, 혼이 보는 것은 지성(nous)에 의해서 [라야] 알 수 있는 것(noēton)이며, [눈에는] 보이지 않는 것(aides)임을 일러준다는 것도 그들은 알고 있네."123)

지금까지 논의했던 것처럼 여기에서도 '혼으로 보는 것'은 선천적 표상능력[nous]에 의해 표상된 본질적 표상이 현상한 것이라고 설명하고 있다. 그리고 이것들은 감각적 지각을 통해 지각되지 않는다고 밝히고 있다. 이러한 설명에서 명확하게 본원적 직관과 감각적 지각을 구분하고 있다는 점을 확인할 수 있다.

이상에서 살펴본 바와 같이 모든 성현들은 본원적 직관과 감각적 지각에 전혀 다른 감각표상이 현상한다고 설명하고 있다. 그러나 어떻게 이렇듯 전혀 다른 사물의 표상이 현상할 수 있는가 하는 점에 대해서는 구체적인 설명이 나타나지 않는다.

다행스럽게도 불교에서는 이 점에 대해 매우 논리정연하고 구체적으로 설명하고 있다.

이 절(節)에서는 어떻게 하여 본원적 직관과 감각에는 사물의 본질적 표상이 현상하고, 감각적 지각에서는 감각적 표상이 지각될 수 있는가 하는 점을 명확하게 이해해 보기로 하자.

이로써 두 가지 언어작용으로 인해서 전혀 다른 두 가지 현상이 감각기관에 현상할 수 있다는 점을 확인해 보기로 하자.

---

123) 플라톤, 『파이돈』, 앞의 책, 354쪽. 83b.

• 본질적 속성의 대상성(無表色)과 개념적 의미가 부가된 대상성(有表色)

앞에서 우리의 눈앞에 펼쳐진 외계가 모두 우리의 영혼(두뇌) 속에서 그려 낸 표상이 드러나 나타난 것이라는 점을 살펴보았다. 그리고 이 표상들은 모두 우리의 영혼에 내재된 종자[인(因)] 또는 법계(法界)]에 근거하여 표상된 것이라는 점도 살펴보았다.

이렇듯 영혼 속에서 사물의 표상을 표상할 때 사용되는 재료(그림물감)를 불교에서는 대상성[색(色)]이라고 표현한다. 이 대상성이 네 가지 물질적 요소[사대(四大); 地·水·火·風]들의 조합을 통해 구성된다는 점은 앞에서 자세히 살펴보았다.

이렇게 네 가지 물질적 요소의 조합으로 구성된 이 '색(色)'을 대상성으로 번역한 이유는 감각적 지각을 통해 지각된 감각적 대상[진(塵)]이 바로 이 대상성을 소재로 표상되기 때문이다. 그리고 이 대상성으로 인해서 그 대상에 대한 이해가 가능하기 때문이다. 이러한 **대상성으로 표상된 감각표상이 눈앞에 펼쳐진 사태(경계)를 외계**라고 설명하고 있다. 이러한 점에서 이 대상성을 사물의 표상을 그려 내는 그림물감으로 이해하는 것이 타당할 것이다.

그런데 이 대상성이 의식을 통해 외계를 인식할 때와 의식이 작동하지 않고 외계를 직관할 때 전혀 다른 양상으로 작용한다고 설명하고 있다.

의식이 외계를 지향하여 인식하고자 할 때는 '언어적 표현이 가능한 대상성[有表色]'으로 작용하게 되고, 의식이 지향하지 않을 때는 '언어적 표현이 불가능한 대상성[무표색(無表色)]'으로 작용한다고 구

철학하는 인공지능

분하고 있다.

여기에서 '표(表)'라는 표현은 진제(眞諦) 역본에서는 '교(敎)'로 번역하고 있는데, 의사 표현의 욕구로 인해 언어(개념)를 통해 자신의 의사를 표현하려고 하는 의지작용[表業]을 의미한다. 따라서 '유표색(有表色)'은 의사를 표현하려는 의지작용에 의해 개념적 의미가 부가된 대상성이라는 의미이며, '무표색(無表色)'은 이러한 표현 욕구에 의한 개념적 사유작용이 일어나지 않는 상태에서 사물의 본질적 표상을 표상할 때 작동하는 대상성이라는 의미이다. 즉 본원적 직관에서는 이 무표색을 소재로 본질적 표상을 표상해 낸다. 이러한 점에서 '본질적 속성의 대상성'으로 이해할 수 있다.

이 본질적 속성의 대상성은 네 가지 물질적 요소[사대(四大); 地·水·火·風]를 조합하여 구성되며, 이 네 가지 물질적 요소에 대해서는 외계의 물질적 사물이 가진 고유한 물질적 특성(형질)이라고 설명하고 있다. 그리고 이 네 가지 요소의 조합을 통해 본질이 구성된다는 점에 대해서는 앞에서 자세히 살펴보았다. 본원적 직관을 가능하게 하는 무표색은 언어로 표현하려는 의지작용이 없으므로 어떠한 개념적 의미규정도 부가되지 않았다는 것을 의미한다.

그런데 이 무표색이 언어적 표현 욕구에 의한 의지적 작용에 의해 변화되고 괴멸(變壞)된다고 설명하고 있다. 즉, 언어적 표현 욕구로 인해서 순수한 본질적 요소로 구성된 대상성(色蘊)이 취사선택(取捨選擇)에 의한 차별적이고 개념적 속성을 지닌 대상성(色取蘊)으로 바뀐다고 설명하고 있다.

취사선택(取)을 한다는 것은 곧 주관에 의한 가치 판단이 이루어지고 있다는 의미이다. 이렇게 가치 판단에 따른 차별적 의미(개념적 의미)가 부가된 대상성으로 바뀌어 버린다는 것이다.

따라서 언어적 표현이 가능한 대상성[有表色]으로 변질되면서 이 유표색은 과거, 현재, 미래 또는 안(內)과 밖(外), 거칠고(麤) 미세함(細), 아름답고(好) 추함(醜), 멀고(遠) 가까움(近) 등의 개념적 의미를 지니게 된다고 설명하고 있다.[124]

이렇게 대상성 자체가 주관의 가치 판단에 의한 개념적 의미(상대적 차별성)을 내포하고 있다. 따라서 이 색취온으로 구성된 감각적 표상은 곧 개념적(범주적) 의미가 부가된 표상이라고 할 것이다.

그 결과 눈이라는 감각 기관에 네 가지 색깔(顯色), 즉 푸른색, 노란색, 붉은색, 흰색 등의 개념이 부가된 표상과 여덟 가지 형상적 특성(形色), 즉 '길다', '짧다', '네모나다', '둥글다', '높다', '낮다' 등의 개념적 의미가 드러나 나타난다고 설명한다. 다른 학자들은 21가지 표상을 거론하기도 하고 22가지 표상을 거론하기도 한다. 그리고 청각(聽覺)적 대상으로는 여덟 가지 소리를, 촉각(觸覺)적 대상으로는 11가지 대상을 구성하여 드러낸다고 한다.[125]

이와 같이 감각적 지각에 의해 지각된 대상은 이러한 개념적 의미가 부가된 대상성을 소재로 표상되었다는 의미이다.

---

124) 『잡아함경』(대정장 2권), 4쪽.
125) 앞의 책, 163쪽 a~b.

철학하는 인공지능

이러한 설명을 읽으면서 언뜻 쉽게 납득이 가지 않을 수도 있을 것 같다. 어떻게 감각기관에 현상한 사물의 표상이 이렇게 달라질 수 있느냐고 반문할 수도 있을 것 같다. 바로 이러한 점에서 감각과 감각적 지각을 엄밀하게 구분해야 한다는 점을 다시 확인하게 된다.

예를 들어 보기로 하자. 어떤 사람은 양파를 날것으로 먹으면서 '사과 같다'고 인식하는 사람도 있다. 이와 같이 같은 것을 보면서 사람마다 다르게 지각하기도 하고, 한 사람이 같은 것을 보면서 볼 때마다 다르게 지각되기도 한다. 매우 화가 났을 때는 그토록 사랑스럽던 사람도 매우 밉게 보인다. 이와 같이 감각적 지각을 통해 지각된 것들에 주관적 관점에 따른 개념적 의미가 부가되어 있다는 점을 알 수 있다. 실제로 만약 감각적 지각에서 이러한 개념적 의미가 지각되지 않는다면 예술이라는 장르는 존재할 수 없다. 예술 행위란 예술가가 나름대로 미적 기준에 따른 감각적 표상을 통해 자신의 감성과 정서를 표현하는 것이다.

그런데 만약 **이러한 개념적 의미가 부가된 감각적 표상이 감각을 통해 현상한다면 인류에 공통된 생활세계란 존재할 수 없다.** 이러한 점에서 분명 감각에는 이러한 개념적 의미가 부가된 대상성으로 표상된 감각적 표상은 현상하지 않는다. 따라서 감각과 감각적 지각을 엄밀하게 구분해야 한다는 점을 알 수 있다.

그렇다면 여기에서 본원적 직관과 감각 그리고 감각적 지각에 있어서 우리의 선천적인 인지능력이 어떻게 작동하는지 구분해 보기로 하자.

먼저 본원적 직관에서는 선천적 표상능력에 의해 본질적 표상이 현상하고, 동시에 직관적 언어능력을 통해 본질적 존재의미를 직관할 수 있다. 이 점은 가자니가에 의해 실행된 코흐스 블록실험에서 우반구 언어영역에서 '직관을 통한 선천적 종합판단'이 이루어진다는 점을 통해 확인하였다.

다음으로 **감각에 있어서는 선천적 표상능력에 의해 본질적 표상이 현상하지만, 직관적 언어작용은 은폐되어 정상적으로 작동하지 않는다**는 점을 알 수 있다. 앞에서 가자니가에 의해 실행된 실험가운데 오른쪽 눈에 '사각형' 모양을 보여주었는데, 이것을 '상자'로 답변했다가 다시 물으면 '테이프 조각'이라고 답하는 것을 확인하였다. 이것은 분명 감각에 무언가 개념적 의미가 드러나고 있다는 점을 의미한다. 그러나 의식이 이것을 직접적으로 인식하지 못하기 때문에 이러한 애매모호한 답변을 한 것이다.

그런데 만약 감각에 본질적 표상이 현상하지 않는다면 우리에게 펼쳐진 외계는 사람마다 전혀 완전히 다른 세계일 것이다. 그러나 분명한 것은 외계는 분명 공통된 생활세계로 존재한다는 점을 부정할 수 없다. 이러한 점에서 감각에 무언가 개념적 의미가 드러나지만, 본질적 표상이 현상한다고 이해된다. 이러한 점에서 감각에서는 선천적 표상능력이 작동하지만, 직관적 언어능력은 작동하지 않는다는 점을 이해할 수 있다.

물론 이 점은 코흐스 블록 실험을 통해서도 확인이 가능하다. 뇌량을 절제한 환자들의 우뇌는 '직관을 통한 선천적 종합판단'이 가능하다는 점을 입증하고 있다. 그런데 정상적인 일반인의 감각에서는 이러한 '직관을 통한 선천적 종합판단'이 불가능하다. 이러한 점에서 직관적 언어능력이 의식의 작용으로 인해서 은폐되어 정상적으로 작동하지 못한다는 점을 알 수 있다.

마지막으로 **감각적 지각에서는 아예 유표색을 소재로 표상된 감각적 표상이 지각되며, 동시에 직관적 언어작용은 감각적 지각작용으로 변환되어 개념적 의미를 해석해 낸다.**

감각에 본질적 표상이 현상한다는 점은 너무도 명백하다. 분명 우리는 눈만 뜨면 외계의 물질적 사물들이 '있는 그대로' 우리의 눈앞에 드러나 나타난다. 이러한 점에서 감각에는 무표색으로 표상된 본질적 표상이 현상한다는 점을 알 수 있다. 그런데 의식이 지향하게 되면 의식의 '의사표현의 의지작용[표업(表業)]'으로 인해서 무표색이 유표색으로 변환된다. 이로써 감각적 지각에는 유표색으로 표상된 감각적 표상이 지각된다. 그리고 직관적 언어능력은 지각작용으로 전환되어 동시에 개념적 의미를 해석해 낸다. 그 결과 의식은 외계의 사물에 대한 개념적 의미를 인식하게 된다. 이와 같이 감각과 감각적 지각에 전혀 다른 의미를 가진 사물의 표상이 현상한다는 점을 알 수 있다.

결론하여 의식에는 개념적 의미가 부가된 대상성으로 표상된 감각적 대상이 현상한다. 의식의 표상능력은 오로지 감각적 지각을 통해 지각된 감각적 대상을 재표상하는 능력이기 때문이다.

바로 이 지점에서 우리는 아리스토텔레스나 칸트가 주장하는 범주(範疇)라는 용어에 어떠한 오해와 착각이 내포되어 있는지 명확하게 이해할 수 있다. 그들은 이 범주라고 하는 의미규정(근본 개념)이 외계의 물질적 사물이 가지고 있는 근본적인 규정성이나 근본 개념이라고 주장하고 있다. 칸트는 바로 이 범주라는 것을 근거로 개념이 객관적 실재성을 갖는다고 주장하고 있다. 즉 외계의 물질적 사물 자체가 이러한 범주를 가지고 있기 때문에 그 범주에 근거하여 규정된 개념이란 객관적 실재성을 갖는다는 것이다.

그러나 의식에 의해 인식된 그 인식대상은 이미 감각적 지각을 통해 지각된 감각적 대상이 재표상된 것이다. 그 결과 관념론자들은 감각적 지각에 의해 지각된 개념적 의미들을 외계의 물질적 사물이 가지고 있는 근본적인 의미규정성으로서 착각하고 있다는 점을 이해할 수 있다. 그래서 이것을 그들은 범주라고 표현한 것으로 추정할 수 있다.

이러한 모든 오류는 근본적으로는 의식이 문자언어를 매개로 그 언어에 내포된 개념적 의미를 사유하는 언어작용이라는 점을 인정하지 않기 때문에 야기되는 과오다. 즉 의식은 반드시 감각적 지각을 선행적으로 동반해야만 외계를 인식할 수 있다는 점을 간과한 것이다.

이로써 의식을 통해 인식하는 그 대상은 '개념적 의미가 부가된 대상성[유표색(有表色)]을 소재로 표상된 감각적 대상이라는 점도 이해할 수 없었던 것이다. 다시 설명하자면 사물의 표상이 외계에 실재하지 않는 것처럼 범주라고 하는 의미규정성 또한 결코 존재하지 않는다.

또한 여기에서 주목해야 할 점은 이 유표색에 '과거와 현재 그리고 미래'라는 시간 개념과 안[내(內)]과 밖[외(外)]이라고 하는 공간 개념

철학하는 인공지능

이 내포되어 있다는 사실이다. 이로써 감각적 지각을 통해서 시간과 공간의 개념이 지각된다. 칸트는 이렇게 감각적 지각을 통해 시간과 공간의 개념이 지각된다는 점을 이해하지 못하고, 시간과 공간을 '직관의 형식'이라고 주장한 것이다. 이로써 마치 시간과 공간이라는 개념이 외계에 실재하는 것으로 착각하게 된다.

• 두 가지 외계(우주): 자연(自然)과 세계(世界)

앞에서 두 가지 대상성의 차이점에 대해 살펴보았다. 이제 관념론자들이 왜 객관적 세계가 실재하는 것으로 착각하는지 그 이유를 명확하게 이해해보기로 하자. 앞에서 본질적 속성의 대상성[무표색(無表色)]이 '표현욕구로 인한 의지작용[표업(表業)]'에 의해 개념적 의미가 부가된 대상성[유표색(有表色)]으로 변화한다는 설명에 주목해야 한다.

먼저 '표현욕구로 인한 의지작용'은 곧 의식의 의지작용이라는 점을 이해하는 것이 중요하다. 즉 표현한다는 것은 문자언어를 통해 서술하고 묘사하는 것을 의미한다. 이러한 점에서 '표현욕구로 인한 의지작용'이 작동한다는 것은 곧 의식에서 주관적 의지작용이 일어나서 그 대상을 지향한다는 의미로 해석된다.

따라서 이러한 변화는 감각적 지각에서 일어난다는 점을 알 수 있다. 감각적 지각은 의식과 긴밀한 지향적 의존관계를 갖기 때문이다. 이로써 의식의 주관적 의지작용이 작동하게 되며, 감각에 현상한 사물의 본질적 표상[정상(淨相)]을 대상화하는 과정에서 감각적 표상[염상(染相)]으로 변환하고 있다는 점을 이해할 수 있다. 앞에서 노자가 설명하는 '덕(德)'이란 본질적 언어에 지향성을 부여함으로써 다양한 본질적 표상을 표상하게 하는 '도(道)의 현실적 적용'이라는 점을 살펴보았다. 이것이 인간의 근본적인 생명력이라는 점도 살펴보았다. 마찬가지로 의식의 주관적 의지작용을 통해 이러한 변환이 가능하다는 점을 이해할 수 있다.

그 결과 의식이 외계를 인식하려고 할 때는 이미 개념적 의미가 부가된 감각적 대상이 감각기관을 통해 지각된다는 점을 알 수 있다. 즉 의식에는 이미 개념적 의미가 부가된 감각적 대상이 재표상되며, 이로써 외계의 물질적 사물이 이러한 개념적 의미를 가지고 존재하는 것으로 착각하게 된다. 그래서 아리스토텔레스나 칸트가 외계의 물질적 사물이 범주(範疇)라고 하는 근본 개념을 가지고 존재하는 것으로 착각한 것이다.

이제야 우리는 노자의 가르침을 명쾌하게 이해할 수 있게 되었다. **개념적 언어가 없으니, 자연이 새롭게 눈앞에 펼쳐지는 구나[천지(天地)가 개벽하는 시원이구나], 본질적 언어가 있으니, 만물의 어미로다(無名天地之始 有名萬物之母).**

의식을 통해 외계를 이해하려는 순간 이미 우리의 눈에는 개념적 의미가 부가된 대상성으로 표상한 감각적 대상이 현상하게 된다. 따라서 의식의 작용을 끊어야만 이러한 감각적 대상이 사라지고, 천지(자연)가 새롭게 펼쳐진다[개벽(開闢)한다]. 그리고 **본질적 언어에 근거하여 본질적 속성의 대상성을 소재로 표상함으로써 모든 존재 사물들이 '스스로 그러한 모습(자연)'으로 우리의 눈앞에 드러나 나**

철학하는 인공지능

타난다. 이러한 점에서 노자는 본질적 언어가 곧 만물의 어미라고 설명한 것이다.

이와 같이 자연이란 언어로 표현이 불가능한 '본질적 속성의 대상성[무표색(無表色)]'을 소재로 표상한 것이므로 개념적 언어로는 이해가 불가능하다. 이러한 점에서 왕필(王弼)은 "자연이란 일컬을 언어가 없으나 궁극적인 언어이다(自然者 無稱之言 窮極之辭)"라고 설명하고 있다.

이렇듯 본질적 언어에 근거하여 본질적 표상이 현상한 정신세계를 불교에서는 '승의제(勝義諦, 第一義諦)'라고 표현하고 있다.

반면에 **개념적 의미를 지닌 대상성을 통해 표상한 감각적 표상이 현상하는 외계를 '세계(世界)'라고 한다.** 이렇게 개념적 의미로 이해된 세계를 불교에서는 세속제(世俗諦)라고 표현한다. 바로 우리가 일상적으로 감각 기관을 통해 지각하는 외계이다.

즉, 의식을 통해 인식된 외계는 감각적 지각을 통해 개념적 의미가 부가된(내포한) 대상성[유표색(有表色)]으로 표상된 '세계'가 드러나 나타난다. 그리고 이 세계는 곧 시간과 공간이라는 개념으로 한정하여 이해된 외계이다.

• 세계란 시간과 공간의 개념으로 이해된 외계이다

사실 지금 이 시점에서 인류에게 가장 절실하게 요구되는 것은 시간과 공간이 의식의 개념적 언어작용을 통해 규정된 언어적 의미규정이라는 점을 이해하는 것이라고 단언할 수 있다. 그 이유는 외계를 정확하게 이해하고자 하는 자연과학에서도 이 시간과 공간의 개념이 외계에 실재하는 것으로 착각하고 있다는 점이다. 단적으로 중력현상을 시간과 공간이라는 개념을 통해서 이해하고 있는 상황이다. 중력이란 천체가 가진 고유한 본질적인 힘이다. 그런데 이러한 천체의 본질을 시간과 공간이라는 개념적 언어로 이해하려고 한다는 점을 지적하지 않을 수 없다.

이러한 점에서 자연과학의 학문적 방법론을 바로 세우기 위해서는 왜 우리가 시간과 공간이라는 개념이 외계에 실재하는 것으로 착각하는지 그 점을 이해하는 것이 가장 급선무인 것 같다.

이쯤에서 『수능엄경(首楞嚴經)』에서 설명하는 것을 읽어 보자.

아난아, 무엇을 이름하여 중생세계라고 하느냐? 세(世)란 옮겨 흐르는 것을 말하고, 계(界)란 방위(方位)를 말한다. 너는 알아야 한다. 동·서·남·북·동남·서남·동북·서북·상·하가 계(界)가 되고, 과거·미래·현재가 세(世)가 되는 것이니, 방위는 10가지가 되고, 흐름(流)의 수는 세 가지이다. (중략) 사방(四方)은 반드시 분명하며, 시간과 더불어 서로 교섭하여 삼(三)과 사(四) 또는 사(四)와 삼(三)이 구부러지고 전변하여 12가 되고, 흘러 변화하여 세 번 중첩되어 일십백천으로 되나니 처음부터 끝까지 총괄하면 육근(감각 기관과 의식의 작용) 가운데 각각 그 공덕이 1,200가지가 있다.[126]

이 설명을 통해 세계란 외계를 시간과 공간의 개념으로 구분하여

---

126) 이운허, 『능엄경주해』(서울: 동국역경원, 1993), 179~180쪽. 여기에서 '공덕(功德)'이라는 표현은 현실 세계에서 차별적(개념적) 의미를 인식하는 것으로 해석해야 한다. 반면에 유식학에서는 의식의 작용성을 '공능(功能)'이라고 표현하고, 본원적 주체성의 작용성은 '공덕(功德)'이라고 표현하고 있다. 이러한 차이점을 구분하여야 한다.

철학하는 인공지능

이해한 것을 의미한다는 점을 알 수 있다. '세(世)'란 과거와 현재 그리고 미래라는 시간의 개념을 의미하며, '계(界)'란 동서남북 그리고 상하(上下)라는 공간의 개념을 의미한다고 설명하고 있다. 이렇듯 세계라는 것은 시간과 공간이라는 개념으로 구분하여 이해된 외계를 의미한다.

이제 우리가 시간과 공간이 외계에 실재하며 절대적 존재성을 가진다고 착각하게 되는 이유를 이해할 수 있게 되었다. 의식을 통해 외계를 이해하려는 한에는 '개념적 의미를 지닌 대상성'에 의해 표상한 감각적 대상이 눈앞에 펼쳐지기 때문이다. 우리는 이 감각적 표상이 외계에 실재하는 것으로 착각하고 있는 것이다.

여기에서 우선적으로 주목해야 할 점은 시간과 공간이라는 개념에 대한 이해이다.

의식에 의해 재표상된 감각적 표상에 이미 시간과 공간이라는 개념적 의미가 내포되어 있다는 점을 이해하지 못하기 때문에 칸트는 시간과 공간이 외계에 실재한다고 간주하고, 이 시간과 공간이 모든 직관을 가능하게 하는 선험적이고 필연적인 표상이라고 설명하고 있다. 간략하게 설명하자면 사물의 표상이 이 시간과 공간이라고 하는 선험적이고 필연적인 표상 위에 질서정연하게 현상한다는 것이다. 이와 같이 그는 시간과 공간에 절대적 존재성을 부여하고 있다.

이렇듯 그는 시간과 공간이라는 개념이 외계의 변화를 구분하여 이해하기 위해서 설정한 의미규정이라는 점을 전적으로 인정하지 않고 있다. 시간이란 천체의 운행을 이해하기 위해 인간이 정립한 구분 기준이다. 지구가 한 번 자전하면 '하루'이고, 달이 한 번 지구를 공전하면 '한 달'이며, 지구가 태양을 한 번 공전하면 '일 년'이라고 구분한 것이다.

공간이라는 개념도 마찬가지이다. 우리는 텅 빈 허공을 구획하여 표현하고 이해하기 위해 해가 뜨는 쪽을 동(東)이라고 일컫고, 해가 지는 쪽을 서(西)라고 말한다. 그러나 외계에 실재하는 것은 다만 해가 뜨고 지는 자연현상만이 실재한다고 말할 수 있다. 그 어디에서도 동이니 서라고 지시할 수 있는 본질적 표상을 발견할 수 없다. 예를 들어 어떤 지점에서 서쪽으로 이동하면 기존에 있었던 그 지점은 동쪽이 되고, 반대로 동쪽으로 이동하면 그 동일한 지점이 서쪽으로 변한다. 이와 같이 방위라고 하는 개념은 결코 외계에 실재하지 않는다. 다만 해가 뜨고 지는 자연현상을 이용해서 외계의 텅 빈 허공을 구분하여 표현한 언어적 의미규정일 뿐이다.

분명 우리는 본질적 표상이 드러나 나타난 것만이 직관되며, 그것만이 외계에 실재한다고 말할 수 있다는 점을 충분히 이해했다. 그러나 동이니 서니 하는 개념으로 지시한 것들은 다만 텅 빈 허공이다. 어떠한 본질적 표상도 드러나 나타나지 않는다. 따라서 '존재한다(있다)'고 말할 수 없다.

우리는 이렇게 텅 빈 허공을 자연현상을 이용해서 쉽게 구획하여 이해하기 위해 동서남북이라는 개념을 만들어 사용하는 것이다. 이러한 사실로부터 공간이나 시간이라는 개념은 외계에 실재하는 것이 아니며, 인간이 외계를 이해하기 위해 설정한 의미규정이라는 점을 쉽게 알 수 있다.

이와 같이 시간과 공간이 외계에 실재하는 것이 아니고, 주관에 의해 규정된(부가된) 개념일 뿐이라는 점에 대해 인도의 용수(龍樹)는 『중론(中論)』이라는 저술에서 매우 자세하게 논증하고 있다.

세계란 이렇게 인간이 외계를 이해하는 데 있어서 편의상 시간과 공간이라는 개념으로 구분하여 이해한 외계를 의미한다. 그래서 우리에게는 지상 세계, 지하 세계, 천상 세계, 과거 세계, 미래 세계, 동물 세계, 인간 세계 등등의 수많은 개념으로 이해된 세계가 존재한다. 이러한 점에서 "육근(감각 기관과 의식의 작용) 가운데 각각 그 공덕이 1200가지가 있다"라고 설명하고 있다. 즉, 개념으로 구분하여 이해되는 그 세계가 1,200가지로 다양하게 존재한다는 것이다.

이와 같이 의식의 사유작용을 통한 관념적 사유의 세계에서는 개념을 매개로 외계를 구분하여 이해하고 있으며, 이로써 하나인 외계가 구분하는 개념에 따라 수없이 다양한 세계로 지각되고 인식된다.

여기에서 잠시 자연과학과 연결하여 생각해 보기로 하자. 하이젠베르크는 불확정성 원리를 통해 양자를 관찰하는 데 있어서 위치와 운동량 그리고 시간과 에너지라고 하는 상보적 개념을 통해서 양자의 운동을 확정할 수 없다는 점을 선언했다. 이 불확정성 원리는 **시간이나 공간이라는 개념으로 규정 가능한 객관적 실체란 외계에 실재하지 않는다**는 점을 밝힌 것이다. 즉, 개념이란 결코 객관적 실재성을 갖지 않는다는 점을 선언하고 있는 것이다.

그런데도 여전히 시간지연현상을 과학적으로 입증하려는 연구가 계속되고 있다. 즉, 시간지연현상을 자연현상으로 간주하고 있으며, 시간이 외계에 실재한다고 굳게 믿고 있다는 점을 확인할 수 있다. 과학계의 이러한 착각은 의식을 통해 외계를 인식할 때 이미 감각적 지각이 일어나서 시간과 공간이라는 개념적 의미가 지각된다는 점을 이해하지 못한 결과이다.

이러한 점에서 의식이 작동하는 정신세계에서는 의식이 지향하는 순간 감각기관에 이미 개념적 의미가 내포된 감각적 표상이 현상한다는 점을 명확하게 이해하는 것이 절대적으로 요구된다. 즉, 관념적 사유의 세계에서는 의식에 자연으로서의 외계가 현상하는 것이 아니고, 시간과 공간이라는 개념으로 이해된 세계가 재표상되어 현상한다. 이로써 시간과 공간이 외계에 실재하는 것으로 착각하게 된다는 점을 명확하게 이해해야 한다.

아인슈타인과 같은 극단적인 관념론자들은 이 점을 이해하지 못하기 때문에 시간과 공간이 외계에 실재한다는 확신을 버리지 못한 것이다. 그가 죽을 때까지도 양자이론을 부정하기 위한 노력을 계속했다는 점은 이미 널리 알려진 사실이다. 그 이유는 개념이 객관적 실재성을 갖는다고 확고하게 믿기 때문이다.

이제라도 인간의 선천적인 인지능력에 대해 바르게 이해하고, 외계를 바르게 이해할 수 있는 과학적 방법론이 확립될 수 있기를 간절히 바라마지 않는다.

철학하는 인공지능

찾아 보기

철학하는 인공지능

철학하는 인공지능